W0387748

Dieter Maier

Die Ostsee

Mine Heimat

Wo de Ostseewellen
Trecken an den Strand,
Wo de gele Ginster
Bleuht in'n Dünensand,
Wo de Möwen schriegen
Grell in't Stormgebrus,
Da is mine Heimat,
Da bün ick tau Hus.

Well und Wogenruschen
Wir min Weigenlied,
Un de hogen Dünen
Seg'n min Kinnertied,
Seg'n uck mine Sehnsucht
Um min heit Begehr,
In de Welt tau fleigen
Oewer Land un Meer.

Woll het mi dat Leben
Dit Verlangen stillt,
Het mi allens geben,
Wat min Herz erfüllt,
Allens is verswunden,
Wat mi quält un drew,
Hev nu Freden funden,
Doch de Sehnsucht blew.

Sehnsucht na dat lütte,
Stille Inselland,
Wo de Wellen trecken
An den witten Strand,
Wo de Möwen schriegen
Grell in't Stormgebrus,
Denn da is min Heimat,
Da bün ick tau Hus.

Martha Müller-Grählert

Dieter Maier

Die Ostsee

Natur, Kultur, Land und Leute

DÖRFLER
BILDBÄNDE

INHALT

Die Ostsee – Ein junges Meer
9

Schiffstypen – Von Koggen, Holken und Galeonen
15

Backsteingotik – Steine mit Geschichte
21

Flensburg – Eine Förde und der Rum
26

Haithabu – Die Wikinger an der Ostsee
32

Schleswig – Die Idylle an der Schlei
36

Eckernförde – Die Bucht zwischen Schwansen und dem Dänischen Wohld
43

Kiel – Der kaiserliche Kriegs- und Segelhafen
48

Hohwacht – Eine Bucht vorm Bauernland
54

Fehmarn – Freie Bauern auf grüner Sonneninsel
59

Ostseebäderstraße – Strände an der Lübecker Bucht
64

Lübeck – Die Königin der Hanse
70

Handelsmacht Hanse – Mittler zwischen Ost und West
76

Klütz – Der Mecklenburger Speckwinkel
82

Wismar – Die Festung hinter den Silberwällen
86

Poel – Das Salzhaff und die Kühlung
91

Rostock – Die Leuchte des Nordens
97

Bernstein – Das Gold des Nordens
102

Fischland, Darß und Zingst – Halbinseln zwischen Meer und Bodden
105

Kranich-Rastplatz – Der Nationalpark Vorpommersche Boddenlandschaft
110

Stralsund – Das Stralow am Sund
115

Rügen – Die Königin der deutschen Inseln
121

Im Land der Ranen – Ralswiek und Bergen
127

Putbus – Dornröschens klassizistische Residenz
133

Südostrügen – Im Biosphärenreservat
139

Kreidefelsen und Mehr – Der Nationalpark Jasmund
145

Nordwestrügen – Heringsweg und Kranichland
151

Hiddensee – Rügens kleine Schwester
157

Greifswald – Die Perle Vorpommerns
162

Usedom – Die Badewanne der Berliner
167

Register
174

Bildnachweis
175

DIE OSTSEE – EIN JUNGES MEER

Bei einer Längserstreckung von knapp 1500 km mag von der Größe her der Anspruch, ein Meer zu sein, so abwegig ja nicht klingen. Ganz anders allerdings sieht die Sache aus, betrachtet man die Anschlüsse an die Welt der Ozeane. Lediglich über drei Öffnungen ist die Ostsee mit der Nordsee und damit dem Atlantik verbunden: zwischen der Insel Seeland und der schwedischen Küste ist es der Sund, zwischen den Inseln Fünen, Seeland und Jütland sind es der Große und der Kleine Belt.

Rein optisch scheinen diese drei Öffnungen gar nicht so klein zu sein, doch bedeutet Breite nicht automatisch auch Tiefe. Eine der charakteristischen Eigenheiten der Ostsee ist es aber gerade, daß sie aus einzelnen Becken besteht, die durch relativ hohe Schwellen voneinander getrennt sind. Diese Schwellen reduzieren die Öffnung zu den Ozeanen und damit den Wasseraustausch zwischen Nord- und Ostsee ganz entscheidend.

Wo de Ostseewellen trecken an den Strand . . .

Möchte Wasser aus der Nordsee in die Ostsee oder umgekehrt, muß es im Sund die Drogden-Schwelle überwinden, einen Rücken, der gerade noch eine Wassertiefe (Satteltiefe) von sieben Meter zuläßt. Beim Großen Belt beträgt diese Satteltiefe zwar 26 Meter, doch wenig weiter östlich, zwischen der Insel Falster und dem Darß, verursacht der nächste Querriegel eine Satteltiefe von nur noch 18 Meter. Bezogen auf den Wasserinhalt der Ostsee machen diese kleinen Fenster den Wasseraustausch ähnlich einfach wie den Wasseraustausch in einem Schwimmbecken durch drei kleine Trinkhalme. Vor diesem Hintergrund ist es nicht weiter erstaunlich, daß die Ostsee in vieler Hinsicht eher einem Binnensee denn einem Meer gleicht.

Auch weiter nach Osten und Norden ist die Ostsee immer wieder durch querliegende Rücken mit niedrigen Satteltiefen in einzelne Becken unterschiedlicher Tiefe gegliedert. Das westlichste Becken nördlich von Rügen ist mit einer max. Tiefe von 50 Meter das Arkonabecken. Nördlich von Bornholm fließt aus ihm das Wasser in das östlich von Bornholm gelegene Bornholmbecken. Die Verbindung zu der östlich von Gotland gelegenen Großen Gotlandsee vermittelt die immerhin 60 Meter tiefe Stolper Rinne. Mit gut 250 Meter Tiefe ist das Gotlandbecken das tiefste der Ostsee. Bottensee und Finnischer Meerbusen sind dann nur noch knapp 80 Meter tief.

Bei diesem Untergrund ist es nicht weiter erstaunlich, daß das Salzwasser aus der Nordsee nur sehr schwer nach Osten und Norden vordringen kann. Außerdem fließen Jahr für Jahr knapp 500 Kubikkilometer Süßwasser aus den schwedischen, finnischen und russischen Flüssen in die Ostsee. Diese Wassermengen können nur sehr langsam aus dem Kattegat ins Skagerrak fließen mit der weltweit einmaligen Folge, daß der Seepegel im Osten und Norden um etwa 35 Zentimeter höher als Normalnull liegt. Dies bedeutet nichts anderes, als daß sich die Oberfläche der Ostsee wie eine schiefe Ebene bis zur Nordspitze von Jütland neigt.

Die Schwierigkeiten des Salzwassers, nach Osten vorzudringen, und der Zufluß des Süßwassers sorgen zusammen für die von West nach Ost fortschreitende Aussüßung der Ostsee. Während in der Nordsee der Salzgehalt bei etwa 35‰ liegt, beträgt er in der westlichen Ostsee noch zwischen 20 und 30‰, in der mittleren Ostsee noch etwa 10‰, und im Bottnischen Meerbusen ist der Salzgehalt sogar kaum noch spürbar. Dies gilt allerdings nur für den Oberflächenbereich, nicht aber für die tiefen Lagen in den Becken. Weil das salzreiche Nordseewasser schwerer als Süßwasser ist, schiebt es sich unter das ausgesüßte Ostseewasser in die tiefen Regionen der einzelnen Becken. In den drei Zuflüssen der Ostsee gibt es demnach eine doppelte Strömung. An der Oberfläche

fließt ausgesüßtes Ostseewasser in die Nordsee, in der Tiefe drückt schweres Nordseewasser nach Osten. Das Verhältnis ist dabei etwa 1 : 2, d.h. für zwei Kubikmeter ausfließendes Ostseewasser dringt ein Kubikmeter Nordseewasser zurück.

Das unterschiedliche Gewicht von Salz- und Süßwasser sorgt für eine weitere Besonderheit im Bereich der Ostsee. Im Sommer wird das ausgesüßte Oberflächenwasser zwar erwärmt, doch dringt diese Erwärmung durch Windeinfluß höchstens bis etwa 20 Meter Tiefe vor. Darunter verhindert das schwere Salzwasser eine Durchmischung, so daß bereits in etwa 30 Meter Tiefe das ganze Jahr über hindurch die gleiche Temperatur von nur noch etwa 5° Celsius herrscht. Diese Temperaturverteilung wiederum sorgt für eine starke Schichtbildung innerhalb des salzreichen, tiefen Wassers.

Weil durch die Schichtbildung vertikaler Austausch weitgehend ausgeschlossen ist, fehlt in der Tiefe vor allem der so wichtige Sauerstoffnachschub. Er aber wird für die Zersetzung all dessen benötigt, was von oben an abgestorbenen Organismen in die Tiefe segelt. Hat es längere Zeit, mangels größerer Stürme, keine größere Durchmischung gegeben, bildet sich in den Tiefen aufgrund des Sauerstoffmangels sogar Schwefelwasserstoff. Allerdings gelingt es nur kräftigen Weststürmen in Herbst und Winter, genügend frisches, sauerstoffreiches Nordseewasser in die Ostsee zu drücken und damit auch das Bodenwasser in den tiefen Becken zu erneuern. Aber dieses frische Wasser ist auch wieder schwerer als das Oberflächenwasser, die Schichtung ist damit ebenso wieder programmiert wie der erneute Sauerstoffmangel.

Die Oberfläche der Ostsee ist ähnlich wie bei einem großen Binnensee nahezu ausschließlich von den Windverhältnissen bestimmt. Weil die Masse der Ostsee für die Ausbildung eigener Gezeiten zu klein ist und die drei schmalen Öffnungen im Westen das Vordringen der atlantischen Gezeiten verhindern, sind Ebbe und Flut an den Stränden der Ostsee praktisch nicht zu spüren. Lediglich im äußersten Westen schwankt der Wasserpegel um etwa zehn Zentimeter. Allerdings bedeutet dies nicht, daß es nicht auch an der Ostsee starke Wasserstandsschwankungen geben kann. Sie haben jedoch eine völlig andere Ursache und sind eher vergleichbar mit dem Hin- und Herschwappen des Wassers, das man in der eigenen Badewanne verursachen kann. Treibt der Wind tagelang das Wasser in eine Richtung, strömt es nach dem Drehen des Windes in einem Schub in Richtung seiner Ausgangsposition zurück. Bei ungünstigen Verhältnissen können dabei durchaus Pegelschwankungen von bis zu drei Meter entstehen. Ähnlich wie in der Badewanne ist es aber mit dem Rückfluß nicht getan. Der Rückschwapp führt wiederum zu einem Stau, der daraufhin wieder in die entgegengesetzte Richtung strömt. Diese Eigenschwingungen der Ostsee sind als „Seiches“ bekannt und haben eine mittlere Schwingungsdauer von 27 Stunden.

Ein weiteres Indiz für den Binnenseecharakter der Ostsee ist schließlich die winterliche Eisbildung. Im nördlichsten Zipfel des Bottnischen Meerbusens beginnt die Eisbildung meist schon im November, im Finnischen Meerbusen im Dezember. Fehlender Seegang, geringer Salzgehalt und kontinentaler Einfluß wirken hier zusammen und sorgen dafür, daß das Eis in den Nordzipfeln in der Regel bis zu einem Meter dick wird und erst im Mai wieder aufbricht. Selbst in der mittleren Ostsee gibt es im Durchschnitt noch etwa 30 Eistage. In strengeren Wintern froren auch schon die Kieler und Teile der Lübecker Bucht mit Festeis zu.

Ist die Ostsee in einem strengen Winter ein einziges Eismeer, dann kommt sie ihrem „natürlichen“ Urzustand am nächsten. Entstanden nämlich ist das ganze riesige Binnenmeer erst mit dem Abschmelzen des Inlandeises nach der Weichsel-Eiszeit vor etwa 15 000 bis 10 000 Jahren. Davor gab es zwar in vielen Perioden der Erdgeschichte über Norddeutschland, der Nord- und der Ostsee unterschiedliche Meere, doch fehlte stets die Trennung zwischen Nord- und Ostsee und nie gab es eine ähnliche Form für die Ostsee, wie wir sie heute kennen. Sie entstand erst mit dem Abschmelzen des Inlandeises am Ende der Eiszeit. Dennoch ist ein Blick in die Zeit vor der Eiszeit nötig, denn nur damit sind Formenreichtum und Bodenschätze im Bereich der Ostsee überhaupt verständlich.

Unmittelbare Vorläufer der heutigen Ostsee waren Meere der Tertiärzeit (zwei Millionen Jahre bis 65 Millionen Jahre) und Meere der Kreidezeit (65 Millionen Jahre bis 140 Millionen Jahre). In den Meeren der Kreidezeit wurde neben anderen Gesteinen auch die Schreibkreide abgelagert, die heute die vielbestaunten Steilstufen an der Küste von Rügen bilden. Auch die Feuersteinfelder von Rügen und die Schwefelkiesknollen an so manchem Küstenabschnitt stammen aus dieser Zeit. In der Folgeperiode, im Tertiärmeer, bildeten sich Sande und Tone. In Ufernähe wuchsen in warmem Klima ausgedehnte Wälder, die zu Braunkohlelagern aufwuchsen. Aus dem überreich quellenden Harz der Nadelbäume bildete sich das Gold der Ostsee, der Bernstein. Durch die Gletscher der Eiszeit wurde all dies kräftig verlagert, so daß Feuersteine, Schwefelkiesknollen oder Bernstein keineswegs mehr dort entstanden sein müssen, wo sie heute gefunden werden.

Vorherige Doppelseite:
Links: In der Ostsee heimisch sind das Seehasenmännchen (links oben), der Seeskorpion (rechts oben), der Steinpicker (links unten) und die Schwarzgrundel (rechts unten).
Rechts: Auch sie fühlen sich in der Ostsee wohl: die Seenelke (links oben), der Seestern (rechts oben), das Seepferdchen (links unten) und die Krake (rechts unten).

Folgende Seite:
Die Ostsee entstand aus dem Baltischen Eisstausee (links oben) über das Yoldia-Meer (rechts oben), die Ancylus-See (links unten) und das Litorina-Meer (rechts unten).

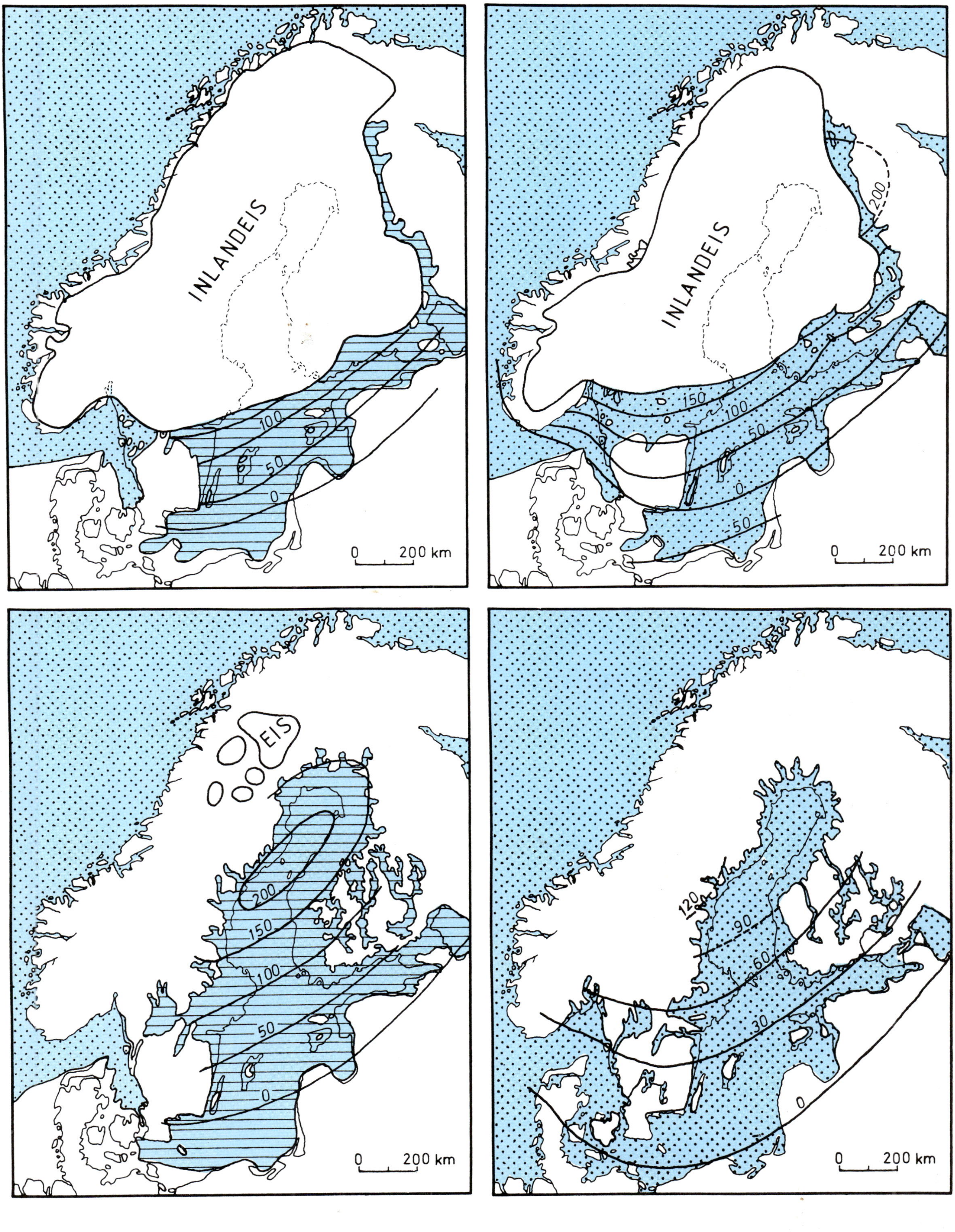
INLANDEIS
100
50
0
0 200 km
INLANDEIS
200
150
100
50
0
-50
0 200 km
EIS
200
150
100
50
0
0 200 km
120
90
60
30
0
0 200 km

Die erste Komponente der heutigen Ostsee entstand am Ende der Saale-Vereisung vor etwa 100000 Jahren, als aus den damaligen Endmoränen die Geest von Schleswig-Holstein und Jütland und damit der bis heute charakteristische Riegel zwischen Nord- und Ostseeraum entstand. Beide Geestrücken wurden von der folgenden Weichsel-Vereisung nicht mehr verschoben. Der südliche Eisrand dieser jüngsten Eiszeit lag in Jütland, im Osten von Schleswig-Holstein, in Mecklenburg, in der Mark Brandenburg und in Polen. Von dort reichte die Eisdecke über ganz Skandinavien bis beinahe hinauf zum Nordkap.

Als dieser Riesengletscher an seiner Südseite zu schmelzen anfing, begann die Geschichte der heutigen Ostsee. Im gleichen Maße nämlich wie der Eisrand zurückwich, wurde in vielen Becken Schmelzwasser gestaut. Diese Eisstauseen waren an der Nordseite vom kalbenden Gletscherrand, an der Südseite von alten Endmoränen begrenzt. Beweglich war nur der Nordrand, der mehr und mehr nach Norden und Nordosten zurückwich. So lag der Eisrand vor etwa 12000 Jahren nördlich der Halbinsel Schonen und vor rund 10000 Jahren etwa auf der Höhe von Stockholm. Von dort zog sich der Eisrand hinauf bis Südfinnland, südöstlich davon lag die Urform der Ostsee, der baltische Eisstausee.

In der folgenden Zeit überlagerten sich verschiedene Vorgänge. Zum einen stieg weltweit der Wasserpegel durch das Abschmelzen der eiszeitlichen Vereisung. Zum anderen begann sich der skandinavische Sockel zu heben, weil er nach und nach von der immensen Last des bis zu 1000 Meter dicken Eises befreit wurde. Zum Ausgleich senkte sich das Gebiet südlich einer Linie, die ziemlich genau durch die Mitte der Ostsee verläuft, langsam aber sicher ab. All das war zudem überlagert von schwankenden Wasserständen, die nicht wenig zur Formung des heutigen Bildes beitrugen.

Das nächste Stadium der Ausbildung der Ostsee war das Yoldia-Meer, das seinen Namen nach der Muschel *Yoldia arctica* erhielt. Nun lag der Südrand des Gletschers bereits auf einer Linie von Südnorwegen nach Südfinnland. Südfinnland und Teile von Estland waren ebenso überflutet wie große Teile Mittelschwedens und Teile der Inseln Gotland und Öland. Noch aber gab es in Südschweden eine breite Verbindung zur Nordsee, die sich jedoch bald schließen sollte. Der skandinavische Schild hob sich mehr und mehr, so daß etwa vor 9200 Jahren die Verbindung zur Nordsee völlig trockenfiel.

Die Ostsee war damit ein reiner Süßwasserbinnensee, der seinen Namen folglich von der Süßwasserschnecke *Ancylus fluviatilis* erhielt. Zunächst wurde der Ancylus-See, der noch größer als die heutige Ostsee war, über Mittelschweden entwässert. Nach und nach verriegelte die Hebung des Skandinavischen Schildes aber auch diesen Abfluß, so daß sich der See im Süden einen neuen Abfluß im Bereich des Fehmarn Belts und des Großen Belts suchen mußte. „Abfluß" ist dabei wörtlich zu nehmen, weil der Meeresspiegel dank der starken Eisbindung immer noch etwa 20 Meter unter dem heutigen Meeresspiegel lag.

Erst mit dem weiteren Abschmelzen des Eises und entsprechendem Anstieg des Meeresspiegels konnte die Nordsee Salzwasser über den Großen Belt nach Osten schicken. Dieses Stadium war vor knapp 8000 Jahren erreicht, ein Stadium, das mit dem neuen Namen Litorina-Meer bedacht wurde, weil die Strandschnecke *Litorina littorea* nur im Salzwasser lebt. Vor etwa 4000 Jahren schließlich war die Ostsee im großen ganzen in ihren heutigen Formen ausgebildet. Mit der zunehmenden Aussüßung wanderten schließlich Brackwasserorganismen ein, so daß die Geologen der heutigen Ostsee den von der Brackwasserschnecke *Limnea ovata* entlehnten Namen Limnea-Meer gaben.

Geblieben aber ist – wenn auch verlangsamt – bis heute der stetige Anstieg des Landes auf der Nordseite der Ostsee und das Absinken des Landes am Südufer. Am Nordzipfel des Bottnischen Meerbusens steigt das Gelände am stärksten, in Travemünde dagegen steigt durch das Absinken des Geländes der Pegel – ein Vorgang, der auch in Zukunft den gesamten Ostseeraum weiter verändern wird.

SCHIFFSTYPEN – VON KOGGEN, HOLKEN UND GALEONEN

Seit dem ausgehenden 8. Jahrhundert machten Seeräuber aus dem Westen Norwegens die europäischen Küsten unsicher. Als Wikinger plünderten sie von Kaupang (südlich von Oslo) oder Bergen aus alles, was in Ostsee, Nordsee, Atlantik oder Mittelmeer per Schiff erreichbar war. Möglich wurde dies den „Salzwasserbanditen“ durch spezielle Langschiffe mit geringem Tiefgang, die sowohl gesegelt wie gerudert werden konnten und denen es damit auch möglich war, über die größeren Flüsse weit ins Landesinnere vorzudringen.

An den alten Streit, ob Henne oder Ei zuerst gewesen seien, erinnert die Frage, ob der Expansionsdrang der Wikinger den Schiffsbau entscheidend förderte oder ob verbesserte Methoden des Schiffsbaus den Wikingern erst ihre immens weiten Fahrten ermöglichten. Sicher jedenfalls ist, daß das Wikingerschiff nicht von den Wikingern erfunden wurde, sondern eine Weiterentwicklung sehr viel älterer Bootsformen darstellt.

Das nördlich der Flensburger Förde gefundene Nydam-Boot etwa entstand bereits im 4. Jahrhundert und hatte bei einer Länge von 23 Meter auf jeder Seite bereits Platz für 18 Ruderer. Obwohl das Schiff im mittleren Teil die Wasserlinie nicht viel mehr als einen Meter überragte, lag es vollbeladen nur einen halben Meter tief im Wasser und war dadurch entsprechend schnell – entscheidendes Kriterium für den Einsatz als Kriegs- oder Raubboot. Seine Planken waren in Klinkerbauweise angeordnet, die Unterkante der oberen Planke überlappte wie bei Dachziegeln die untere Planke. Die einzelnen Planken wurden durch Eisennieten verbunden und durch in Harz getränkten Wollstoff gedichtet. Auffälligstes Merkmal war bereits damals das rechts vom Heck montierte Steuerruder, eine Bauweise, die lange ein Kennzeichen der Schiffe aus dem Norden war. Noch heute heißt deshalb die in Fahrtrichtung rechte Seite eines Schiffes Steuerbord.

Das Segelschiff hat Tradition auf der Ostsee.

Was im 4. Jahrhundert Standard war, wurde im 8. bis 11. Jahrhundert perfektioniert. Das zweifellos schönste (rekonstruierte) Wikingerschiff zeichnet sich durch großartige Schnitzereien an Bug und Heck aus und findet sich im Wikingerschiff-Museum in Bygdoy. Allerdings war dieses Schiff wohl eher so etwas wie eine Art norwegische Königsyacht. Schiffe für den „Hausgebrauch“ fanden sich im flachen Fjord von Roskilde bei Skuldelev. Sie waren im flachen Fjord absichtlich versenkt worden, um die dänische Königsstadt Roskilde vor einem Angriff vom Meer her zu schützen.

Insgesamt fünf Schiffswracks verschiedener Typen lagen quer zur Fahrtrinne, das größte davon immerhin auch 28 Meter lang. Am interessantesten aber war, daß sich unterschiedliche Bootstypen fanden, darunter zwei, die im Verhältnis zu ihrer Länge sehr viel breiter sind als die übrigen und klar als Frachtschiffe definiert werden können. Auch konnte an den Funden nachgewiesen werden, daß in der östlichen Ostsee zum Zusammenfügen der Planken Holznägel verwendet wurden, in der westlichen Ostsee dagegen Eisennägel. Im Osten wurde mit Moos abgedichtet, im Westen mit Tierhaaren.

Ein anderer Fund in Egernsund an der Flensburger Förde brachte ein Boot mit flachem Bug aus der Zeit um 1090 zutage und damit den Beweis, daß nicht alle Plankenboote der Wikinger dem entsprechen, was wir uns unter einem Wikingerschiff vorstellen. Oder anders herum: Die Wikinger bauten ihre Schiffe streng zweckgebunden. Lange, schmale und sehr schnelle für die Raubzüge, breite, sehr stabile und entsprechend langsamere für den Frachttransport. Sie lieferten entscheidende Details für die späteren Koggen der Hansekaufleute.

Die Transportschiffe der Wikinger verfügten über ein breiteres Deck als die Langschiffe, besaßen mittschiffs einen Laderaum

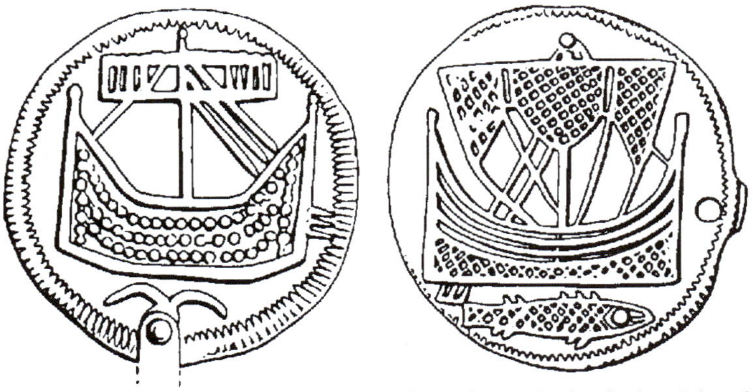

Die beiden Koggen mit abgeknicktem und mit glattem Boden finden sich auf Münzen des 9. Jahrhunderts, geprägt in Haithabu.

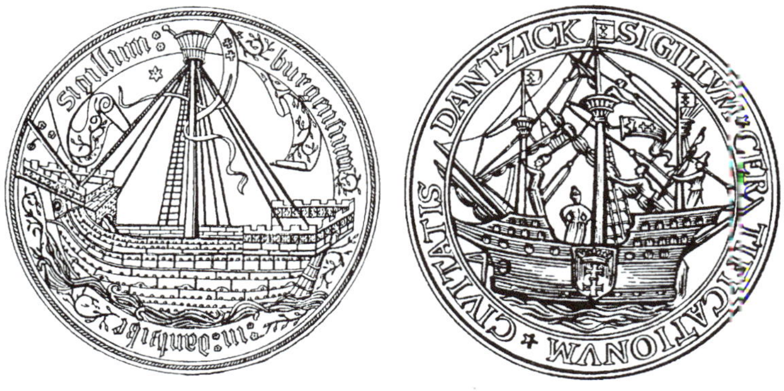

Das große Danziger Siegel von 1400 zeigt den Holk als den damals modernsten Schiffstyp (links). Kraweelgebautes Dreimastschiff auf dem Danziger Siegel von 1582 (rechts).

sowie Decks und Ruderbänke nur an Bug und Heck. Der Mast war stabiler und nicht mehr immer herausnehmbar. Den Vortrieb lieferte hauptsächlich ein großes Rahsegel, die wenigen Ruder wurden nur bei Flauten und bei Landemanövern benutzt. Dadurch benötigen die Schiffe nur eine relativ kleine Mannschaft: einen Rudergänger, einen Wächter, einen Wasserschöpfer und einige Leute, die mit dem Segel umgehen konnten. Das größere der beiden Skuldelev-Schiffe benötigte so etwa zwölf Mann Besatzung, das kleinere kam mit fünf oder sechs Mann aus. Dabei hatte das größere immerhin einen Laderaum von etwa 35 Kubikmeter sowie weitere Lademöglichkeiten unter den Halbdecks.

Gebaut wurden alle Wikingerschiffe in Schalenbauweise. Dafür wurden zunächst die beiden Steven am Kiel befestigt, danach folgten die Planken Gang um Gang. Jede einzelne wurde an den Steven und an der daruntergelegenen Planke mit Eisennägeln befestigt, die jeweils gegen eine Unterlegscheibe platt geschlagen (vernietet) wurden. Für die Einhaltung der Form gab es zwei Hilfsmittel: zum einen zur Kontrolle der Neigung der Planken ein von außen angelegter Winkelmesser, zum anderen zur Kon-

Das Nydam-Schiff steht heute im Archäologischen Landesmuseum in Schleswig.

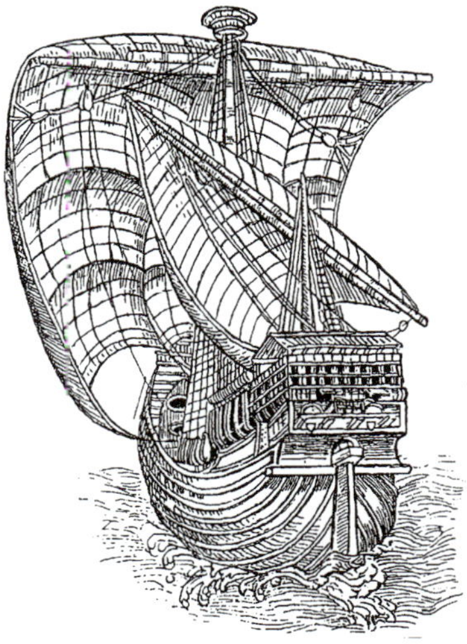

Zweimastiger Holk, 15. Jh.

trolle der Linienführung der Planken eine an einem Seil zwischen den Steven aufgehängte Bootselle. Beide Kontrollinstrumente reichten völlig aus, dem Schiff die gewünschte Umrißform durch die Wahl der Breite der Planken, des folgenden Ganges oder durch Veränderung des Befestigungswinkels zu geben.
Erst wenn der gesamte Rumpf fertig verschalt war, folgte der Einbau innerer Stützhölzer oder ganzer Spanten. Befestigt wurden sie mit hölzernen Nägeln und Pflöcken. Schiffe mit Mast erhielten dann ein massives, direkt am Kiel befestigtes Kielschwein, das nicht nur die Aufgabe hatte, den Mast am Schiffsboden zu fixieren, sondern auch dessen Gewicht und das des Segels auf dem Kiel zu verteilen. In der Regel bauten die Wikinger die Kielschweine so lang, daß sie gleichzeitig auch noch die

Die Hansekogge aus dem 13. Jahrhundert findet sich in der Nikolaikirche in Mölln (unten).

Folgende Doppelseite:
Wie die russische Viermastbark Sedov sahen im vorigen Jahrhundert viele Großsegler auf der Ostsee aus.

Längsstabilität des Bootes erhöhten. Ganz zum Schluß schließlich erfolgten die Einbauten je nach dem späteren Verwendungszweck des Schiffes: Ruderbänke für die schmalen Kriegsschiffe oder Halbdecks für die breiteren Frachtschiffe.

Auch die Takelage war einfach aber äußerst sinnvoll. Das stehende Gut bestand aus einem Fockstag am Bug, Wanten, die am oberen Plankengang oder den Ruderbänken befestigt waren, Querbalken oder Kniestücken zu beiden Seiten des Mastes und einen doppelten, über einen Block geführten Achterstag, der auch zum Fieren von Rah und Segel dienen konnte. Das laufende Gut, zum Vorheißen und Fieren der Rah und zur Regulierung von Kopf und Fuß des Segels, beschränkte sich ebenfalls auf das nötigste. Wahrscheinlich gab es Brassen an jeder Rahnock und Schoten am Fuß des Segels, eine Bugleine zur jeweiligen Vorderkante des Segels und einen Wendebaum zum Kreuzen. Die Segel für die Kriegsschiffe waren schlanker, die für die Frachtschiffe waren etwa doppelt so breit wie hoch.

Neuzeitliche Nachbauten von Wikingerschiffen bewiesen deren Seetüchtigkeit. Als wichtigster Grund dafür stellte sich ihre Elastizität aufgrund der besonderen Bauweise heraus. Sie sorgte dafür, daß sich die Schiffe dem Meer anschmiegten und auf ihm ritten statt starr durch die Wellen zu pflügen. Allein aufgrund dieses Prinzips war die relativ dünne Schiffshaut auf hoher See zuverlässig genug. Andererseits erleichterten die dünnen Planken Fahrten landeinwärts, auf flachen Flüssen und den Transport der Schiffe über seichte Stellen. Einziger Nachteil der Bauweise war die Leckage an den Fugen und durch die Nietlöcher. Dem aber konnte mit fleißigem Schöpfen durch das dafür zuständige Besatzungsmitglied abgeholfen werden.

Doch nicht nur die skandinavischen Wikinger, auch die an der deutschen Nordseeküste ansässigen Friesen konnten Schiffe bauen. Schon im 9. Jahrhundert entstanden hier für die küstennahe Seefahrt zwischen der Rheinmündung und Nordfriesland Frachtschiffe, die in Urkunden bereits Koggen genannt wurden. Der Ausdruck hängt zusammen mit dem niederdeutschen Ausdruck für Kugel und bezeichnet treffend die insgesamt kugelige Erscheinungsform der Kogge. Vor allem in ihrer Frühzeit traf dies doppelt zu, hatte die Kogge doch zwar einen flachen Boden, der jedoch zur besseren Anpassung an die Verhältnisse im Watt an beiden Schiffsenden leicht nach oben angewinkelt war. Dadurch konnten die Schiffe bei Ebbe flach auf das Watt gesetzt werden, ohne daß sie sich im Schlick festsaugten. Das trockengefallene Schiff konnte dann leicht über Pferdefuhrwerke be- oder entladen werden. Wie ein solches Schiff aussah, zeigt eine im 9. Jahrhundert in Haithabu geprägte Münze. Danach hatte die damalige Kogge steile Vorder- und Achtersteven, einen hochgezogenen Rumpf und einen gewölbten Boden – insgesamt wohl eine an eine Kugel erinnernde Erscheinung.

Mit den Friesen kam die Kogge natürlich auch in den friesischen Handelshafen Haithabu beim heutigen Schleswig und damit in die Ostsee. Weil es dort weder Ebbe und Flut noch ein Watt gibt, war der gewölbte Boden nicht mehr notwendig. Die in der Ostsee verkehrenden Koggen bekamen folgerichtig einen ebenen Kiel. Auch er ist auf einer im 9. Jahrhundert in Haithabu geprägten Münze verewigt. Ob abgeknickter Boden oder gerader Kiel, stets aber hatten die Koggen wie die Wikingerschiffe Klinkerbeplankung und wurden in Schalenbauweise gebaut. Zu Anfang hatten die Koggen noch alle das seitliche Steuerruder an Steuerbord, ein Einfluß der Wikingerschiffe. Erst im frühen 13. Jahrhundert erhielten die Koggen ein mittschiffs eingehängtes Heckruder als Steuer – ein entscheidender Vorteil beim Segeln. Weil die Kogge zur Zeit der Hanse das zuverlässigste und damit verbreitetste Transportschiff war, wurde sie bald als Hansekogge bezeichnet.

Den anschaulichsten Beweis, wie die Hansekogge ausgesehen hat, lieferte 1962 der Fund einer mittelalterlichen Kogge in der Weser unterhalb von Bremen. Der 23,5 Meter lange und sieben Meter breite Schiffsrumpf aus dem Jahre 1379 konnte komplett geborgen und im Deutschen Schiffahrtsmuseum in Bremerhaven konserviert werden. Daß dieser Schiffstyp zur gleichen Zeit entlang der Handelsrouten in der Ostsee fuhr, bewiesen mehrere Funde von Koggen aus dem 13. und 14. Jahrhundert in dänischen und schwedischen Gewässern. Nachgewiesen wurde auch, daß die Kogge mit ihrer Tragfähigkeit von bis zu 200 Tonnen bis ins 15. Jahrhundert hinein der einzige Frachtschiffstyp für weitere Fahrten über See war.

Erst zu Beginn des 15. Jahrhunderts wurde die Kogge vom größeren Holk verdrängt. Auch er hatte eine lange Vorgeschichte. Sein Kennzeichen war der fehlende Kiel, den eine breite Bodenplanke ersetzte. Sein Rumpf war von vorn bis hinten gewölbt, und auch der Querschnitt war gerundet. Damit war das Schiff einer Eierschale nicht unähnlich. Sein Vorteil war ein großes Fassungsvermögen, sein Nachteil seine Schwerfälligkeit. Dennoch ersetzte der Holk nach und nach die kleinere Kogge.

Im 15. Jahrhundert erkannte man auch, daß die Schalenbauweise mit Klinkerbeplankung an natürliche Grenzen stieß. Zwei- und dreimastige Schiffe konnten nur noch in Skelettbauweise errichtet werden. Nun wurden erst Kiel und Spanten zusammengefügt, die Außenhaut kam zum Schluß als Kraweelbeplankung. Dabei wurden stumpf aneinanderstoßende Planken von Spant zu Spant gespannt. Karavelle und Galeone waren die prägnantesten Schiffstypen dieser Bauweise im 16. Jahrhundert.

Den Höhepunkt in der Schiffsbautechnik des frühen 17. Jahrhunderts lieferte schließlich die schwedische „Wasa", das Flaggschiff von König Gustaf II. Adolf. Der über 50 Meter lange Dreimaster, mit mehreren Decks und einer Großmasthöhe von 49 Meter über dem Kiel, hatte einen Tiefgang von 5,5 Meter und zählte damals zu den größten Schiffen der Welt. Was als Symbol schwedischer Großmachtpolitik gedacht und entsprechend überreich verziert war, kenterte allerdings bereits bei seiner Jungfernfahrt am 10. August 1628. Heute ist das 1961 gehobene Prachtschiff konserviert und in einem eigenen Museum in Stockholm zu besichtigen.

Das Flaggschiff der späten Hanse war „Der Adler von Lübeck", eine Galeone mit 64 Meter Länge (49 Meter von Steven zu Steven), 14 Meter Breite, 6,5 Meter Tiefgang, vier Masten und einem riesigen Bugspriet. Vom Kiel bis zum obersten Aufbau war das Schiff achtern 21 Meter hoch, der Großmast erreichte stolze 62 Meter. Bei einer Wasserverdrängung von etwa 1500 Tonnen konnte der „Adler von Lübeck" neben 122 Kanonen bis zu 1000 Mann an Bord nehmen. Damit war es das größte und stärkste Schiff, das jemals unter der Flagge der Hanse gelaufen ist.

BACKSTEINGOTIK – STEINE MIT GESCHICHTE

„Von Lübeck ist zu sagen, daß es durchweg aus steinernen Häusern von mehreren Stockwerken besteht, deren Giebel wie Türme in die Luft ragen, und so ordentlich und gleichmäßig ist es gebaut, daß es scheint, als seien die Häuser alle gleichzeitig nach übereinstimmendem Plan aufgeführt. An Gleichmäßigkeit übertreffen sie alle Bauten Oberdeutschlands, an Schönheit und Pracht die Häuser von ganz Sachsen.“ Als Erasmus Sarcerius um 1535 Lübeck so beschrieb, war das nach dem Stadtbrand von 1276 vom Rat erlassene Gebot, die Umfassungsmauern der Häuser nur noch aus Stein zu errichten, gerade 260 Jahre alt und in seinen Auswirkungen bestens zu überprüfen.

Da im Ostseeraum als Naturstein nur der harte, grobkörnige Findlingsgranit verfügbar war, anderer Naturstein aber fehlte, besann man sich alter Traditionen und verwendete wie schon im Altertum in Mesopotamien, bei den Griechen und den Römern den aus Ton gebrannten Backstein als einzig unbegrenzt verfügbares Baumaterial. Sein warmes Rot im Kontrast zum Blaugrau des Himmels und des Wassers sowie zum Grün der Landschaft wurde damit zum besonderen Kennzeichen Lübecks und in der Folge der Städte im Ostseeraum.

Lübecks einprägsames Architekturbild strahlte nach allen Seiten, vor allem aber in die mit ihm besonders verbundenen Hansestädte der Ostsee wie Wismar, Rostock, Stralsund und Greifswald. In all diesen Städten waren wie im Hauptort der Hanse die Kaufleute des Fernhandels tonangebend. Ihr Hauptinteresse galt der Förderung des Stadtbürgertums – Interessen der Kirche oder des Landesherren fanden kaum Beachtung. In Lübeck konzentrierte sich deshalb alles auf den Bau des Rathauses und der Ratskirche St. Marien als Ausdruck des bürgerlichen Selbstbewußtseins. Der bischöfliche Dom am anderen Ende der Stadt geriet zum abgeschlagenen Konkurrenzunternehmen.

Westfassade der Kirche von Wiek auf Rügen.

Der Entwurf der Bürgerkirche St. Marien dagegen war von Anfang an darauf angelegt, den Dom zu übertrumpfen und damit die bürgerliche Macht und ihre Unabhängigkeit vom Bischof zu dokumentieren. Bereits die um 1200 errichtete, noch romanische Marienkirche war deshalb größer angelegt als der Dom und wurde bewußt am höchsten Punkt der Stadtinsel errichtet. Mitte des 13. Jahrhunderts versuchte man die romanische Basilika zur frühgotischen Hallenkirche umzubauen, doch wurde dieses Vorhaben bereits um 1260 durch den Plan einer hochgotischen Basilika ersetzt.

Bereits diese beiden Vorbilder wurden ringsum eifrig aufgegriffen. In Wismar entstand der Hallenbau der dortigen St. Marienkirche, deren Westwerk wiederum die dortigen Kirchen St. Jürgen und St. Nikolai beeinflußte. In Rostock folgte die Hauptkirche St. Marien. Auch die frühgotische Halle von St. Nikolai in Stralsund gehörte zu den Folgebauten der Lübecker St. Marienkirche. Noch aber war das Endgültige nicht gefunden: Sowohl die Lübecker wie die Wismarer und Rostocker Kirche wurden durch Neubauten im hochgotischen Stil ersetzt.

Allein schon die Abwendung von der romanischen Basilika mit dem römischen Vorbildern folgenden höheren Hauptschiff und die Hinwendung zum Hallentyp mit gleich hohen Schiffen dokumentiert das neue bürgerliche Selbstbewußtsein. Die Basilika betonte mit ihrer auf den Hochaltar ausgerichteten Prozessionsstraße den Lehranspruch der Kirche, der Hallentyp dagegen entsprach den Vorstellungen der Bürger, die in der Kirche auch einen allgemeinen, ihrem Selbstbewußtsein schmeichelnden Versammlungsort sahen. Dazu war die Übernahme der damals größten und modernsten Vorbilder gerade recht. Sie waren im frühen 13. Jahrhundert in der Normandie, der Picardie, der Champagne und natürlich auf der Ile de France entstanden.

Das Haus des reichen Stralsunder Handelsherren Bertram Wulflam entstand in der Spätgotik.

Das Stralsunder Knieperhaus wurde in der zweiten Hälfte des 15. Jahrhunderts errichtet.

Der Lübecker Baumeister mußte sie gekannt haben, denn anders wäre die Übernahme des Grundrisses des Kathedralchores von Quimper in der Bretagne kaum zu erklären. Die eigentliche Leistung des Baumeisters bestand jedoch weniger in der Übernahme eines bestehenden Vorbildes, sondern in der Umsetzung der stolzen, aber in Haustein ausgeführten Vorgabe in die Realisierbarkeit mit heimischem Ziegel. Der nämlich war nicht nur klein, sondern auch weniger druck- und schubfest als Haustein und besaß zudem eine geringere Spannkraft. Außerdem gerieten die kleinformatigen Backsteine wegen des noch nicht verfügbaren Zementmörtels viel leichter aus den Fugen als die großen, in beliebigen Formen behaubaren Sandsteine. Größte Aufmerksamkeit mußte deshalb der Berechnung jedes einzelnen Gliedes des tragenden Gerüstes und des Strebewerkes gezollt werden.

Dem Lübecker Baumeister gelang die Lösung der schwierigen Aufgabe durch ein raffiniertes System innerer und äußerer Wandblenden zwischen dem konstruktiven Gerüst der Pfeiler und Vorlagen. Die Versteifung der Schiffswände wurde durch eigene Spannmauern erreicht, ohne daß dadurch die Gewölbe belastet wurden. Im Ergebnis gelang es dem Baumeister, das Mittelschiffgewölbe der Marienkirche mit einer Scheitelhöhe von immerhin 40 Meter zu vollenden. Dies ist um so erstaunlicher, wenn man dazu das Mittelschiff des Straßburger Münsters zum Vergleich heranzieht. Es zählt zu den berühmtesten Bauwerken der Natursteingotik, dennoch ist die Scheitelhöhe seines Mittelschiffes mit 31,5 Meter beinahe zehn Meter niedriger! Daß das Langhausgewölbe von keinem Querhaus und damit von keiner Vierung unterbrochen ist, unterstreicht nur noch die Großartigkeit seiner Wirkung.

Auch der hochgotische Neubau von St. Marien in Lübeck bekam mit seinen davor unvorstellbaren Dimensionen sofort Vorbildcharakter für die Nachfolgebauten im Ostseebereich. Vor allem der damit eingeführte Typ der querhauslosen Basilika wurde in vielen von der Hanse beeinflußten und mit ihr in Verbindung stehenden Städten der Küste übernommen. Dabei gab es aber auch durchaus Veränderungen im Detail. Erster Nachfolgebau

Folgende Seite:
Holstentor, Salzspeicher und Petrikirche sind Wahrzeichen Lübecks und Wahrzeichen deutscher Backsteingotik.

HEICK&SCHMALTZ

war die hochgotische Ratskirche St. Nikolai in Stralsund, die mit ihrer mächtigen Doppelturmfront Lübeck offen Paroli bot. Auch bei der Gestaltung des Kapellenkranzes und der Pfeiler des Langhauses ging man in Stralsund eigene Wege.
In Schwerin folgte sogar der Bischof dem bürgerlichen Vorbild beim Bau seines Domes, wobei allerdings das Vorbild zur Basilika mit Querhaus abgewandelt wurde. Dafür gelang dort beim Bau des Chores eine signifikante Neuerung: die fünf Chorkapellen des Chorumganges kamen unter ein gemeinsames Dach. Damit konnte außen auf die Strebebögen im Obergaden des Chores verzichtet werden. Auch die 1294 begonnene Zisterzienserklosterkirche in Doberan erhielt ein Querhaus. Mit vorgesetzten, doppelgeschossigen Arkaden wurde jedoch erreicht, daß der Verlauf des Gewölbes optisch kaum gestört wirkt.
Ebenfalls um 1290 wurde nach Lübecker Vorbild die Hauptpfarrkirche St. Marien in Rostock begonnen. Sie erhielt ihr Querhaus jedoch erst nach 1398, nach einem teilweisen Einsturz des noch unvollendeten Baues. Selbst im relativ kleinen Wismar entstand nach den großen Vorbildern ab 1339 die Pfarrkirche St. Marien, die allerdings 1945 zerstört wurde.

Das Kröpeliner Tor in Rostock stammt aus der Spätgotik.

Das spätgotische Steintor in Anklam entstand in der zweiten Hälfte des 15. Jahrhunderts.

Was für den Kirchenbau galt, gilt sinngemäß für den Bau der bürgerlichen Repräsentationszentren, den Rathäusern und Festsälen. Die Lübecker verstanden es, ab 1226 aus ihrem Rathaus einen weitläufigen, vieltürmigen und insgesamt malerischen Komplex mit unterschiedlichen Hauptfronten zu gestalten. Sie wurden mit der jeweiligen Nachbarschaft so in Einklang gebracht, daß ein möglichst eindrucksvolles Panorama mit Dominanz der Rathausfront enstand.
Bei soviel Vorbild wundert es keineswegs, daß die verschiedenen Lübecker Rathausfronten viele Nachfolger fanden. Direkter Nachfolger des Lübecker Rathauses wurde das um 1230 begonnene Rathaus in Stralsund. Ähnlich wie in Lübeck wurden sogar Rathaus und Kirche städtebaulich unmittelbar miteinander verbunden. Unmittelbares Vorbild für die Marktfront war die des Kriegsstubenbaus des Lübecker Rathauses. Dennoch wurde das Vorbild nicht nur plump nachgeahmt. Vielmehr wurde versucht, die eigene Lösung noch zierlicher zu gestalten. Die Nordfront des Lübecker Rathauses schließlich wurde unmittelbares Vorbild für die heute leider barock verblendete Schauwand des Ro-

Auch das Anklamer Tor in Usedom ist prächtige, späte Backsteingotik.

Die Zisterzienserklosterkirche Bad Doberan gehört zu den Prachtbauten kirchlicher Backsteingotik.

stocker Rathauses. Auch hier wurde wieder versucht, das Vorbild nach eigenen Vorstellungen zu verbessern.

Sogar bei den Stadttoren wirkte Lübecks Vorbild bis weit in den Ostseeraum hinein. Selbst ursprünglich als wehrhafte Stadttore verstandene Bauten erhielten eine überraschende Vielfalt von Schmuckformen. Das Mauerwerk wurde durch den Wechsel von rötlichen und ockergelben Backsteinlagen, durch grün glasierte Ziegelbänder und weiß getünchte Blendfelder detailliert gestaltet und durch verschiedenfarbige oder ornamentierte Formsteine zusätzlich geschmückt.

Insgesamt aber gilt: Die in der Mitte des 13. Jahrhunderts begonnene Umwandlung der französischen Kathedralgotik in die wuchtige und doch schlichte, strenge und doch verspielte Backsteinarchitektur war eine der großartigsten Leistungen deutscher Baukunst.

FLENSBURG – EINE FÖRDE UND DER RUM

Lido des Nordens“ hat Siegfried Lenz die Flensburger Förde genannt und damit wohl das Erlebnis auszudrücken versucht, das den Besucher erwartet, der mit dem Schiff über die Förde ankommt. Dann nämlich schmiegt sich Schleswig-Holsteins nördlichste Hafenstadt in einen Rahmen aus dem satten Grün der Wälder, Parks und Knicks und den in Terrassen hügelan strebenden ersten Bürgerhäusern. Hinter der Blücherbrücke taucht dann die historische Häuserkulisse auf, dominieren Kräne, Schiffsmasten und Speicher den Blick.

Von all dem hatten die heimischen Fischer noch keine Vorstellung, als sie irgendwann im 12. Jahrhundert am Ende der gut 40 Kilometer tief eingeschnittenen Flensburger Förde ihr Flensaaburgh gründeten. Auch vom späteren Ruhm durch den Rum hatten sie noch keine Ahnung, denn es sollte noch ein langer Weg sein, bis die ersten Rumfässer aus Westindien in die Flensburger Keller gerollt werden konnten. Zunächst einmal begnügten sich die Fischer damit, um 1200 am südöstlichsten Zipfel der Förde eine kleine Feldsteinkirche zu errichten und sie dem hl. Johannes zu weihen. In ihrem Kern ist diese älteste Flensburger Kirche noch in der heutigen Johanneskirche enthalten. Sie beweist gleichzeitig augenfällig, daß die Förde damals noch ein gutes Stück weiter landeinwärts reichte.

Wappen am Flensburger Kompagnietor.

Gegen Ende des 12. Jahrhunderts waren es dann die Dänen, deren König Knud IV. auf der Westseite der Förde und ein ganzes Stück weiter nördlich, im Bereich des heutigen Nordermarktes, eine ganz auf den Seehandel ausgerichtete Kaufmannssiedlung gründete. Als Kirche entstand dazu St. Marien, die ab 1284 neu errichtet und 1445 in der heutigen Form geweiht wurde.

Weil aller guten Dinge drei sind, entstand an der Flensburger Förde sogar noch ein dritter Siedlungskern. Er gruppierte sich ebenfalls um eine Kirche, die dem hl. Nikolaus geweiht wurde, und um den heutigen Südermarkt. Zwischen den beiden Märkten im Norden und Süden gab es eine Thingstätte und ein gemeinsames Rathaus, in dem jedoch zwei Bürgermeister amtierten. Erst 1883 wurde dieses 1445 errichtete, gemeinsame Rathaus abgerissen. Nach und nach wuchsen die beiden Siedlungskerne auf der Westseite der Förde über die heutige Große Straße und den Holm zusammen. Das Stadtrecht jedoch erhielt der Nordermarkt 1284 von Herzog Waldemar IV. von Schleswig. Bis Mitte des 16. Jahrhunderts waren die Lücken zwischen den Siedlungskernen geschlossen, und Flensburg reichte vom Nordertor im Norden bis hinunter zur Angelburger Straße im Süden.

Weil es die Durchgangsstraße am Westufer der Förde noch nicht gab (sie entstand erst Ende des vorigen Jahrhunderts), war über Jahrhunderte hinweg das Rückgrat die gut 1,5 Kilometer lange Verbindungsstraße zwischen St. Nikolai im Süden und dem Nordertor. An ihr reihten sich die Hofgrundstücke auf beiden Seiten wie Fischgräten. Auf der schmaleren Hangseite hatten die Handwerker ihre Anwesen, auf der Fördeseite machten sich die Kaufleute mit ihren Speichern und Wirtschaftsgebäuden breit. Sie konnten ihre Waren direkt von den am Ufer ankernden Schiffen beziehen, in ihren eigenen Speichern an der Förde zwischenlagern und im Mittelteil des Anwesens verarbeiten bzw. veredeln. Gegen die Straße hin lagen die Kontore, die mit ihren Prunkfassaden auf die Bedeutung ihrer Eigentümer hinwiesen. Schließlich dirigierten die stolzen Reeder von hier aus ihre Schiffe über alle Weltmeere.

Die erste Blüte ihrer Stadt verdankten die Flensburger vor allem den Holländern, die ihren Fernhandel zwischen dem Niederrhein und Skandinavien unter Umgehung des hanseatischen Lübecks über die Stadt an der Förde abwickelten. Als es im 16. Jahrhundert mit der Hanse bereits abwärts ging, war Flens-

FRS

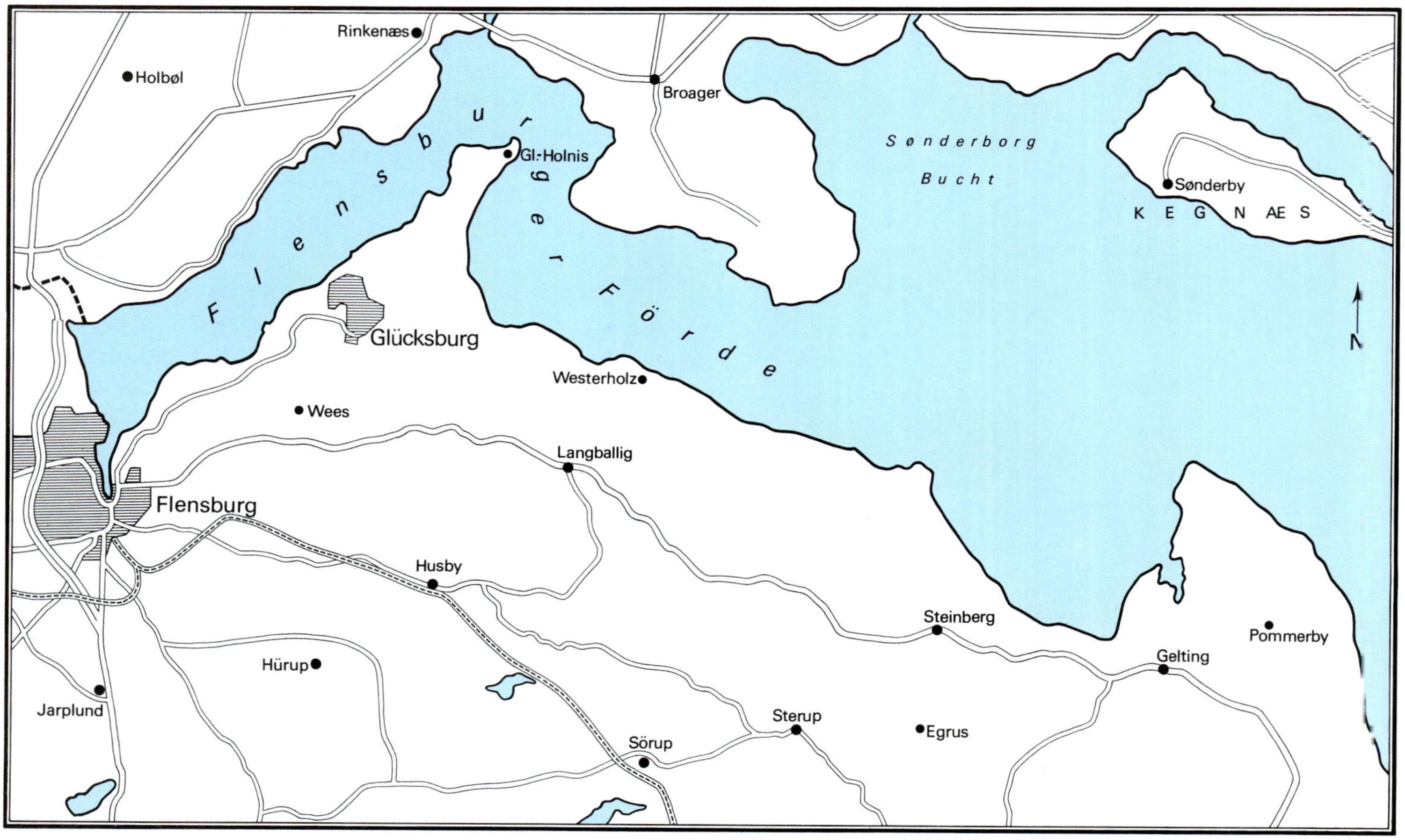

Flensburger Nordertor

burg eine der reichsten Handelsstädte der dänischen Krone. Bereits während dieser ersten Blütezeit des Handels kristallisierte sich ein „Nord-Süd-Gefälle" heraus, das bis heute erhalten ist: im Süden, am Holm, gab es breitere Parzellen und größere Hausgrundrisse als im Norden, wo eine weniger großzügige Bebauung auf wesentlich kleineren Grundstücken vorherrschte. Vor allem nördlich von St. Marien ist das Gemisch von kleinen Geschäften, Werkstätten und Wohnungen trotz mancher Sanierungsversuche beinahe noch in mittelalterlicher Form erhalten. Ihre zweite Blüte schuf sich die Stadt im 18. Jahrhundert aus eigener Kraft. Man schrieb das Jahr 1755, als die Neptunus die erste Schiffsladung Rumfässer aus Westindien brachte und damit einen völlig neuen Wirtschaftszweig eröffnete. Im Jahre 1803 gab es bereits über 200 in Flensburg beheimatete Schiffe, die zum großen Teil die dänischen Karibikinseln anliefen. Zu Hause wurde der karibische Rohstoff zu Rum verschnitten, also so gemischt, daß er deutschen Kehlen entgegenkam. Zur Blütezeit des Rumgeschäftes war der Flensburger Hafen wirtschaftlich weitaus bedeutsamer als der von Kopenhagen und Kiel. Heute sind von den knapp 200 Firmen, die sich einst in den Hinterhöfen ihrer Backsteinhäuser dem Rumgeschäft widmeten, nur noch ganz wenige geblieben, doch stammt immer noch mehr als jede zweite in Deutschland verkaufte Flasche Rum aus Flensburger „Rumfabriken".

Vorherige Seite: Blick über die Flensburger Förde auf die spätgotische Marienkirche, ursprünglich eine dänische Gründung (rechts).

Sörup – Romanischer Taufstein.

Viele Jahrhunderte wurde Flensburg von der dänischen Krone regiert, noch heute ist jeder vierte Einwohner Däne mit deutschem Paß. Daß der nicht mehr dänisch ist, verdanken die dänischen Einwohner dem preußischen König, der das Land nördlich der Eider nach dem blutigen Krieg von 1864 im Jahre 1867 per „Besitzergreifungspatent" für den preußischen Staat kassierte. Davor waren die Könige von Dänemark Herzöge in Schleswig und Grafen von Holstein. Ganz so klar, wie es auf den ersten Blick scheint, war aber auch diese Tatsache nicht. Als nämlich die Räte von Schleswig und Holstein im Jahre 1460 den dänischen König Christian I. in Ripen zum gemeinsamen Landesherren wählten, taten sie dies unter zwei Bedingungen. Zum einen mußte sich der Gewählte für sich und seine Erben verpflichten, die beiden Herzogtümer „ewich tosamende ungedeelt" zu halten, ihnen andererseits jedoch im Rahmen der erwünschten Personalunion sämtliche Freiheiten und Rechte der Selbständigkeit zu lassen. Um diesem Anspruch Nachdruck zu verleihen, wurde zum anderen festgelegt, daß Schleswig dänisches, Holstein jedoch deutsches Lehen bleiben sollte. Zwar gab es trotz dieses Widerspruchs in sich damit zum ersten Mal ein geeintes Land zwischen Elbe und Flensburger Förde, doch war damit eben auch der Keim für den späteren Anspruch Preußens gelegt.

Und zimperlich waren die Preußen nicht. Unmittelbar nach der Annektion wurden die dänischen Schulen geschlossen, auf allen Ämtern und sogar in den Kirchen durfte nur noch Deutsch gesprochen werden. Da half es den Dänen wenig, daß sie im stillen Protest ihre Scheunentore in den dänischen Farben Rot und Weiß anpinselten oder zu Kaisers Geburtstag in Lumpen erschienen. Aber auch die Deutschen konnten die verquere Situation nicht ausschließlich für sich entscheiden. Im Jahre 1920 einigte man sich deshalb auf eine Volksabstimmung zur Neufestlegung der Reichsgrenze. Dabei kehrten die Nordschleswiger per Stimmzettel in die dänische Heimat zurück, in Südschleswig sorgte die deutsche Dreiviertelmehrheit für ein Verbleiben beim Reich. Gegenüber den Preußen aber hatte man in Südschleswig dazugelernt. Die Dänen durften wieder ihre eigenen Schulen eröffnen, bekamen ihre eigene Zeitung und durften ihre Sprache auch offiziell benutzen. Die dänische Minderheit erreichte es sogar, daß nicht die Sprache, sondern die Gesinnung als das entscheidende Kriterium für die Zurechnung zum dänischen Volkstum anerkannt wurde. Was als Hintertür gegen einen möglichen Stellungsbefehl durch die Nazis gedacht war, half dann dennoch wenig: Die deutschen Dänen mußten ebenfalls den deutschen Stahlhelm anziehen.

Nicht zuletzt diese schlechte Erfahrung sorgte nach 1945 dafür, daß es erneut eine starke Bestrebung für die Rückkehr in die dänische Heimat gab. Ihr wurde dann 1949 (1955) endgültig die Spitze genommen, als der schlewig-holsteinische Landtag in der

Sörup – Ausschnitt aus der spätgotischen Schnitzkanzel.

Wappen am Nordertor – linkes Wappen von Schleswig, rechtes Wappen von Flensburg.

„Kieler Erklärung" der dänischen Minderheit die über Jahrzehnte erträumte Selbstbestimmung einräumte. Ab sofort und wohl endgültig hieß es: „Däne ist, wer will, auch wenn er nicht dänisch spricht." Als schließlich 1955 die Partei der Dänen, der Südschleswigsche Wählerverband, für die Wahlen zum Landtag von der 5%-Sperrklausel ausgenommen wurde, bedeutete dies gleichzeitig die parlamentarische Anerkennung der Minderheit. Für Jahrzehnte sollte sie vom legendären Karl Otto Meyer, dem einzigen Abgeordneten des Südschleswigschen Wählerverbandes im Kieler Landtag, eindrucksvoll vertreten werden. Nicht zuletzt sein Verdienst ist es, daß inzwischen aus dem ehemaligen Grenzkampf ein friedlicher kultureller Wettbewerb zwischen Deutschen und Dänen zum Vorteil beider Volksgruppen wurde.
Das Land südlich der Flensburger Förde bis hinunter zur Schlei heißt Angeln, weil hier die zu Hause waren, die zusammen mit den Sachsen im 5. Jahrhundert nach Britannien zogen und ihm den Namen England gaben. Die seßhafteren Angeln blieben bis heute und machten aus ihrem sanfthügeligen Land eine Bilderbuchbauernlandschaft. Hier sind die Züchter zu Hause, die dem dunkelbraunen Rind und dem schwarz-weißen Sattelschwein zu Weltruf verholfen haben.
Nicht minder international bekannt ist ein anderes „Produkt" des Landes. Es wurde 1587 im Auftrag von Herzog Johann von Sonderburg fertiggestellt, hört auf den Namen Glücksburg und gehört zu den Hauptwerken Norddeutscher Renaissance. Mit seinen 22 Kindern machte der Herzog dem Namen seiner Burg alle Ehre, sich selbst machte er zum Stammvater des herzoglichen Hauses Schleswig-Holstein und damit letztlich auch der Königshäuser Dänemark, Norwegen und Griechenland.
Der Landschaft angemessen, errichtete der Herzog jedoch kein Schloß, sondern eher ein besseres Herrenhaus aus drei gleichartigen, zu einem Block zusammengefaßten Giebelhäusern mit vier dicken, achteckigen und spitzbehelmten Türmen an den Ecken. Die Mitte markiert ein zierliches Barocktürmchen, das aber erst 1768 als Ersatz für einen vom Blitz zerstörten Renaissanceturm eingebaut wurde.
Im Innern folgt die Einteilung der Grundform der drei Paralleltrakte. Der mittlere Trakt enthält die Säle, die seitlichen und die Ecktürme die Wohnräume. Die barocke Einrichtung der Kapelle erfolgte 1717 mit einem Altar und einer Taufe im Knorpelstil, beides geschaffen vom Flensburger Schnitzer Claus Gabriel. Ursprünglich war die Kapelle mit Fresken bemalt, Reste davon konnten bei der Restaurierung 1973 freigelegt werden. Besterhaltenes Detail ist die Heilung des blinden Tobias, die um 1560 entstandene Arbeit eines niederländischen Meisters.
Kostbarste Teile der heutigen Ausstattung sind eine um 1700 gearbeitete Gobelinfolge mit Szenen aus Ovids Metamorphosen. Die Fabelbilder des römischen Dichters sind hier in weite Landschaften gelegt, in denen höfisch-barock gekleidete Gestalten die Szenen darstellen. Eine zweite Gobelinfolge zeigt Menschen auf dem Markt, beim Tanz und bei der Arbeit. Jagd- und Reiterszenen sind die Motive auf den aus der zweiten Hälfte des 17. Jahrhunderts stammenden und ursprünglich in Schloß Gottorf eingebauten Ledertapeten.
Das Schloß und die mit ihm verbundene Hofhaltung sorgten dafür, daß sich am Rande des Schloßteiches eine Ortschaft entwickelte. Inzwischen hat das ursprüngliche Anhängsel das Schloß selbst längst überflügelt und als Sehenswürdigkeit vereinnahmt. Wichtigeres Anliegen von Glücksburg allerdings ist es, Ostseebad zu sein und mit allen Kureinrichtungen dienen zu können.

Folgende Seite:
Schloß Glücksburg ist das Stammhaus des herzoglichen Hauses Schleswig-Holstein sowie der Königshäuser von Dänemark, Norwegen und Griechenland.

HAITHABU – DIE WIKINGER AN DER OSTSEE

Wo die zur Nordsee offene Treene gerade etwa zehn Kilometer von der zur Ostsee offenen Schlei getrennt ist, hat die kimbrische Halbinsel an der Schleswiger Landenge ihre schmalste Stelle. Wer sich im Mittelalter den gefährlichen Umweg durch das stürmische Skagerrak um Jütland herum ersparen wollte, fand hier den einfachsten Verbindungsweg zwischen Ost- und Nordsee. Zugleich lief über die schmale Landbrücke der wichtigste Nord-Süd-Heeres- und Handelsweg. Die Kreuzung beider Wege war über Jahrhunderte von höchster strategischer Bedeutung.

Schiffssteven der Wikinger von Haithabu.

Unterstrichen wurde diese Bedeutung noch von den Dänen, die dank Schlei und Treene hier ihr Herrschaftsgebiet am besten nach Süden absichern konnten. Ab der Mitte des 8. Jahrhunderts taten sie dies mit dem Danewerk, einem aufwendigen System von Wällen und Gräben, das bis ins 12. Jahrhundert hinein verfeinert und ausgebaut wurde. Die letzte Ausbaustufe entstand als Waldemarsmauer in der zweiten Hälfte des 12. Jahrhunderts. Die damals dem Wall und Graben vorgesetzte Ziegelsteinmauer ist noch heute bei der Ortschaft Danewerk zu sehen.

Eine strategisch so wichtige Kreuzung bedeutender Heer- und Handelswege benötigte natürlich eine eigene Befestigungsanlage. In ihrer Reichweite wiederum konnte sich ein Handelsplatz sicher fühlen. Der ideale Platz für beides war Haithabu, die „Siedlung auf der Heide". Sie lag gegenüber vom heutigen Schleswig am Haddebyer Noor, einer seenartigen Verlängerung der Schlei, und war eine Gründung der Wikinger. Auf etwa 24 Hektar hatten sie ab dem 8. Jahrhundert ihre reetgedeckten Holz- und Lehmhäuser hinter einem bis zu neun Meter hohen Befestigungswall errichtet und eine eigene Hafenanlage gebaut.

Die Wikinger waren als „Salzwasserbanditen" von Skandinavien bis Sizilien gefürchtet. Vom reichen Kloster bis zu größten Städten versetzten sie alles in Angst und Schrecken, weil sie es nicht nur auf Geld und Gut, sondern vor allem auch auf die Ware Mensch abgesehen hatten. Auch ihr Haithabu diente hauptsächlich dem Menschenhandel, die Siedlung gehörte zu den größten Sklavenmärkten der damaligen Welt. In der Mitte des 10. Jahrhunderts war Haithabu größer als das damalige Köln.

Aus dieser Zeit stammt die Schilderung des maurischen Kaufmanns Al Tartuschi über die Zustände in Haithabu: „In der großen Stadt am äußersten Rand des Weltmeeres treffen sich vor allem Seefahrer und Krieger, Piraten und Sklavenhändler. An ihren Hütten hängen Rinderschädel. Die meisten Einwohner sind Heiden, die ihren Göttern Feuer entzünden und Opfer bringen. Die Gemeinde der Christen ist nur sehr klein. Das Volk liebt eine derbe Kost aus Fisch, Schinken und Bier. Wer arm ist und seine Kinder nicht ernähren kann, wirft sie ins Meer. Der Hafen ist ein übler Platz mit lautem Treiben, Gelagen und Raufereien. Niemals hörte ich einen häßlicheren Gesang als den der Leute von Haithabu. Das Brummen, das ihren Kehlen entweicht, ist wie das Bellen von Hunden, nur noch tierischer."

Dennoch geriet Haithabu mehr und mehr zum Welthafen, den Händler aus Skandinavien und Rußland, aus Byzanz und den arabischen Ländern ebenso besuchten wie solche aus England, Frankreich, Italien, Spanien oder Nordafrika. Erst mit der Eroberung durch Harald den Harten von Norwegen begann 1050 Haithabus Niedergang. Als 1066 die slawischen Wenden den Rest vollends zerstörten, gaben die Bewohner auf und siedelten auf dem Boden des heutigen Schleswig neu. Dies eröffnete den Archäologen ein ungestörtes Ausgraben der alten Siedlung.

Seit 1900 wurde in Haithabu in unregelmäßigen Abständen immer wieder großflächig gegraben. Dabei ergab sich ein überaus plastisches Bild vom Leben und Treiben der engbebauten und

Der Cordulaschrein der Wikinger von Haithabu hat die Form eines Wikingerhauses. Verziert ist er mit vergoldeten Bronzebeschlägen und 22 gravierten Elchgeweihplatten.

Die beiden Runensteine der Wikinger wurden im 10. Jahrhundert behauen. Die Glocke gehört zu den ältesten von ganz Schleswig-Holstein.

von Händlern, Handwerkern, Fischern und Kriegern bevölkerten Siedlung. Im hafennahen Teil der Siedlung wurden zahlreiche Wohn- und Wirtschaftsgebäude nachgewiesen. Die aus Pfählen und Flechtwänden gebauten Häuser waren mehrfach abgebrannt, die Reste wieder überbaut worden. Die gefundenen Fundamente verraten ein planmäßiges Bausystem für Gassen und Häuserzeilen, die geschickt auf einen kanalisierten Bach hin ausgerichtet worden waren. Riesige Fundmengen von Kleinmaterial belegen, daß es in Haithabu eine umfangreiche gewerbliche Produktion gegeben haben muß. So fanden sich alle nur denkbaren Schnitzarbeiten aus Holz, Knochen, Geweih, Walroßelfenbein und Bernstein. Eisen und Edelmetall wurde gegossen, gepreßt und mechanisch verarbeitet, von der Gebrauchs- bis zur Schmuckform fand sich alles nur Denkbare. Darüber hinaus belegen Mühlsteine aus dem Rheinland, Specksteingefäße aus Norwegen, Leder, Leinen und Wollgewebe sowie Werkzeuge aller Art die umfangreiche Handelstätigkeit der Kaufleute von Haithabu. Kochtöpfe, Kesselhaken, Bratspieße, Löffel, Schüsseln und sogar Würfel und Spielsteine ermöglichen eine klare Vorstellung vom Alltagsleben. Daß die Bewohner in der Regel recht „flott" lebten, bewiesen ganze Berge von Tierknochen, Fischgräten und Überreste von Getreide, Nüssen und Obstkernen.

Wie Haithabus Hafenbecken ausgesehen hat, konnte 1980 ebenfalls nachgewiesen werden. Danach war das innere, elf Hektar große Hafenbecken durch ein mehrzeiliges Bollwerk aus Palisaden, Verteidigungsplattformen und einen äußeren Sperrgürtel gegen Angriffe von der Wasserseite her gesichert. Mehrere Pfeilerreihen belegen, wo Anlegebrücken zum Be- und Entladen der Schiffe vorhanden waren. Vom Tauwerk bis zur kompletten Seemannskiste fand sich alles, was in ein Hafenbecken fallen kann. Darüber hinaus konnte ein ursprünglich 24 Meter langes, elegant geformtes Wikingerschiff gehoben werden, das brennend im Hafenbecken gesunken war. Sogar eine vollständig erhaltene Kirchenglocke und 43 Patrizen aus Bronze zur Herstellung von Schmuckstücken fanden sich. Sie müssen dem Goldschmied gehört haben, der den berühmten Goldschatz von Hiddensee damit gefertigt hat.

Die schönsten Fundstücke der Archäologen sind inzwischen in einem eigenen Museum zusammengefaßt, das einen hervorragenden Einblick in die Lebens- und Siedlungsweise der Wikinger bietet. Neben dem aus dem Hafen von Haithabu geborgenen Wikingerschiff beeindruckt vor allem ein Runenstein, den der dänische König Svend I. Tveskaeg seinem bei Haddeby (Haithabu) getöteten Gefolgsmann Skarthi setzen ließ. Dieser König Svend war 986 an die Macht gekommen, hatte um 1000 die Oberherrschaft über Norwegen gewonnen und 1013 England erobert. Er hatte zudem die Grenzbefestigung Danewerk neuerlich ausbauen lassen.

Insgesamt bewiesen die Funde, was textliche Quellen schon vorher belegt hatten: Die wirtschaftliche Blüte von Haithabu begann um 850 und dauerte bis etwa 980. Während dieser Zeit

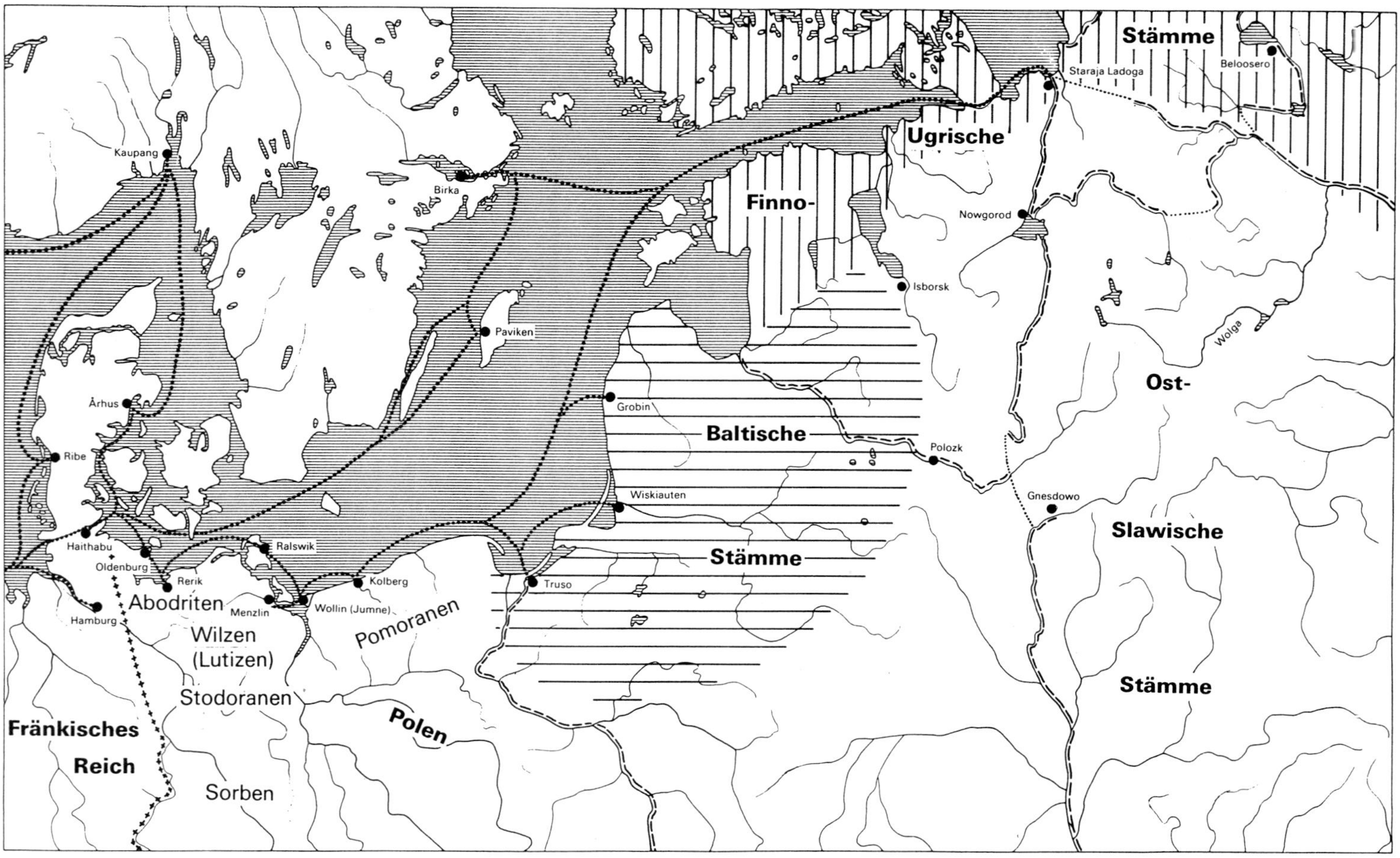

Der Nachbau des Wikingerschiffes steht im Archäologischen Landesmuseum in Schleswig.

prägte man sogar eigene Münzen, akzeptierte aber auch Münzen aus allen Herren Ländern. Zur Zeit dieser Blüte war Haithabu der Hauptumschlagplatz für den Transitverkehr vom Rheinland nach Schweden und Norwegen. Nordwärts wanderten Wein, Waffen, Mühlsteine, Keramik und Glaserzeugnisse, aus dem Norden kamen Eisenbarren, Felle, Pelze, Walroßelfenbein und Dörrfisch. Eine der wichtigsten Handelskomponenten war aber der Sklavenhandel. Dazu gibt es einen Bericht des Bremer Bischofs Rimbert, dem in Haithabu ein Zug Sklaven begegnete. Darunter befand sich auch eine Nonne, die er vom Sklavenhändler gegen sein Reitpferd samt kostbarem Sattel und Zaumzeug eintauschte.

Wichtigste Handelspartner von Haithabu waren in Skandinavien das auf einer Insel im Mälarsee gelegene Birka. Sein Stadtbild glich mit Burgberg und Stadtwall ganz erstaunlich dem von Haithabu. Von Birka aus gab es wiederum Handelsbeziehungen in den baltischen und russischen Raum sowie in das Mündungsgebiet der Oder. Wichtige Zwischenstation war schon zu Zeiten der Wikinger Visby auf Gotland. Der Handel mit Norwegen lief über das dänische Arhus und das norwegische Kaupang am Eingang des Oslofjordes. Zumindest für den Bereich der Ostsee befuhren die Kaufleute der Wikinger also bereits die gleichen Routen, die später für die Hanse so wichtig wurden.

SCHLESWIG – DIE IDYLLE AN DER SCHLEI

Ohne das Salz von Lüneburg wäre aus dem kleinen Liubice sicher nicht so schnell Lübeck geworden, der Hauptort der Hanse wäre wohl eher an der Schlei denn an der Trave entstanden. Zumindest sprachen alle Vorzeichen für das 1066 gegenüber von Haithabu gegründete Sliaswich. Schließlich hatten die slawischen Wenden zwar die Häuser von Haithabu, nicht aber die hier sich kreuzenden Handelswege zerstören können. Auf dieser Tradition eines internationalen Warenumschlagplatzes bildete sich denn auch rasch ein profanes und dann auch sakrales Herrschaftszentrum heraus. Das Sagen hatte eine Schwurgilde niederrheinisch-friesischer Kaufleute, die Schleswig bereits um 1200 ein kodifiziertes Stadtrecht gab. Schleswig ist damit die älteste Stadt des gesamten Ostseeraumes. Einzig das neugegründete Lübeck mit seinem leicht verfügbaren Salz und die damit verbundene Verlegung des Haupthandelsweges verhinderten einen weiteren Aufschwung.

Daß der durchaus vorgesehen war, beweist nicht zuletzt der schon in der ersten Hälfte des 12. Jahrhunderts vom Schleswiger Bischof begonnene, so großzügig bemessene St.-Petri-Dom. Welche Leistungsfähigkeit damals vorhanden war, beweisen neben seinen Dimensionen seine Mauern. Sie nämlich wurden nicht nur aus Granitquadern und Feldsteinen, sondern mit rheinischem, über See transportiertem Tuffstein gebaut. Daß Schleswig tatsächlich bis ins 13. Jahrhundert hinein ein nicht unbedeutender Handelsort an der Ostsee war, verraten die fünf nachgewiesenen Patrozinien mit jeweils einer eigenen Kirche. Die umfangreichen Funde im Bereich der ausgedehnten Hafenanlagen belegen darüber hinaus, daß der Hafen eifrig genutzt worden war. Erst Anfang des 13. Jahrhunderts verlor Schleswig seine Bedeutung als Handelsplatz im Ostseeraum. Begonnen aber hatte der Niedergang schon früher. Als König Svend Grathe im Jahre 1155 eine Handelsflotte aus Nowgorod im Hafen von Schleswig plünderte, war das ein Signal, das die hanseatischen Kaufleute nie vergaßen.

Statt zur großen Hafenstadt geriet Schleswig nun zur Ackerbürgerstadt mit Bischofssitz, aber auch aufgrund seiner Randlage zum Streitobjekt zwischen Herzögen und Königen. Dank des Bischofssitzes wurde bis zum Ausgang des Mittelalters aus der ersten dreischiffigen, flachgedeckten Pfeilerbasilika die heutige gotische Halle des Schleswiger Domes. Der riesige, neugotische Turm dagegen blieb immer wieder stecken, erst 1894 konnte er endgültig fertiggestellt werden. Als mit der Reformation alle Baumaßnahmen endeten, wurden auch sämtliche Altäre zerstört, die Fresken bis auf Reste im Chor weiß übertüncht. Lediglich eine Dreikönigsgruppe aus der Zeit um 1300 sowie ein von Hans Brüggemann geschaffener Christophorus von 1510 überlebten. Bestehen blieb dagegen die alte, durch den gotischen Lettner erreichte Teilung in Bischofs- und Pfarrkirche. Während das Schiff Pfarrkirche blieb, wurde der Chor zur Grabkirche der Herzöge von Gottorf, die aus diesem Grunde 1666 den von Hans Brüggemann für die Bordesholmer Klosterkirche bis 1521 geschaffenen Schnitzaltar in den Chor des Domes überführen ließen. Heute ist das 16 Meter hohe Schnitzwerk, mit seinen 387 Holzfiguren, der eigentliche Schatz des Schleswiger Domes.

Schleswig und die Schlei sind Heimat der Fischer.

Die einstige Bedeutung Schleswigs zog aber nicht nur Bischöfe, sondern auch die Herren aus dem Hause Gottorf an. Seit dem Jahre 1268 residierten sie in der früheren Bischofsburg auf der Insel im heutigen Burgsee. Von hier aus regierten die Schleswiger Herzöge und ihre schauenburgischen Erben den Südteil ihres Herzogtums. Schon im Mittelalter wurde das von ihnen ausgebaute Schloß Gottorf „Schlüssel und Wacht des ganzen Dänemark“ genannt. Mitte des 17. Jahrhunderts war dann dar-

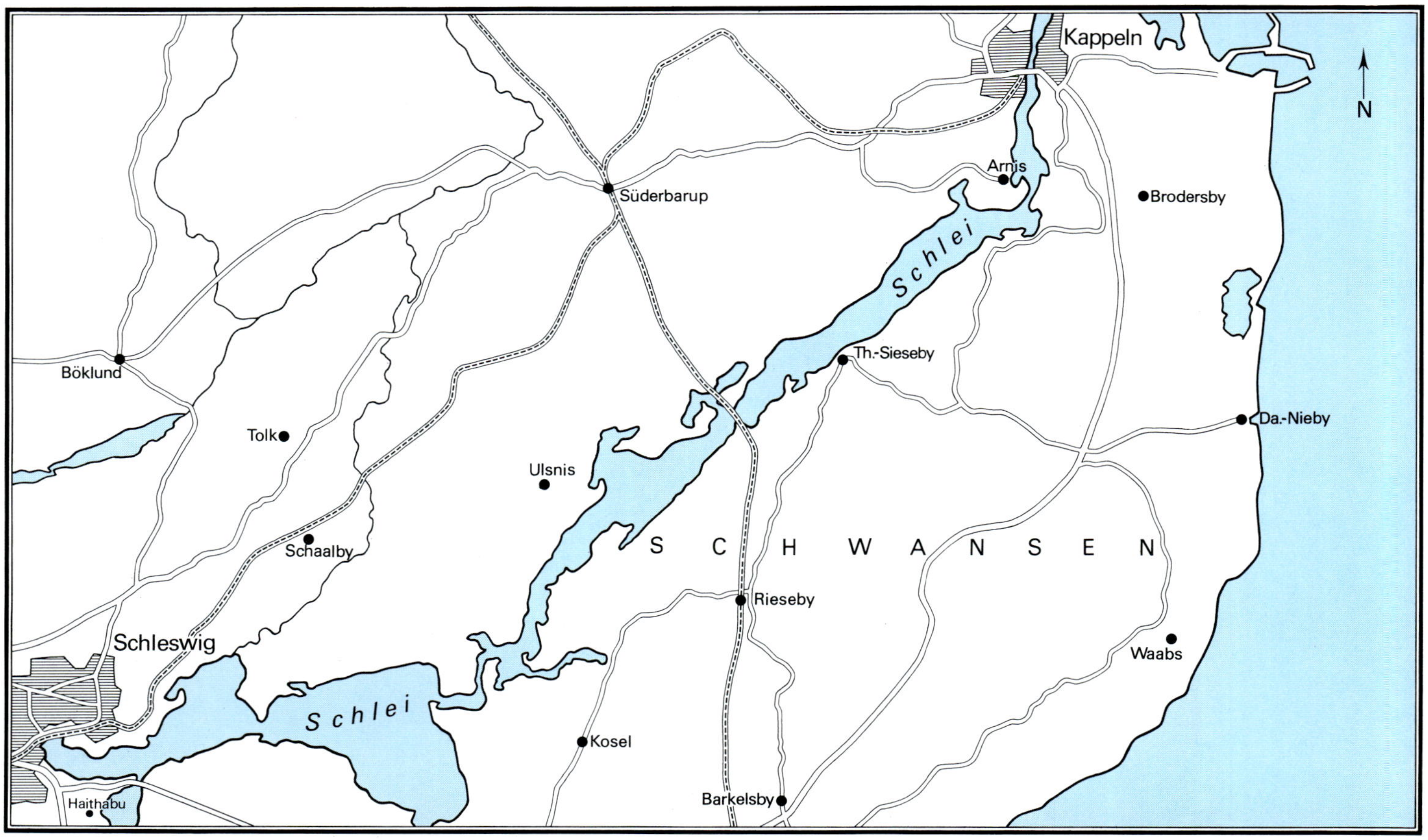

Vorherige Seite:
Blick über die Schlei auf den monumentalen Schleswiger Dom.

aus das „fürnehmste Schloß und der eigentliche Sitz der Herzogen von Holstein" geworden.
Bis 1713 hatte man kontinuierlich am Ausbau der Anlage zum großzügigen Barockschloß gearbeitet, doch dann besetzte der dänische König den schleswigschen Anteil des Gottorfer Staates, ließ alles Wertvolle aus dem Schloß nach Kopenhagen bringen und quartierte einen dänischen Statthalter ein. Der unauf-

Der Hochaltar des Schleswiger Domes wurde bis 1521 von Hans Brüggemann für die Bordesholmer Klosterkirche geschaffen. Das immerhin 16 Meter hohe Schnitzwerk besteht aus 387 Holzfiguren.

In der Fischersiedlung Holm finden sich gepflegte alte Fischerhäuser.

An vielen Fischerhäusern entlang der Schlei sind noch solch prächtige Haustüren erhalten.

haltsame Niedergang der Anlage wurde erst 1948 durch den Einzug des Schleswig-Holsteinischen Landesmuseums und des Landesmuseums für Vor- und Frühgeschichte gestoppt.
Heute geben wenigstens einige Räume wieder eine gute Vorstellung von der alten Glanzzeit des Schlosses. So strahlt der den ganzen Nordflügel quer durchmessende Hirschsaal mit einem Jagdfries aus halbplastischen Hirschen vor gemalten Landschaften wieder in alter Frische. Auch die beiden Staatsgemächer von Friedrich III., der Weiße und der Blaue Saal, mit ihren zwischen 1635 und 1645 entstandenen Gewölbestrukturen im Knorpelstil sind wieder hervorragend restauriert. Glanzstück und einziger mit der alten Ausstattung erhaltener Raum im Schloß, ist die ab 1590 ausgestattete Kapelle. Ihr quer in den Nordflügel gebauter und über zwei Geschosse reichender Raum ist auf drei Seiten mit einer hölzernen Empore auf ionischen Säulen ausgekleidet. Bemalt wurde diese Galerie von Marten von Achten, die Schnitzereien lieferte Hans Kremberg. Die von 1609 bis 1613 ausgestattete herzogliche Loge, direkt über dem Altar angeordnet, enthält eine kostbare Renaissancevertäfelung, reich verziert mit Schnitzereien und Intarsien. Der als „Betstuhl der Herzogin" bezeichnete Raum hat damit den Charakter eines prunkvollen Wohnraumes. Kaum weniger beeindruckend ist daneben das in einer eigens dafür gebauten Halle ausgestellte Nydam-Boot aus dem 4. Jahrhundert. Der Vorläufer der Wikingerschiffe ist ein würdiges Pendant zu den mehr als 2000 Jahre alten Moorleichen, die es hier ebenfalls zu bestaunen gibt.
Ältester und idyllischster Stadtteil Schleswigs ist der Holm mit seiner Fischersiedlung. Holm kommt aus dem Dänischen und bedeutet „von Wasser umgeben". Tatsächlich war der romantische Fleck an der Schlei bis 1935 eine Insel. Wohl nicht zuletzt deshalb hat sich in dem 300-Seelen-Fischerquartier eine gleichermaßen eigenartige wie einzigartige Lebenswelt erhalten. Seit dem 11. Jahrhundert lebten die Einwohner hier vom Fischfang, sogar heute noch gibt es etwa 20 Fischer.
Malerischer Mittelpunkt der Fischersiedlung ist der kreisrund angelegte, von Linden gesäumte Friedhof, auf dem nur Holmer beigesetzt werden. Friedhof und Friedhofskapelle sind Eigentum der Holmer Beliebung, einer im Jahre 1650 gegründeten Totengilde, die allerdings auch dem Diesseits ihre Referenz erweist: Einmal im Jahr, zwei Wochen nach Pfingsten, wird nach der obligatorischen Totenehrung am Friedhof das Fest der Holmer Beliebung gefeiert. Dann sind Musik, Umzüge und ein feuchtfröhlicher Ball angesagt, bei dem die Paare, wie vor Jahrhunderten, Figaro, Fandango oder Menuett tanzen. Dem strengen Festhalten der Bewohner an ihren Traditionen ist es denn auch zu verdanken, daß der Holm bis heute sein eigenes, liebevoll gepflegtes Bild bewahren konnte. An manchen Häusern haben sich noch die zweigeteilten „Klöndören" (Plaudertüren) und neckischen „Utluchten" (Erker zum Ausschau halten) erhalten.
Keine Stadt an der gesamten deutschen Ostseeküste liegt so mitten im Land und dennoch am offenen Wasser wie Schleswig. Zu verdanken ist das der Schlei, die anders als die trichterförmig ins Festland einschneidenden Förden eher an einen Fluß erinnert, in dessen Verlauf Seen wie Perlen an einer Schnur aufgereiht sind. Geformt wurde diese, an der gesamten Ostsee einmalige Wasserlandschaft in der letzten Eiszeit, als sich unter der noch geschlossenen Eisdecke ein Schmelzwasserfluß Bahn brach.
Im Laufe der Jahrhunderte verschloß die Natur selbst die ursprünglich breite Öffnung zur See durch umfangreiche Strandwallbildungen. Die so entstandene Nehrung wurde dann für Schiffahrtsrinnen immer wieder durchstoßen. Die schmale Fahrrinne zum offenen Meer und die Länge von über 40 Kilometer, die die Schlei ins Land hineinreicht, sorgten zusammen dafür, daß sich an beiden Ufern immer wieder eine hochinteressante Vegetation ansiedeln konnte. Zwar kann man die Schlei bei Kappeln und bei Lindaunis auf Klappbrücken überqueren, eine durchgehende Uferstraße aber gibt es zum Glück bis heute nicht.
Wer die Schlei dennoch richtig kennenlernen möchte, der muß dafür aufs Schiff. Zur Belohnung zeigt die Schlei dann einige ihrer vielen Gesichter, gleicht hier einem großen See, schlängelt sich dort wie ein Fluß durch die Wiesen, zeigt sich am Morgen sonnenhell und am Nachmittag urplötzlich drohend dunkel. An den Ufern locken winzige Orte mit reetgedeckten Häusern, bunten Gärten und kleinen Kirchen. Idyllische Schilfbuchten wechseln mit sandigen Stränden, und neben modernen Yachtliegeplätzen modern morsche Anleger unter überhängenden Weiden. Den angemessenen Zugang vermittelt das Oldtimerschiff „Wappen von Schleswig", das mitten aus dem Schleswiger Stadtpanorama heraus startet. Dom und Holm grüßen von links, dann geht es hinein in die Kleine Breite, an deren Ende die Wasserwelt zum ersten Mal zu Ende zu sein scheint. Natürlich trügt der Schein, eine schmale Passage führt hinein in die Große Breite, an deren Südufer die weiß schimmernde Front von Schloß Louisenlund grüßt. Es hatte der dänische König Christian VII. 1770 seiner Schwester Louise geschenkt.
Die Große Breite ist berühmt und berüchtigt zugleich: Das Wasser kann hier in allen Regenbogenfarben schimmern, von Tiefblau über Giftgrün bis zu Schiefergrau reicht hier die Palette. Blendend heller Sonnenglanz wird im Handumdrehen von drohenden Schauerwolken verdunkelt, Böen fegen über das Wasser und zeigen den vielen Booten, wer hier der wirkliche Meister ist. Das Ganze ist eingerahmt von einem bunten Mosaik aus Knicks über rund geschliffenen Hügeln, bewaldeten Hängen und bis ins Wasser reichende Wiesen. Zur Zeit der Rapsblüte leuchtet der Schleirahmen so bunt wie die Palette eines impressionistischen Malers.
Gleich hinter der Großen Breite kommt mit der engsten Stelle der Schlei ihr romantischstes Stück. Bei Missunde gibt es eine malerische alte Seilfähre, die man noch per Glocke rufen kann, und geschichtsträchtige Erinnerungen. Hier hatte Knud Laward, der Begründer des Herzogtums Schleswig, im 12. Jahrhundert eine Burg gegen die Seeräuber errichtet, und Mitte des 13. Jahrhunderts wurde hier der ermordete dänische König Erik mit

Folgende Seite:
Die Schlei ist eine an der gesamten Ostsee einmalige, über 40 Kilometer lange, während der letzten Eiszeit geformte Wasserlandschaft.

Die Heringszäune von Kappel gab es schon im 13. Jahrhundert. Sie sind bis heute funktionsfähig.

einer Ankerkette versenkt. Noch im vorigen Jahrhundert lieferten sich Dänen und Deutsche hier blutige Gefechte.

Im wieder breiteren Gunnebyer Noor taucht der kleine Segelhafen Ulsnisland auf, wo verträumte Häuschen mit Erkern und Ecktürmchen, romantische Reetkaten und das romanische Kirchlein St. Wilhadi auf Entdeckung warten. Über seinem Südportal zieren Kain und Abel das Tympanon, und im Chorsockel gibt es Bildsteine mit Meerfrauen und einer tanzenden Salome. Auch das wenig später auf der rechten Seite auftauchende Sieseby kann in Sachen Romantik ohne weiteres mithalten. Jedes Häuschen ist hier ein Schmuckkästchen für sich, Fachwerk und Reetdach bestimmen die ländliche Idylle.

Erneut geschichtsträchtig und romantisch zugleich wird es im Ministädtchen Arnis. Es ist eine Gründung von 62 Familien, die im Jahre 1667 gemeinsam aus dem nur wenige Kilometer entfernten Kappeln hierher zogen, um drohender Leibeigenschaft zu entgehen. Ihre damals gebauten, kleinen Fachwerkhäuser zieren noch heute die einzige Straße. Die 600 Einwohner können stolz darauf verweisen, die kleinste Stadt Schleswig-Holsteins zu repräsentieren.

In Kappeln schließlich lassen Hafen und Butterschiffe die Nähe der Ostsee spüren. Die Heringszäune hinter der Drehbrücke entstanden schon im 13. Jahrhundert und sind die letzten noch funktionsfähigen in ganz Europa. Allerdings konnte auch diese Funktionstüchtigkeit nicht verhindern, daß der Hering längst endgültig abgewandert und deshalb zur Delikatesse avanciert ist. Wohl nicht zuletzt deshalb werden um Christi Himmelfahrt herum vier Tage lang die Kappelner Heringstage gefeiert. Aber auch ohne Heringsfest ist Kappeln einen Rundgang wert. Die barocke Nikolaikirche, wohl aus gutem Grund dem Schutzpatron der Fischer geweiht, birgt einen kostbaren Schnitzaltar, und von ihrem Turm kann man einen besonders schönen Rundblick über die Mündung der Schlei genießen. Wahrzeichen des Ortes ist schließlich die alte Windmühle Amanda, mit 30 Meter Höhe eine der größten von ganz Norddeutschland. Ihren Namen erhielt sie übrigens nach dem Vornamen der Frau des ersten Mühlenbesitzers, und selbst heute hat sie noch mit Namen zu tun: Sie dient als Standesamt.

Völlig ins Wasser hinaus gebaut, scheint schließlich das kleine Fischerdorf Maasholm an der Mündung der Schlei zu sein. Dort ist es noch gar nicht so lange her, daß man die Siedlung nur mit dem Schiff oder über einen kaum befestigten Trampelpfad erreichen konnte. Deshalb dürfen die Touristenautos auch heute noch nicht nach Maasholm hinein. Das malerische Fischerdorf und den großen Yachthafen kann man aber ohnehin nur zu Fuß erleben. Beim Schleimünder Leuchtturm schließlich zieht sich die Schlei im Bogen durch das Olpenitzer Noor und vorbei an der Lotseninsel Oehe-Schleimünde hinaus in die offene See. Die Insel ist übrigens das größte Naturschutzgebiet an der holsteinischen Ostseeküste und ein Vogelparadies ersten Ranges. Ganz Geduldige können hier mit viel Glück sogar Seeadler bei der Jagd beobachten.

ECKERNFÖRDE – DIE BUCHT ZWISCHEN SCHWANSEN UND DEM DÄNISCHEN WOHLD

Nicht umsonst führt Eckernförde bis heute in seinem Wappen das Eichhörnchen. Ykaernaeburgh heißt nämlich nichts anderes als Eichhörnchenburg, ein Name, der daran erinnert, daß einst der Dänische Wohld, also die weite Landzunge zwischen der Eckernförder Bucht und der Kieler Förde, dicht mit Eichen bewachsen war. Auf ihnen konnten angeblich die Eichhörnchen von Förde zu Förde hüpfen, ohne jemals auf den Boden zu müssen.

Die Ykaernaeburgh war eine 1231 belegte, befestigte Burganlage, die auf der schmalen Landzunge zwischen der Förde und dem Windebyer Noor im Westen stand. Noch immer ist in diesem Bereich in Grundzügen die mittelalterliche Bebauung des engen Platzes am Markt mit Rathaus, der Nikolaikirche und den schmalen Giebelhäusern an der dicht bebauten Nikolaistraße zu erkennen.

Windmühle am Geltinger Birk.

Heute ist Eckernförde beliebt für Butterfahrten, für Ausflüge zum Hochseeangeln und für Stippvisiten mit dem Schiff nach Dänemark. Lohnend ist aber auch ein Blick in die alte Nikolaikirche, die als dreischiffige Backsteinhalle im 15. Jahrhundert errichtet wurde. Ihre Fresken im Chorgewölbe stammen von 1578, den prächtigen Altar schuf Hans Gudewerdt im Jahre 1640. Neben der Bronzetaufe von 1588 kann man das Rantzau-Gestühl von 1578 bewundern oder an den zahlreichen Epitaphen die Stilentwicklung von der Renaissance bis zum Knorpelbarock studieren.

Zwischen dem Nordufer der Eckernförder Bucht und dem Südufer der Schlei erstreckt sich das Land Schwansen. Zusammen mit der gut 25 Kilometer langen Ostseeküste ist Schwansen also an drei Seiten von Wasser umgeben. Im Westen bilden die Hüttener Berge den natürlichen Rahmen für eine im wahrsten Sinne des Wortes vornehm geprägte Agrarlandschaft. Immerhin künden ein gutes Dutzend stolzer Adelssitze von der alten Gutsherrlichkeit zwischen der Schlei und der Eckernförder Bucht. Louisenlund am Ufer der Schlei war die ehemalige Sommerresidenz des Landgrafen Karl von Hessen-Kassel, der mit einer Schwester des Dänenkönigs Christian VII. verheiratet war. Der schenkte seiner Schwester Louise 1770 das Gut, das fortan ihren Namen trug.

Ebenfalls aus dem 18. Jahrhundert stammen die Herrenhäuser Carlsburg und Krieseby. Das alte Gut Hemmelmark nutzte Prinz Heinrich von Preußen, der Bruder von Kaiser Wilhelm II. und Oberbefehlshaber der kaiserlichen Marine, für ein Domizil im englischen Landhausstil. Ludwigsburg entstand bis 1744 aus dem Umbau einer Wasserburg, gilt heute als einer der schönsten Barockbauten des Landes und besticht vor allem durch die Vertäfelungen der „Bunten Kammer". Sie stammt noch aus dem Vorgängerbau und präsentiert sich als ein bis unter die Decke reichendes Rahmenwerk mit 145 Darstellungen unterschiedlicher Embleme. Das wehrhafte Torhaus von Ludwigsburg stammt aus dem 16. Jahrhundert.

Zu den schönsten Hofanlagen der Gegend zählt das aus dem 16. Jahrhundert stammende, von Wassergräben umgebene Herrenhaus von Damp. Sein über zwei Etagen reichender, barocker Festsaal mit einer großen Orgel und vollplastischen Musikengeln entstand im Auftrag von Bendix von Ahlefeldt. Wohl erhalten sind auch die Nebengebäude von Damp: das Armenstift von 1742 und die Gerstenscheune von 1640. Das südlich von Kappeln gelegene Herrenhaus Grünholz ist bis 1749 von Lucia von Thienen erbaut worden und besticht mit einer weitgehend erhaltenen Rokokoinnenausstattung. Der quadratische Gartensaal ist mit prächtigen Rocaille-Schnitzereien verziert.

Charakteristisch für die Ostseeküste von Schwansen ist, daß es keine küstennahe Verbindungsstraße gibt. Von der Verbindungs-

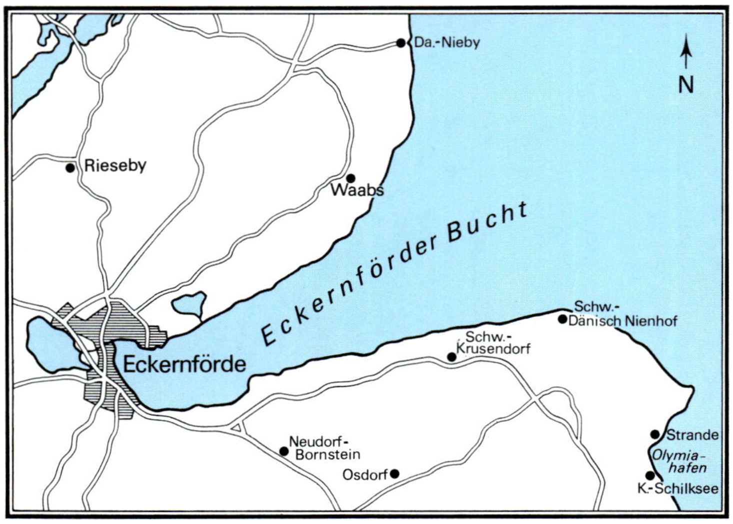

strecke Kappeln – Eckernförde zweigen vielmehr ein gutes Dutzend Stichstraßen nach Osten ab, die allesamt zu schönen Strandabschnitten führen. Untereinander sind sie mit einem reinen Fußweg für Strandwanderer verbunden. Wer diesen Weg von Schleimünde bis Eckernförde begeht, erreicht bereits bei Schönhagen eine zerklüftete Steilküste. Herbst- und Winterstürme nagen hier am hohen Ufer und legen die großen Moränenfindlinge

In Damp 2000 hat die Zukunft des Tourismus längst begonnen und böse Fehler in Beton gegossen.

der letzten Eiszeit frei. Wenig weiter südlich verbirgt sich hinter einer schmalen Landnehrung der Schwansener See, ein beliebter Nistplatz der Wasservögel.

Als wäre es eine andere Welt, taucht dann das Ostseebad Damp auf, eine gewaltige Bettenburg für Kur- und Badegäste. Etwas erträglicher wird die Betonanhäufung durch das maritime Flair des großen Yachthafens und durch den prächtigen Naturstrand, der sich bis zur ausgedehnten Gemeinde Waabs hinüber erstreckt. Noch einmal gibt es dann ein bis zu zwölf Meter hohes Steilufer und hinter Lehmbergstrand weitere kleine Strand- und Binnenseen. Danach zieht sich das Nordufer der Eckernförder Bucht noch über etwa zehn Kilometer ins Land hinein bis zu den gepflegten Kurstränden von Eckernförde.

Interessant ist aber keineswegs nur die Küste von Schwansen. Wer die Staatsstraße verläßt und über die Dörfer bummelt, findet die malerischen Winkel gleich reihenweise, etwa zwischen den vielen Reetdachhäusern von Börentwedt bei Thumby. Geradezu eine Welt für sich sind die vielen kleinen Kirchen wie etwa die backsteinrote von Karby, die strahlendweiße von Sieseby oder die mit einem hölzernen Glockenturm in Rieseby. Manche sind sogar rund wie die in Kosel, und bei Karlsminde überrascht ein eindrucksvolles Hünengrab aus mächtigen Steinblöcken.

Von Eckernförde südwärts erstreckt sich der Dänische Wohld als Dreieck zwischen der Eckernförder Bucht und der Kieler Förde. Danica Silva hieß einst der dichte Eichenwald, der hier bis zum 13. Jahrhundert die Grenze zwischen Dänen und Holsteinern bildete. Bis 1260 gehörte der Wald ganz den Dänen, danach kam er zur Grafschaft Holstein. Mitten im kaum besiedelten Wald lag das Kaltenhofer Moor, heute ein gut 50 Hektar großes Naturschutzgebiet mit einer vielfältigen Pflanzen- und Tierwelt und berühmt für zahlreiche seltene Insektenarten.

Hinter dem Dänischen Wohld versteckt sich ein zwar nicht ganz leicht zugängliches aber um so schöneres Stück Ostseeküste. Im Westen, noch am Rand der Eckernförder Bucht, bilden die Möwenberge mit einem nahezu 30 Meter hohen und knapp drei Kilometer langen Kliff den Auftakt. Besonders schön ist dann die Strandbildung bei Kronsort zu sehen. Danach beginnt das Schwedeneck. Sein Name erinnert an den Dreißigjährigen Krieg, als die Schweden das Dreieck zwischen den Förden als Brückenkopf benutzten. Das urwüchsige Stück Küste kann hier nur zu Fuß erobert werden. Dazu kann man entweder am Strand entlang marschieren oder auf der Kante des Steilufers dem Europäischen Fernwanderweg Nr. 1 folgen.

Den besseren Einblick in den Aufbau der Steilküste bietet natürlich der Weg entlang des Strandes. Von hier aus sieht man gut den schichtweisen Aufbau des meist grauen Mergels, einer Mischung aus Sand, Ton und Kalk. Überdeutlich sichtbar ist aber auch, daß diese Steilküste in dauernder Bewegung ist. Jahr für Jahr gehen im Durchschnitt knapp 25 Zentimeter von den Mergelwänden an die Wellen verloren. Allerdings entsteht der Abbruch weniger durch eine direkt aushöhlende Brandung, sondern überwiegend durch einfaches Abfließen durchnäßter Mergelmassen.

Wie stark sich dieser Landverlust auf Dauer auswirkt, belegt die Kirche von Jellenbek, die 1737 vom Kliffabbruch verschlungen wurde und landeinwärts in Krusendorf neu errichtet werden

Die mächtige frühgotische Kirche von Gettorf ist die stattlichste im Dänischen Wohld. Die Altartafeln des spätgotischen Hochaltares zeigen rechts die Beschneidung und links die Anbetung der Könige. Das Zentralbild zeigt die Himmelskönigin.

mußte. Beim Bülker Leuchtturm schließlich nähert sich das Ende von Dänischem Wohld und Kliffküste. In Strande ist bereits wieder prächtigster Badebetrieb angesagt, und in Schilksee trifft sich die Elite der Segler aus aller Welt.

Wer von Eckernförde aus durch das Hinterland des Dänischen Wohld bummelt, wird irgendwann plötzlich von den vielleicht 25 oder 30 Meter hohen Aufbauten eines modernen Frachters überrascht, der sich wie ein ganzer Häuserblock durch das unendlich anmutende Grün der fetten Weiden schiebt. Rein technisch sind die wandernden Häuserblocks leicht zu erklären: Sie gehören zu Schiffen, die durch den 1895 fertiggestellten und knapp 100 Kilometer langen Nord-Ostsee-Kanal von Brunsbüttel nach Kiel oder umgekehrt fahren und damit den weiten und gefährlichen Weg um das Skagerrak sparen.

Was heute so selbstverständlich anmutet, hatten die alten Wikinger zumindest als Wunsch schon vor 1000 Jahren. Sie versuchten es mit der Eider und mit der Treene und zogen sogar ihre kleineren Schiffe über die restlichen Landstrecken. Bis 1784 wurde schließlich der alte Eiderkanal ausgebaut, der dann jedoch den Ambitionen der kaiserlichen Flotte nicht genügte. Als Kiel zum Marinestützpunkt avancierte, brauchte man endgültig eine schnelle und leistungsfähige Wasserverbindung zwischen Nord- und Ostsee, um die Kriegsschiffe schnell genug verlegen zu können. Ab 1887 wurde deshalb die Cimbrische Halbinsel für den Kaiser-Wilhelm-Kanal durchschnitten.

Die Ostsee ist ein Eldorado der Segler, wie zahlreiche Yachthäfen belegen.

Mit einer Tiefe von neun Meter und einer Sohlenbreite von 22 Meter genügte der Nord-Ostsee-Kanal den nationalen militärischen Anforderungen bereits zehn Jahre nach der Eröffnung schon nicht mehr. Zwischen 1907 und 1914 wurde der Kanal deshalb um zwei Meter vertieft, die Sohlenbreite wurde verdoppelt. Seit 1966 wird an der Verbreiterung der Sohle auf 90 Meter gearbeitet. Je zwei große Schleusenpaare sorgen in Brunsbüttel und Kiel-Holtenau für den Ausgleich tidenbedingter Wasserstandsunterschiede.

Für den sicheren Betrieb auf dem meistbefahrenen Kanal der Welt sorgen rund um die Uhr gut 300 Lotsen. Sie übernehmen dabei keineswegs das Kommando über das Schiff, sondern fungieren lediglich als Berater des Kapitäns. Schiffe, die breiter als 15 Meter oder größer als 2500 Bruttoregistertonnen sind, müssen allerdings einen eigenen, von der Kanalverwaltung gestellten Steuermann akzeptieren. Seine Aufgabe ist es vor allem, sowohl das „Durchsacken" wie das „Absetzen" zu vermeiden. Beides hat mit dem im Kanal eingezwängten Wasser zu tun.

Selbst wenn ein Schiff noch gut einen Meter Wasser unter dem Kiel hat, wird bei zu schneller Fahrt zuviel Wasser unter dem Schiff weggesaugt, so daß das Schiff bis auf den Grund durchsackt, für einen Moment stehenbleibt und erst dann wieder aufschwebt. Weitaus gefährlicher noch ist das Absetzen, die Grundberührung an der Böschung durch strömungsbedingtes Abdrängen im Gegenverkehr. Hier helfen nur spezielle Steuermanöver und entsprechendes Fingerspitzengefühl des Steuermanns. Zu große Schiffe dürfen sich ohnehin nicht begegnen, für sie gibt es eigene Ausweichstellen.

Den besten Überblick über Geschichte und Gegenwart des Kanals vermittelt das Museum an der Schleusenanlage in Kiel-Holtenau. Hier kann der Besucher von einer Plattform aus auf die Schleusenanlagen wie auf Badewannen hinunterschauen, von hier aus lassen sich die Schiffe aus aller Welt am besten studieren.

Folgende Seite:
Der erste Nord-Ostsee-Kanal wurde bereits 1887 als Kaiser-Wilhelm-Kanal fertiggestellt. Heute ist der Kanal die meistbefahrene Wasserstraße der Welt.

FENGCHI

KIEL – DER KAISERLICHE KRIEGS- UND SEGELHAFEN

Das Marineehrenmal von Laboe und der Bülker Leuchtturm markieren den Beginn der 17 Kilometer tief ins Land einschneidenden Kieler Förde. Am Ende des keilförmigen Wasserarmes gründete Graf Adolf IV. von Schauenburg die Holstenstat tom Kyle und gab ihr 1242 das Lübische Recht. Wie schon in Neustadt folgte der Graf dabei dem Lübecker Schema: Auf leicht zu sicherndem Gelände wurden Kirche und Markt in die Mitte gesetzt, die Straßenzüge rechtwinklig angeordnet. In Kiel bot sich als geeignetes Gelände die Halbinsel zwischen Förde und „Kleinem Kiel" an, zur Sicherung wurde an der schmalen Landbrücke, genau wie in Lübeck, eine gräfliche Burg angelegt.

Bei aller Ähnlichkeit der Anlage zeigte sich jedoch von Anfang an, daß in Kiel die Bäume nicht in den Himmel wachsen sollten. Wurde Lübeck immerhin auf 107 Hektar und Neustadt noch auf 21 Hektar errichtet, wies Kiel nur 17 Hektar auf. Schließlich sollte von hier auch kein Fernhandel betrieben werden, sondern dem bäuerlichen Hinterland der Ostseehandel erhalten bleiben. Als Handelsstadt blieb Kiel denn auch stets im Schatten von Lübeck und Hamburg.

Bereits 1318 hatten die Kieler das Münzrecht erhalten. Dies nutzten sie, um für den Adel der Umgebung die Geldgeschäfte abzuwickeln. Daraus wurde der „Kieler Umschlag", eine der wichtigsten Börsen des Nordens und bis ins 19. Jahrhundert hinein bestimmend für das Wirtschaftsleben der Stadt. An diesen Geld- und Tauschmarkt erinnert noch heute das jedes Jahr im Februar gefeierte Volksfest.

Als Börsenstadt war Kiel auch Mitglied der Hanse. Dänemark und Schweden waren die wichtigsten Handelspartner. Die einträglichen Beziehungen bekamen allerdings 1518 einen gewaltigen Knacks, als Kiel nämlich aus der Hanse ausgeschlossen wurde. Der Grund war, daß es die Vitalienbrüder unterstützte, die im Auftrag des schwedischen Königs das von den Dänen belagerte Stockholm mit Lebensmitteln (Viktualien) versorgten. Der Blockadebruch alleine wäre wohl für die Hanse noch kein Grund zum Handeln gewesen, wäre da nicht die Aggressivität der Vitalienbrüder beim Kapern von Hanseschiffen gewesen. Wer aber Störtebeker unterstützte, konnte nicht gleichzeitig in der Hanse bleiben.

Der Ausschluß verhinderte nicht, daß Kiel zeitweilig Residenz der Schauenburger Grafen und später der Gottorfer Herzöge wurde. Im 16. Jahrhundert ließen sie die alte gräfliche Burg zum Schloß ausbauen und stifteten 1665 die Universität. Dennoch wäre aus der kleinen Residenz an der Förde kaum mehr als ein mittleres Landstädtchen geworden, hätte es da nicht eine kaiserliche Marinebegeisterung gegeben. So aber wurde Kiel 1865 preußischer Flottenstützpunkt und sechs Jahre später gar Reichskriegshafen. Kaiser Wilhelm II. ließ den in Kiel-Holtenau in die Förde mündenden Nord-Ostsee-Kanal bauen und eine kaiserliche Werft errichten. Alles zusammen sorgte dafür, daß Kiel zur schnell wuchernden, gesichtslosen Großstadt geriet.

Ernst Barlachs Geistkämpfer vor der Kieler Nikolaikirche.

Obschon das heutige Kiel bereits mehr als 750 Jahre alt ist, wird man romantische Gassen oder malerische Winkel hier vergebens suchen. Die gesamte historische Bausubstanz sank bis 1945 in Schutt und Asche, danach mußte Kiel weitgehend neu errichtet werden. Selbst die Nikolaikirche, Kiels altes Zentrum aus der Gründerzeit, bestand nur noch aus Umfassungsmauern und Turmstumpf. Um so wertvoller sind die geretteten Teile der alten Ausstattung. Die Bronzetaufe von 1344 ist ein Werk von Johann Apengeter und gilt als Hauptwerk des monumentalen Bronzegusses in Norddeutschland. Das darüber hängende, spätgotische Triumphkreuz stammt von 1490, den geschnitzten und bemalten Flügelaltar stiftete Johann von Ahlefeld 1460. Gearbeitet hat ihn der Hamburger Maler Hans Bornemann. Den bronzenen „Geistkämpfer“ vor der Nordwestecke von St. Nikolai schuf Ernst Barlach im Jahre 1928.

Hinter dem eher spröden Charme Kiels verstecken sich dennoch einige Kostbarkeiten. Das zerstörte Kieler Schloß entstand als in Stahl und Glas gehaltenes Kulturzentrum nahezu völlig neu und birgt heute große Teile des kostbaren Bestandes des ehemaligen Städtischen Museums von Stettin. Caspar David Friedrich und Philipp Otto Runge sind dort ebenso vertreten wie Max Liebermann oder Vincent van Gogh. Der Freund der Ostsee aber wird so manches Kunstwerk zu seinem Lieblingsthema entdecken: Louis Douzette ist vertreten mit Bildern von den Inseln Vilm und Rügen sowie Küsten- und Boddenlandschaften bei Prerow und Barth. Von Max Pechstein stammt das *Herbstmeer*, Friedrich Preller steuert die *Ostseeküste auf der Insel Vilm* bei, und von Ivo Hauptmann, dem ältesten Sohn des Dichters Gerhart Hauptmann, stammt das Bild *Hiddensee II*.

Besonders maritim wird es dann im Schiffahrtsmuseum am Sartorikai. Der Rettungskreuzer „Hindenburg“ und der Tonnenleger „Bussard“ stimmen den Besucher schon von außen ein. Gleich beim Eingang wird man dann vom Riesengemälde *Empfang des Prinzen Heinrich von Preußen durch Kronprinz Friedrich 1884 vor dem Kieler Schloß* überwältigt. Die Palette der Schiffsmodelle reicht vom Segelschiff bis zum Ozeandampfer, von der japanischen Dschunke bis zum chinesischen Teeschiff. Mit viel Liebe zum Detail sind die Einzelthemen gewidmeten Dioramen ausgestattet. Ob es um den Walfang zur Segelschiffzeit, um den Holzschiffbau um 1800 oder um das Badeleben an der Kieler Förde um 1900 geht – stets wird der aufmerksame Betrachter ungeahnte Details entdecken. Daß Echolot und Kreiselkompaß in Kiel erfunden wurden, belegt eine Sammlung von Navigationsinstrumenten. Im Institut für Meereskunde schließlich erfährt der Besucher beim Betrachten der gut 30 Schaubecken, was es unter der Wasseroberfläche so alles gibt.

Welch andere Folgen des Kaisers Vorliebe fürs Wasser hatten, ist in Schilksee zu sehen. Das Olympische Segelzentrum ist das vorläufige Ende einer Entwicklung, die 1887 mit der Gründung des „Marine-Regatta-Vereins“ begann. Seine höheren Weihen erhielt der Verein 1891, als er zum kaiserlichen Yachtclub mit dem Kaiser höchstpersönlich als Ehrenkommodore avancierte. Seit 1882 veranstaltete der Verein die „Kieler Woche“, auch wenn dies noch nicht unbedingt ein Segelwettbewerb nach unseren heutigen Vorstellungen war. Als man 1895 den Nord-Ostsee-Kanal (er hieß damals noch Kaiser-Wilhelm-Kanal) einweihte, gab es zur Feier des Ereignisses auch umfangreiche Segelwettbewerbe. Natürlich segelte der Kaiser auf eigener Yacht mit, so daß der Hofbericht vermelden konnte: „Vom 23. Juni ab schifften Seine Majestät sich zu den Regatten auf Allerhöchst Ihrer Yacht ein und hatten die Freude, mit dem Meteor immer als Sieger einzukommen.“ Selber segeln allerdings durfte seine Majestät nicht – nur siegen lassen.

Detail von der Kieler Bronzetaufe.

Die spätgotische Bronzetaufe in der Kieler Nikolaikirche ruht auf vier prächtigen Löwen.

Der gotische Schnitzaltar in der Kieler Nikolaikirche stammt aus der alten Franziskanerkirche.

Folgende Doppelseite:
Die jährliche Kieler Woche ist die größte Segelsportveranstaltung der Welt.

US-736
G-230
M-77

L·39
L·47
2

Im Herrenhaus Panker gibt es Deckenmalereien aus der Kasseler Orangerie.

Das Haus Ole Liese steht im Park von Schloß Panker.

Stimmungsvoller Landgasthof Holm in Schönberg.

Im Herrenhaus von Schloß Emkendorf schrieb Matthias Claudius sein berühmtes Gedicht „Der Mond ist aufgegangen“

Die Yachten standen damals noch unter dem Kommando eines professionellen Skippers, die Arbeit erledigten angeheuerte Matrosen, die „bezahlten Hände". Erst um 1900 begann unser heutiges Regattasegeln, für das die Vorschrift galt, daß die Besatzungen aus „Herrenseglern" bestehen müßten.
Vieles hat sich inzwischen noch geändert, nachdem 1936 und 1972 in der Kieler Förde die olympischen Segelwettbewerbe stattgefunden hatten. Für die letzte Olympiade entstand das Olympiazentrum Schilksee, und wo man vor mehr als 100 Jahren das Segeln mit nicht einmal 20 Yachten begann, kommen heute Jahr für Jahr mehrere tausend Segler zu einer der wichtigsten Segelveranstaltungen der Welt. Der KYC ist deshalb auch mit der Zeit gegangen: Seit 1929 werden sogar Damen als Mitglieder aufgenommen, und seit 1946 steht das K für Kiel und nicht mehr für Kaiser.
Fährt man von Kiel aus ins Hinterland, stellt man überrascht fest, daß trotz aller Industrialisierung die schleswig-holsteinische Landeshauptstadt bisher noch gar nicht allzuweit ins Umland ausgeufert ist. In welche Richtung man auch fährt, stets stößt man in kürzester Zeit auf landschaftliche Idylle, auf Weideland und natürlich auf Wasser. Dies ist auch in Richtung Westen nicht anders. Südlich des Nord-Ostsee-Kanals breitet sich die weite Seen- und Wiesenlandschaft um den Westensee als Zentrum des gleichnamigen Naturparks aus, nördlich des Kanals ist der Wittensee wichtiger Teil des Naturparks Hüttener Berge. Mit 106 bzw. 98 Meter Höhe ragen dort der Scheels-Berg bzw. der Asch-Berg als ungewohnt stattliche Erhebungen über der platten Seenlandschaft auf. Beide Naturparks bieten eine reiche Fauna und Flora, um den Westensee herum nisten die Störche besonders gern.
Die richtige Einstimmung zur Erkundung beider Naturparks liegt wenige Kilometer südlich von Kiel in Molfsee. Dort wurde 1961 das Schleswig-Holsteinische Freilichtmuseum gegründet, um all das zu erhalten, was ländliches Bauen, Wohnen und Wirtschaften in den verschiedenen Landesteilen Schleswig-Holsteins hatte entstehen lassen. Über 60 Objekte wurden aus dem gesamten Land zusammengetragen und wiederaufgebaut, so daß sich heute, in geschickter Einpassung in die Landschaft, ein hervorragender Überblick in die vielfältigen Bauformen der verschiedenen schleswig-holsteinischen Landesteile ergibt. Rein zeitlich spannt sich dabei der Bogen vom ehemaligen Pfarrhaus aus Grube von 1569 bis zum Bordesholmer Haus von 1845.
Erfreulicherweise präsentiert das Museum nicht nur eine sterile Sammlung, sondern läßt die alten Handwerker arbeiten. So klappert in Molfsee der Webstuhl, dreht sich die Töpferscheibe und läßt ein Schmied die Funken stieben. Im alten Steinbackofen gibt es regelmäßig frisches Brot, und in der alten Meierei aus Voldewraa werden immer wieder die Kessel für die eigene Käsefertigung eingeheizt. Gleich zwei Mühlen drehen sich im Wind, zum einen eine vierkantige Bockmühle von 1766, zum anderen eine Holländermühle von 1865. Daß man sich früher auch ohne Wind zu helfen wußte, zeigt die schon 1788 gebaute herzoglich-gottorfische Erbpachtmühle von Rurup, die mit einem oberschlächtigen Wasserrad arbeitet.
Um das Bild der alten Zeiten möglichst lebendig werden zu lassen, hat man ein besonderes Augenmerk auf die Einrichtung der Häuser in Stuben und Küchen gelegt. So befinden sich allein über 30 verschiedene Stubenpaneele aus allen Landesteilen in Molfsee. Wo sonst gibt es solch einen Überblick über die bäuerliche Kultur eines ganzes Landes?

Die Ostsee ist eine Schatztruhe mit vielerlei Inhalt. Sogar Öl läßt sich darin finden.

HOHWACHT – EINE BUCHT VORM BAUERNLAND

Der Küstenstreifen zwischen der Kieler Förde und dem Fehmarn-Sund ist durch zwei besonders markante Bauwerke begrenzt. Im Westen ist es das einem Schiffssteven nachempfundene Marineehrenmal von Laboe, im Osten die von allen Seiten die Blicke anziehende Fehmarn-Sundbrücke. Das Land dazwischen, das sanft gewellte und heute so säuberlich durch Knicks abgegrenzte und landschaftlich intensiv genutzte Land, wurde von den Gletschern der Eiszeit gehobelt, in seinen Urwäldern hausten einst die slawischen Wagrier. Erst im 13. Jahrhundert wurde hier kolonisiert, wurden systematisch Dörfer angelegt und Kirchen gebaut.

Bis heute Paradebeispiel für die Kolonisation ist die Propstei mit dem Kloster Preetz im Zentrum. Das Benediktinerinnenkloster, zu dessen Besitz einst über 40 Dörfer zählten, gab den Bauern zwischen der Kieler Förde und dem Selenter See einen Sonderstatus als freie Bauern. Der ermöglichte ihnen einen soliden Wohlstand, den sie nach Ende der Reformation mit Sensen, Gabeln und Äxten verteidigten, als Preetzer Klostervorsteher versuchten, die freien Bauern wieder unter die Fuchtel der Leibeigenschaft zu zwingen. Vor dem Adelsgericht erreichten die Bauern immerhin einen für sie günstigen Vergleich, der ihnen auch für die Zukunft ihre Freiheit sicherte.

Vom einst reichsten Kloster in Holstein kündet heute noch die malerische Anlage aus Backstein und Fachwerk. Wohl erhalten sind das Refektorium mit der Bibliothek, das Konventshaus, die Gutsanlagen und die barocken Wohnhäuser der Stiftsdamen. Bis heute dient das Kloster unverheirateten Frauen des Holsteiner Adels als kostenloses Wohnstift. Die backsteinerne Stiftskirche von Preetz bietet hinter neogotischer Verblendung im Innern so manche Kostbarkeit. Besonders schön sind die Originalgemälde aus dem 14. Jahrhundert am kunstvoll gestalteten Nonnenchor. Seine umlaufenden, hölzernen Sitzlogen boten immerhin 70 Nonnen Platz zum Beten.

Auf den großzügig bemessenen Gütern der Bauern wuchs dank des fruchtbaren Bodens bald ein wohlhabender Bauernadel heran, dessen Spitzen sich nach und nach zu gräflichem Lehensadel aufschwangen. Allein im Bereich des nördlichen Wagriens gibt es heute noch rund 300 große alte Güter. Auf vielen stehen noch die repräsentativen alten Herrenhäuser, meist gebaut im 18. oder 19. Jahrhundert Sie alle hatten einst prächtige Torhäuser, hinter denen sich links und rechts zunächst die Wirtschaftsgebäude aufreihten. Das eigentliche Herrenhaus begrenzte gegenüber dem Torhaus den nicht selten riesigen Innenhof. Auf der Rückseite des Herrenhauses begann die private Sphäre mit Gärten, Parkanlagen, Alleen und Bosketten.

Fachwerk im Bauernland.

Heute reicht die Palette noch von Gut Rastorf im Westen über das Herrenhaus Panker im Norden bis zum Gut Güldenstein im Osten. Aus der Überfülle seien hier nur einige herausgegriffen. Nördlich von Preetz ist vor allem der Wirtschaftshof von Gut Rastorf von Bedeutung. Seit 1610 wohnten hier die Herren von Rantzau, die bis 1729 auch den künstlerisch erstaunlich durchgeplanten Wirtschaftshof vom Architekten Rudolph Matthias Dallin errichten ließen. Der war damals einer der von holsteinischen Gutsbesitzern bevorzugten Baumeister. Dem Architekten gelang, es durch die geschickte Anordnung der Einzelgebäude, ein unverwechselbares Ensemble zu schaffen.

Weil er alle Gebäude ein wenig aus der Achse verschob, hat der aus dem Herrenhaus Heraustretende einen umfassenden Blick auf sämtliche, besonders reich ausgestattete Giebelseiten der Wirtschaftsgebäude. Die Giebel sind jeweils geschweift, haben einen Halbkreis als oberen Abschluß, und je zwei durch Absätze getrennte Kurven bilden eine harmonische Umrißlinie. Die Ge-

In Lütjenburg, der Stadt der Handwerker und des Korns, stammt das Rathaus von 1790.

Vorherige Seite: Das spätbarocke Herrenhaus von Gut Güldenstein liegt romantisch an dunklem Teich.

Der spätgotische Schnitzaltar in der St. Michaeliskirche von Lütjenburg zeigt Szenen aus der Marienlegende.

schosse sind durch weiße Horizontalbänder getrennt, weiße Blendflächen sind als Rhombus, Vierpaß oder Kreis gestaltet. Die Mauerecken sind von geweißten Quaderimitationen im Zahnschnittmuster gesäumt. Das Herrenhaus selbst entstand als drittes auf dem Gut bis 1806. Christian Friedrich Hansen errichtete es im Stil des Klassizismus. Heute enthält es eine große in fünf Jahrhunderten zusammengetragene Sammlung von Portraits der Familie Rantzau.

Aus der Mitte des 17. Jahrhunderts stammt das mit Treppengiebeln verzierte Herrenhaus von Gut Hagen. Der zweigeschossige Dreiflügelbau ist von einem Treppenturm mit krönender Laterne beherrscht. Interessant ist die Dekoration im östlichen Saal, zeigt sie doch Reliefs der Herrenhäuser Hagen, Farve, Hornstorf und von der Kirche von Probsteierhagen. In Schmoel dagegen blieben nur das stattliche Torhaus von 1699 sowie drei Scheunen aus dem 17. und 18. Jahrhundert erhalten. Geradezu schloßähnlich dagegen wirkt das 100-Zimmer-Haus von Salzau. In dem neobarocken Mammutbau ist heute das Schleswig-Holstein Musikfestival zu Hause, aus dem einstigen Wirtschaftsgebäude ist die inzwischen weltbekannte „Konzertscheune" geworden

Zu den größten holsteinischen Gütern zählt Neuhaus am Ostufer des Selenter Sees. Es war zunächst beinahe 300 Jahre im Besitz der Familie Rantzau, bevor es 1739 in den Besitz des mecklenburgischen Grafen Hahn kam. Der ließ 1747 das altertümliche Herrenhaus in das heutige, stattliche Palais umbauen und den größten Wirtschaftshof ganz Holsteins anlegen. Ältester Teil der aus mehreren, deutlich voneinander getrennten Teilen bestehenden Anlage, ist der spätmittelalterlich, von einer barocken Haube gekrönte Rundturm. Er diente einst den Rantzaus noch als Wohnung. Die heutige, neugotische Kapelle kam erst 1858 in den Turm. Die prachtvolle Innenausstattung des Herrenhauses geht auf den Sohn des Bauherrn zurück. Interessant ist vor allem der Festsaal im Obergeschoß mit seiner feinen Zopfstildekoration und den Gemälden von Christian Bernhard Rode.

Auch das schon um 1400 erwähnte und in seiner heutigen Form Ende des 17. Jahrhunderts errichtete Gutshaus Panker ist allemal einen Besuch wert. Das gepflegte Gelände mit hölzernen Zierbrücken, Gartentempeln und Wasserläufen im englischen Stil lädt zu Spaziergängen ein, bei denen man sich das Funktionieren eines hochherrschaftlichen Gutes sehr wohl in seiner Glanzzeit vorstellen kann. Kehrt man dann zur Stärkung in die seit 1776 bestehende Ole Liese ein, erfährt man eine ganz besondere Entstehungsgeschichte. Damals nämlich besaß der Hausherr auf Gut Panker, der Fürst von Hessenstein, ein Reitpferd, das er Liese nannte und über alles liebte. Als Pferd und Reitknecht in die Jahre kamen, schickte er beide in das eigens dafür hergerichtete Haus in Pension, das von Stund an eben Ole Liese genannt wurde.

Einziges erhaltenes Beispiel einer Vierflügelanlage ist das burgartige Herrenhaus von Farve. Der Anfang des 16. Jahrhunderts errichtete Bau der Familie Pogwisch besitzt gleich zwei martialische Türme, die den romantisch-wehrhaften Charakter unterstreichen. Damit ist auch verraten, daß das heutige Äußere weitgehend auf eine von Ernst Graf Reventlow 1873 veranlaßte Neugestaltung im Stil der romantischen Neugotik mit Spitzbogenfenstern, Zinnenkränzen und Staffelgiebeln zurückgeht. Das ele-

Vor Heiligenhafen scheinen die Häuser des Seevogeleilandes Graswarder über der See zu schweben.

gante Portal dagegen stammt noch von 1697. Im Inneren sind reich stukkierte Deckenverzierungen aus dem Ende des 17. und dem frühen 18. Jahrhundert erhalten. Sie sind prächtig bemalt mit Darstellungen der fünf Sinne. Der figürliche Schmuck besteht aus Landschaftsreliefs und Büsten der vier Temperamente. Auf Gut Güldenstein schließlich war einmal mehr der berühmte Rudolph Matthias Dallin als Baumeister tätig. Bis 1728 errichtete er seinem Bauherrn Heinrich von Thienen eines der Hauptwerke spätbarocker Herrenhausarchitektur. Da das Herrenhaus an drei Seiten unmittelbar aus dem Wasser aufsteigt, kann sich das kräftige rote Mauerwerk mit den weißen Verblendungen an Kanten und Fenstern malerisch im Teich spiegeln. Wertvoll ist auch die Innenausstattung mit Stukkaturen von 1730. Darunter besonders interessant sind die Jünglingssklaven nach einem Motiv Michelangelos aus der Sixtinischen Kapelle.

Eines der Zentren Wagriens war schon früh die spätere Herzogstadt Oldenburg. Sie war als slawische Handelssiedlung bereits im 8. Jahrhundert an einer Furt durch den Oldenburger Graben entstanden. Er bot damals noch freien Zugang zur Ostsee und damit ein sicheres Refugium für die Handelsschiffe und wohl auch für den einen oder anderen Seeräuber. Welche Bedeutung das wendische Stargard einst hatte, ist am besten daran abzulesen, daß schon Mitte des 10. Jahrhunderts versucht wurde, hier einen Bischofssitz einzurichten. Dies gelang zwar endgültig erst 1149, zeigt aber immerhin, daß bis dahin Oldenburg bedeutender als Lübeck war. Erst 1160 wanderte der Bischof in das bereits mächtigere und aufstrebende Lübeck ab.

Von der einst glanzvollen Zeit zeugt heute noch die Stadtkirche St. Johannes, die der damalige Bischof Gerold 1156 errichten ließ. Ihr kleiner Kernbau zählt zu den ersten Backsteinkirchen Nordeuropas. Die dreischiffige, flachgedeckte Pfeilerbasilika vermittelt in ihrer Einfachheit noch ganz die damalige Pioniersituation.

Auch das zweite Siedlungszentrum im hügelreichen Nordostholstein war einst Kern eines Wendengaues, erhielt ab 1156 ebenfalls durch Bischof Gerold seine erste Kirche und bekam 1275 das Stadtrecht. Noch heute zeugen viele historische Gebäude im jetzigen kleinen Landstädtchen Lütjenburg von ungetrübtem Traditionsbewußtsein. Neben dem Färberhaus, dem Rathaus und dem alten Posthof ist es vor allem die heutige Backsteinkirche mit Schiff und Turm aus der Gründerzeit. Wertvollstes Stück ihrer Ausstattung ist ein Schnitzaltar von 1467, der eine figurenreiche Kreuzigung und Szenen aus der Marienlegende und Jugendgeschichte Christi zeigt.

Zwar sind Kieler und Hohwachter Bucht keineswegs mit einem durchgehenden, stets zum Baden einladenden Strand gesegnet, aufs Badevergnügen verzichten aber muß auch hier niemand. So hat sich Heiligenhafen längst vom gemütlichen Fischerort, dessen Ursprünge ebenfalls auf das 13. Jahrhundert zurückgehen, zum modernen Ferienzentrum am vier Kilometer langen Strand entwickelt. Weißenhäuser Strand rühmt sich, das Ferienzentrum

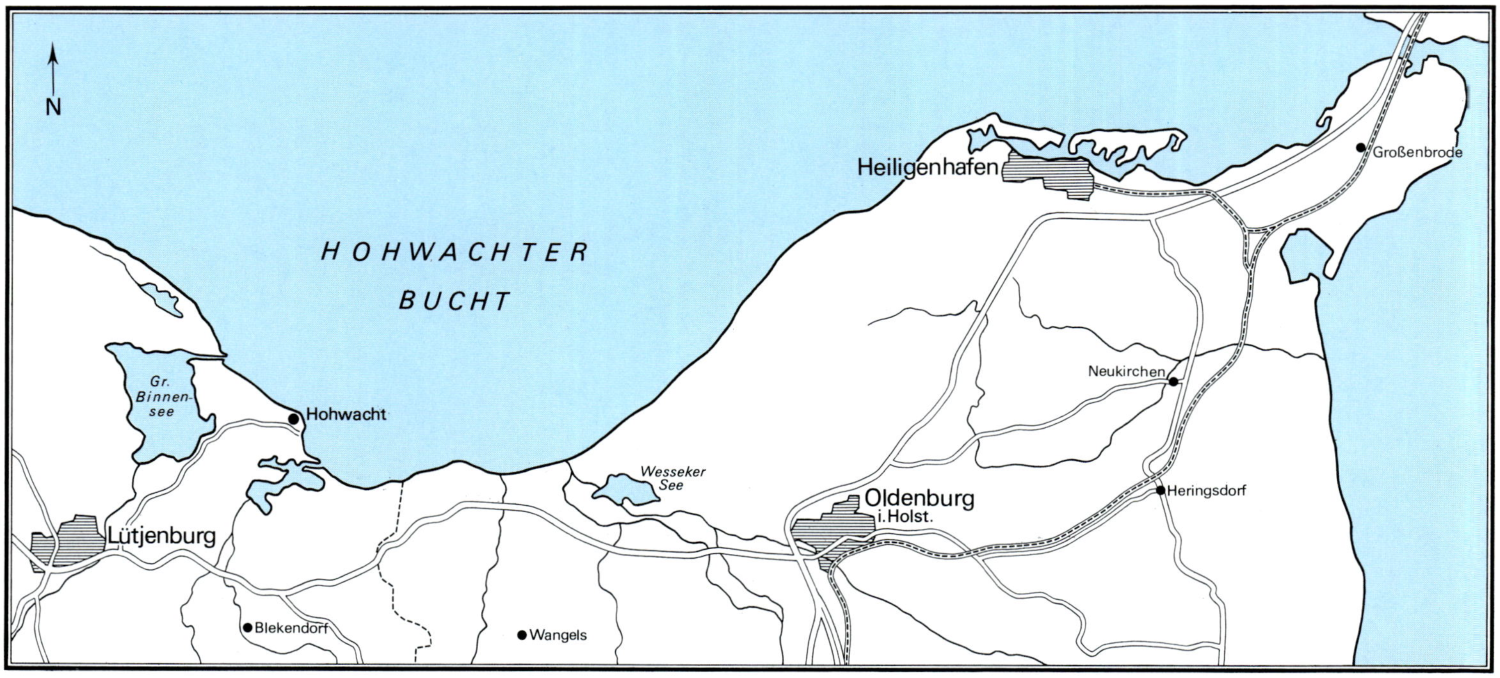

ohne Hochhäuser zu sein. Dafür gibt es hier gut 1500 Appartements... Hohwacht schließlich, das man auch Lütjenburgs Strandbad nennen könnte, hat außer Dünen (die gibt es am Weißenhäuser Strand auch) noch ein Steilufer, von dem aus man bis nach Fehmarn hinüber sehen kann. Zwischen den Hotels verstecken sich sogar noch einige alte Fischerhäuser.

Natur pur ist am 31 Hektar großen Kleinen Binnensee nordwestlich von Hohwacht zu entdecken. Ursprünglich lag der kleine See nur durch einen Strandwall geschützt direkt hinter dem Meer. Die mit dem See zusammen unter Naturschutz stehenden, gut 100 Hektar Salzwiesen sind heute durch einen Schutzdeich in einen vor der See geschützten und in einen ungeschützten Teil getrennt. Im Schutzgebiet hat sich eine artenreiche Vogelwelt niedergelassen. Zu finden sind etwa Alpenstrandläufer, Austernfischer, Brandente, Fluß- und Zwergseeschwalben, Gänsesäger, Kiebitz, Rotschenkel, Sandregenpfeifer und Säbelschnäbler.

Während der Rapsblüte scheint die Landschaft um die Hohwachter Bucht nur noch aus den Farben Gelb und Blau zu bestehen.

FEHMARN – FREIE BAUERN AUF GRÜNER SONNENINSEL

Knust" nennen die Fehmaraner ihre weit in die Beltsee vorgeschobene Insel. Ihre Heimat bezeichnen sie gerne als eigenen Erdteil, dem sie alle Attribute des knusprigen Brotanschnitts beimessen möchten und von dem aus sie beim Passieren der Fehmarn-Sund-Brücke erst nach Europa fahren. Bis 1963 mag dieser Schnack sogar noch berechtigt gewesen sein, mußte doch jeder der rund 15 000 Inselbewohner bei einem Besuch des Festlandes den Sund mit einer bescheidenen Fähre überqueren. Seit der Fertigstellung der 965 Meter langen und 70 Meter hohen Fehmarn-Sund-Brücke ist es jedoch endgültig vorbei mit der liebevoll hochstilisierten Isolation.

Jetzt durchschneidet die Europastraße 4 zusammen mit der Eisenbahnlinie die vor dem „Anschluß" so einsame Insel auf zwölf Kilometer langer Strecke bis hinauf zum Fährhafen Puttgarden. Von dem aus sind es gerade noch 55 Minuten Fährzeit bis hinüber nach Dänemark. Mit der Brücke und der werbewirksamen Bezeichnung Vogelfluglinie für die kürzeste Verbindung nach Skandinavien kamen endgültig die Touristenströme, die Fehmarn zwar zum größten Teil – ähnlich wie die Zugvögel – nur als Durchgangsstation nutzen, doch bleiben dem Kur- und Badebetrieb auf der Insel dennoch genügend treue Anhänger.

Aller Touristenströme zum Trotz ist Fehmarn bis heute nahezu ganz durch das Vorherrschen ländlicher Siedlungen in 42 Dörfern geprägt. Sie alle haben überraschend gleichartige Grundrisse, denn sie alle sind Fortadörfer, also auf dänische Kolonisation und Rechtsvorschriften des 13. Jahrhunderts zurückgehende Platzdörfer. Sie konnten in erstaunlicher Siedlungsdichte über die Jahrhunderte ungestört wachsen, denn seit dem 13. Jahrhundert gab es auf Fehmarn, im Gegensatz zur Kulturlandschaftsentwicklung des benachbarten ostholsteinischen Festlandes, keine kriegsbedingten Verwüstungen. Grundlage für das stetige Wachstum auf der Insel wurde vielmehr das alte Fehmaraner Landrecht von 1320, das ein freies Bauerntum ohne Gutswirtschaft und Leibeigenschaft garantierte. Aus der rein bäuerlichen Rechts- und Raumorganisation wurde das Rechtsinstitut der „Landschaft". Diese Form der Selbstverwaltung wurde erst im Jahre 1867 durch Preußen aufgehoben.

Die rechtlich garantierte Freiheit der Bauern konnte allerdings auch auf Fehmarn nicht verhindern, daß bereits im 15. Jahrhundert eine starke soziale Polarisierung zwischen Großbauern und Kleinbauern sowie Tagelöhnern einsetzte. Längst vor dem Ersten Weltkrieg hatten einseitiger Getreideanbau und Mechanisierung kapitalintensiv wirtschaftende Großbetriebe entstehen lassen. Sie sind noch heute an den zahlreichen, pompösen Scheunenbauten aus wilhelminischer Zeit ablesbar. Bis zum Zweiten Weltkrieg hatte sich Fehmarn so zu einer Insel mit einem durch das Großbauerntum geprägten Dorf- und Landleben entwickelt. Bis heute ist dieses „Landleben" durch eine zunehmende Konzentrierung auf stetig weiter wachsende Großbetriebe gekennzeichnet.

Die Fehmarnsundbrücke ist das Tor zur Vogelfluglinie.

Im Zentrum der Insel liegt mit einigen alten Fachwerkhäusern und einer sehenswerten Kirche aus dem 13. Jahrhundert Landkirchen. Hier in der St.-Petri-Kirche wurden in einer schweren, „Landesblock" genannten Eichentruhe die Siegel und Urkunden des Fehmaraner Landrechts verwahrt. Von seiner Grundlage aus verboten die Fehmaraner Bauern 1617 dem holsteinischen Landadel, sich auf der Insel anzusiedeln. Leibeigentum und Lehensherrschaft blieben damit für die Bauern ebenso Fremdwörter wie Schuldzinsen oder Gehorsam einem Adelsherrn gegenüber. Ungestört konnten so die Bauern neben ihren Böden vor allem ihren Stolz pflegen, freie Bauern auf eigenem Grund zu sein.

Vom frühen Wohlstand künden noch heute in St. Petri die 50

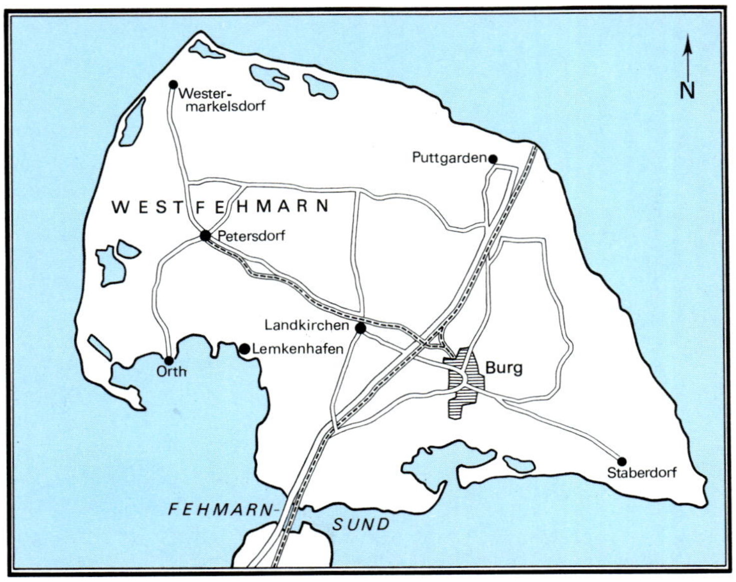

Betschemel mit eingekerbten Namen, Haus- und Handmarken sowie die Epitaphe an Wänden und Pfeilern. Zu den prunkvollsten zählt der Mackeprangepitaph von 1696, der das Familienwappen mit Prange = Kralle der Macke = Möwe zeigt. Kostbarste Ausstattungsstücke der Kirche sind die Marienkrone und der spätbarocke Altar, die hölzerne Kanzel und die reich im Stil des Rokoko verzierte Orgelempore. Die Nähe der See verraten die an der Decke hängenden Votivschiffe, darunter eine Nachbildung des Adlers von Lübeck, des Flaggschiffs der Hanse.

Städtisches Zentrum und Inselmetropole ist heute das Städtchen Burg. Hier wohnt gut die Hälfte der Inselbevölkerung, genießt den kleinstädtischen Charme und läßt sich von den Urlauberströmen in der ulmengesäumten Hauptstraße nicht aus der Ruhe bringen. Gelassenheit ist angesagt, denn schließlich ist Burg schon gut 750 Jahre alt. Seine Nikolaikirche stammt aus der Mitte des 13. Jahrhunderts, erhielt ihren Turm jedoch erst bis 1513. Interessant ist vor allem die mittelalterliche Ausstattung, so der dreiflügelige Hauptaltar aus dem 14. Jahrhundert, der spätgotische Blasiusaltar, die Bronzetaufe von 1391 und eine gotländische Steintaufe aus der Mitte des 13. Jahrhunderts.

Fehmarn kennenzulernen, heißt aber vor allem, durch das meist topfebene Bauernland zu wandern oder zu radeln. Von ihm sagen die Einheimischen, es sei so flach, daß man am Mittwoch schon das Wochenende kommen sehe. Dabei ist Fehmarns höchster Punkt, der Hinrichsberg, immerhin stolze 27 Meter hoch. Touristische Ziele sind natürlich die 1787 erbaute Grütz- und Graupenmühle in Lemkenhafen oder das Niobedenkmal an der Nordküste. Es steht am Westrand des Vogelschutzgebietes Grüner Brink. Dort erinnert der Mast der Niobe an das furchtbare Unglück, das sich im Sommer 1932 ereignete. Damals geriet das

Die 965 Meter lange und 70 Meter hohe Fehmarnsundbrücke brachte Fehmarn den „Anschluß" an das Festland.

Fehmarn war einst die Insel der Windmühlen. Die Petersdorfer Mühle ist eine der wenigen erhaltenen.

Segelschulschiff der deutschen Kriegsmarine mit über 100 Mann an Bord – Kadetten, Offiziere und Mannschaft – vor Fehmarn in eine Sturmboe, kenterte und riß 69 Mann der Besatzung in die Tiefe.

Zentrum des eher stationären Kur- und Badebetriebes von Fehmarn ist Burgtiefe, drei Kilometer vom Hauptort Burg entfernt am wunderschönen und nach Süden ausgerichteten Sandstrand gelegen. Hier kann man hautnah erfahren, daß es auf Fehmarn im langjährigen Schnitt nur 511 Millimeter Niederschlag und die meisten Sonnenstunden Schleswig-Holsteins gibt. Burgstaaken schließlich ist der Heimathafen der Fischkutter, von hier aus kann man sich zum Hochseeangeln einschiffen. Fehmarn ist neben der Insel der Bauern und der Insel des Tourismus vor allem auch eine Insel voller Naturschönheiten. Sie verstecken sich meist abseits der großen Straßen entlang der rund 70 Kilometer langen Küste. Buchten und Huks, wie man hier die zum Teil kapartigen Inselecken nennt, wechseln sich mit Warderinseln und küstennahen Binnenseen ab. So ist etwa die Lemkenhafener Wiek als Bucht in der Bucht von ein paar Warderinseln auf der Südseite und von der kleinen Halbinsel Spitzenorth im Westen geschützt.

Unmittelbar daran schließt sich die Gollendorfer Wiek bis zum Hafen von Orth an. Seine Molen reichen weit in die Bucht hinein und bieten ebenso wie das westwärts folgende Dammstück, mit dem die Sulsdorfer Wiek eingedeicht wurde, einen hübschen Blick auf „Flüggersteert“ und „Krummsteert“, wie das Südwestende von Fehmarn genannt wird. Es handelt sich dabei um einen durch den strömungsbedingten Transport von Sandmassen entlang der Inselwestküste nach Süden entstandenen Nehrungshaken, dessen Spitze pro Jahr noch immer etwa fünf Meter weiter nach Südosten wächst. Den besten Blick auf den Krummsteert, den krummen Schwanz also, bietet die 40 Meter hohe Plattform des 1916 fertiggestellten Flügger Leuchtturms.
Die gesamte West- und Nordküste Fehmarns steht mit ihren zahlreichen mal binnen- mal außendeichs gelegenen Strandseen unter Landschaftsschutz. Den Anfang macht der Flügger Teich zu Füßen des Leuchtturms. Er war einst Teil der Orther Bucht, heute ist er ein langgestrecktes Binnengewässer mit Nebenteichen. Weiter nördlich folgt der ausgedehnte Kopendorfer See, der im letzten Jahrhundert schon einmal trockengelegt war. Nach der Fertigstellung des Seedeiches wurde er 1864 wieder geflutet und diente der Teichwirtschaft. Aus dem mit seinen ausgedehnten Wasser-und Schilfflächen insgesamt 210 Hektar großen Teichgut Wallnau wurde 1975 das Naturschutzgebiet Wallnau. Hier brüten inzwischen rund 60 verschiedene Vogelarten, darunter Bekassinen, Brachvögel, Fischreiher, Höckerschwäne, Kampfläufer, Limosen, Rohrdommeln, Rotschenkel und Wasserrallen.
Beim Markelsdorfer Huk und damit schon in der Nähe der Nordwestecke von Fehmarn findet sich mit dem Fastensee der erste vor dem Deich gelegene und an der Seeseite durch eine Nehrung abgeschlossene Strandsee. Am Leuchtfeuer folgt dann der Salzensee und anschließend der Nördliche Binnensee. Das Markelsdorfer Huk ragt von hier als nördlichster Punkt der Insel etwa 600 Meter außerhalb des Deichs in den Fehmarn-Belt hinein. Der Nördliche Binnensee selbst besteht heute aus mehreren Einzelseen, die ursprünglich einen knapp sechs Kilometer langen Strandsee gebildet hatten. Nach und nach wurde dieser See aber durch Verlandungsstreifen geteilt.
Östlich vom Niobedenkmal folgt das Naturschutzgebiet Grüner Brink. Hier wechseln sich Sand- und Kieshaken mit Salzsümpfen und brackigen Strandseen vor dem Deich ab. Strand- und Dünenflora, Salzwiesen und Trockenrasen finden sich auf engstem Raum nebeneinander. Seltene Pflanzen wie Knabenkraut, Prachtnelke, Feldenzian oder Sumpfhahnenfuß haben hier ihre artgerechten Standorte gefunden.
An Fehmarns Nordostecke steht mit der Marienleuchte seit 1832 das älteste Leuchtfeuer der Insel. Wenig südlich von ihm beginnt Fehmarns östliche Steilküste, die mit bis zu 20 Meter Höhe bis hinunter zum Staberhuk, der Südostspitze Fehmarns, reicht. Hier kann man herrliche Uferwanderungen unternehmen und dabei imposante Abbruchkanten studieren. Der schönste Abschnitt des Steilufers findet sich zwischen Gahlendorf und Katharinenhof. Hier liegen nicht nur Findlinge aller Größen, hier entdeckt der geologisch Interessierte auch den blaugrünen tertiären Ton, der auf Fehmarn „Tarras“ heißt, und der die Grundsubstanz der ganzen Insel bildet.
Auch von Katharinenhof bis Staberhuk kann man am Wasser entlanggehen und eine äußerst reizvolle Naturstrandwanderung genießen. Den Schlußpunkt des Naturerlebnisses Fehmarn könnte schließlich die Besteigung und der Ausblick vom Hinrichsberg nördlich von Staberdorf sein.

Der liebevoll gestaltete Yachthafen von Burg auf Fehmarn könnte von einem Graphiker entworfen sein.

Folgende Seite:
Der Fährhafen Puttgarden ist der Brückenkopf der Vogelfluglinie nach Dänemark.

OSTSEEBÄDERSTRASSE – STRÄNDE AN DER LÜBECKER BUCHT

Grömitz und Sierksdorf, Timmendorf und Travemünde heißen die Stichworte für die Ferien mit den drei großen S = Sonne, Sand und See an der Lübecker Bucht. Aus verschlafenen Dörfern werden dann halbe Großstädte, auf ein eigenes kommen drei Gästebetten. Travemünde und Timmendorf könnten dann auch Vororte von Hamburg sein. Unterschiede gibt es aber auch an Deutschlands beliebtester Badeküste: Entlang der äußeren Lübecker Bucht, nördlich von Grömitz bis hinauf zum Fehmarn-Sund sieht die Welt anders aus. Hier gibt es keine direkte Küstenstraße mehr, Badeorte und Campingplätze sind meist nur über Stichstraßen erreichbar. Damit bleibt der reine Durchgangsverkehr minimal, die „Spezialisten" haben „ihren" Strandabschnitt fest in der Hand. Wem also Sonne, Meer und Wolken wichtiger sind als Sehen und Gesehen werden, wer die Ruhe dem Trubel vorzieht, der wird die Ruhe zwischen Großenbrode und Dahme genießen.

Bürgerstolz an der Lübecker Bucht.

Alle Superlative aber kommen bereits zum Tragen im größten deutschen Seebad, in Grömitz. Acht Kilometer Strand, fast vier Kilometer Promenade, eine beleuchtete Brücke in die See, alle Kur- und Fitneßeinrichtungen nach neuestem Stand, kurz alles, was des Urlaubers Herz begehren könnte, ist hier zu finden. Den Trubel dazu gibt es sogar gratis. Den krassen Gegensatz liefert dann das wenige Kilometer landeinwärts gelegene Cismar, wo Benediktinermönche aus Lübeck im 13. Jahrhundert ein Kloster gegründet hatten. In dieses Cicimeresthorp sollten Mönche mit zu lockerem Lebenswandel geschickt werden. Statt zur „Sträflingskolonie für Mönche" geriet Cismar jedoch zum reichen Kloster, zu dessen Besitz ab 1322 auch Grömitz gehörte. Die restaurierte Klosterkirche, ein Spätwerk staufischer Kunst, birgt heute als Altar ein um 1320 in einer Lübecker Werkstatt gefertigtes Reliquienretabel. Das Gehäuse in der Form einer fünfgiebligen gotischen Vorhalle diente einst der Aufnahme von gut 800 verschiedenen Reliquien und ist mit Szenen aus dem Leben Christi und verschiedener Heiliger verziert.

Beschaulichkeit bäuerlicher Art findet sich wenig nördlich von Grube im alten Gutshof Siggen. Von 1282 bis 1472 war hier die Familie von Siggen ansässig, danach folgten fünf Generationen der Rantzaus. Wulf Rantzau errichtete um 1590 ein erstes repräsentatives Herrenhaus, auf dessen Fundamenten 1784 als weitgehender Neubau mit schlichtem Pilasterportal das Erdgeschoß des heutigen Herrenhauses entstand. Bei der Aufstockung im Jahre 1850 wurden die einstigen Ecktürme als kurze Seitenflügel einbezogen, die neugotischen Staffelgiebel waren damals gerade Mode. Das Gut wird bis heute landwirtschaftlich genutzt, das Herrenhaus ist Teil einer Stiftung und bietet den würdigen Rahmen für Tagungen.

Einst der wichtigste Hafen an der Lübecker Bucht war Neustadt. Hier trugen zwar die Pläne der Schauenburger Grafen nicht annähernd ähnliche Früchte wie in Lübeck, doch können die Neustädter auf die Anfänge dennoch stolz sein. Immerhin erhielt das nach Plänen von Graf Adolf IV. von Schauenburg angelegte Nighestad bereits 1244 das Stadtrecht. Bis auf den heutigen Tag sind das damals angelegte Straßenschema und die Grundstücksstruktur erhalten. Wohl erhalten ist auch das einzige mittelalterliche Stadttor Holsteins, das Kremper Tor. Beliebt bei den Fotografen, aber doch wesentlich jünger, ist der dreigeschossige, ein wenig an eine Pagode erinnernde Kornspeicher, ein Fachwerkbau von 1830 mit abgetrepptem Walmdach.

Hinter Neustadt zieht sich die sumpfige Niederung der Kremper Au nach Norden. Sie bot noch im 12. Jahrhundert wendischen Seeräubern im Bereich des heutigen Altenkrempe einen idealen Schlupfwinkel. Dennoch entstand gerade hier als Zentrum der

Christianisierung von 1190–1240 im Auftrag von Graf Adolf III. von Schauenburg mit der aus Backstein errichteten, gewölbten Kleinbasilika mit einbezogenem Westturm nicht nur eine meisterhafte Schöpfung der Spätromanik, sondern für viele das schönste und besterhaltene Bauwerk Ostholsteins.

Auffällig an der Altenkrempener Kirche ist, daß zu ihr kein Dorf gehört. Sie war von Anfang an Missionskirche, eine frühe Dorfansiedlung aus dem 13. Jahrhundert verfiel in einer Phase wirtschaftlicher Rezession Mitte des 14. Jahrhunderts. Weniger vornehm ausgedrückt könnte man sagen, das Dorf wurde vom benachbarten Gut Hasselburg aufgesogen. Das Gut gedieh in der Folge besonders prächtig wie die bis 1763 von Georg Greggenhofer errichteten Gebäude bis heute beweisen. Besonders gelungen ist der fünfachsige Torpavillon mit kuppelartigem Schindeldach und achtseitiger, weiß gestrichener Laterne. Graben und Baumreihen trennen den Wirtschaftsbereich vom Ehrenhof, den zwei Kavaliershäuser flankieren. Endpunkt der symmetrischen Anlage ist das Herrenhaus aus dem frühen 18. Jahrhundert, das 1804 klassizistisch überformt wurde. Bauherr des zweigeschossigen Hauses mit dem wuchtigen Mansardwalmdach war Gerhard Graf Dernath.

Wie es im Inneren des Herrenhauses von Hasselburg aussieht, weiß die Nation seit den Tagen der TV-Guldenburgs. Die prächtige, zweigeschossige Treppenhalle mit aus Eichenholz geschnitzter, umlaufender Galerie bot vielfältige Möglichkeiten dramatischer Inszenierungen. Die Decke der Halle ziert eine italienisch geprägte, illusionistische Malerei von J.G. Simola. Zu sehen ist in gestufter Scheinarchitektur die allegorische Darstellung der Erdteile mit überraschenden Details. So gibt es etwa einen Inkafürsten, der sich Obst reichen läßt oder zwei den Globus studierende Astrologen. Sogar eine Venus hat hier ihren Auftritt: Sie darf vor Troja dem Aeneas die Waffen aushändigen. Herrenhaus und große Scheune – die Kathedrale aus Eichenholz – dienen heute dem Kulturkreis Hasselburg und dem Schleswig-Holstein Musikfestival als stilvoller Rahmen für beliebte Konzerte.

Wenig westlich von Neustadt verdient ein unerwartetes Gegenstück zur sonst flachen Endlosigkeit der Küste unbedingt einen Besuch. Der immerhin stolze 94 Meter hohe Gömnitzberg bietet nicht nur eine prächtige Aussicht, sondern als Dreingabe trotz der Entfernung von der See ein Seezeichen ganz besonderer Art. Der (leider nicht besteigbare) Turm nämlich war Teil einer Peillinie hinüber zum Mecklenburger Ufer. Diese Linie trennte die „Fischereigerechtsame" für die Fischkutter Lübecks und die des Großherzogtums Oldenburg.

Die Kirche von Altenkrempe ist ein Meisterwerk der Spätromanik (links), die Klosterkirche von Cismar ist ein Spätwerk staufischer Kunst (rechts). Der barocke Taufengel findet sich in der Dorfkirche von Grube (Mitte).

Südwärts öffnet sich die Neustädter Bucht zu einem riesigen Bade- und Freizeitparadies. Den Auftakt bildet der Freizeitpark Hansaland, ein weiträumig angelegtes Spielparadies für kleine und große Kinder, für Verträumte ebenso wie für Mutige. Scharbeutz und Timmendorfer Strand bieten „Strand satt" – mit Trubel inclusive. Dennoch liegen auch in Timmendorf die Gegensätze nahe beieinander. Hinter einem nur etwa 1000 Meter

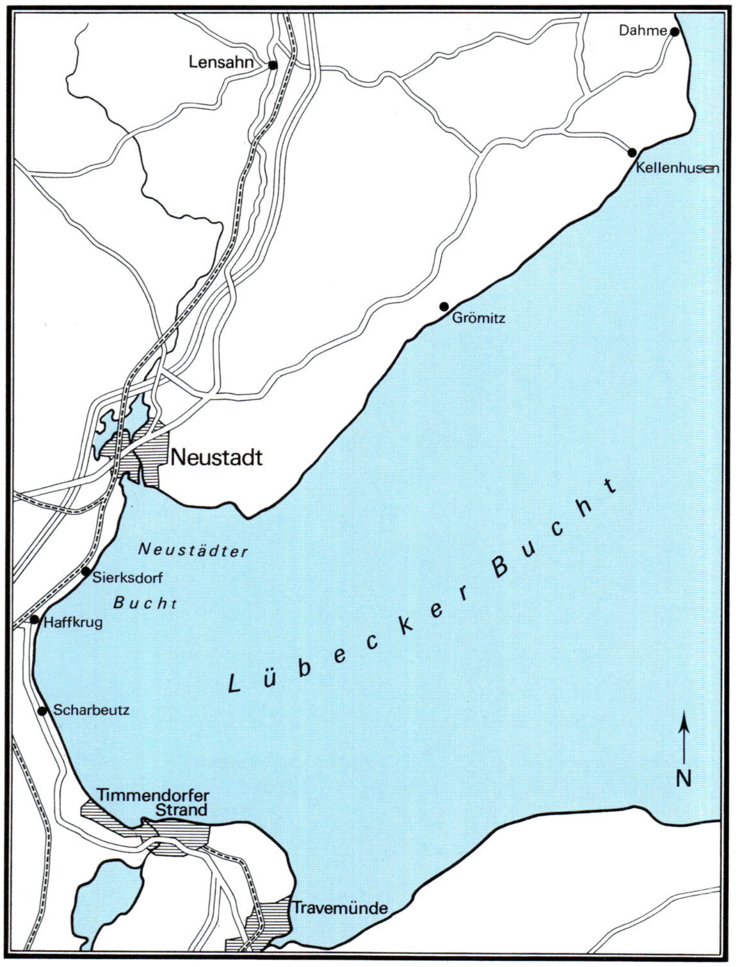

breiten Landstreifen erstreckt sich nach Süden der langgezogene, fast 500 Hektar große Hemmelsdorfer See. Er war ursprünglich eine von einer Eiszunge ausgehobelte, offene Förde, die durch Verlandung langsam zum Süßwassersee wurde. Richtig allerdings ist dies nur für die Oberfläche. Noch 1872 nämlich ließ eine Sturmflut große Mengen Salzwasser in den See schwappen, das nun in seinen unteren Schichten ruht. Diese reichen immerhin auf 44 Meter unter NN – bis hinunter zum tiefsten Punkt in der Bundesrepublik. Flora und Fauna jedenfalls haben sich in dem Mischmasch aus Süß- und Salzwasser bestens eingerichtet und bieten dem Kenner allemal Interessantes genug.

Optisch eher noch eindrucksvoller ist eine weitere Naturschönheit zwischen Timmendorfer Strand und Travemünde. Bei Brodten bricht das Steilufer bis zu 20 Meter senkrecht zur See ab, von seiner Kante aus reicht der Blick weit über die Lübecker Bucht hinüber nach Mecklenburg und hinauf bis nach Neustadt. Pro Jahr sorgen Brandung und Grundwasser dafür, daß rund ein Meter des Steilufers abbröckelt. Die daraus entstehenden Abbruchsände wandern je nach Strömung nach Süden oder Westen und tragen zur Verbreiterung der Strände in Timmendorf und Travemünde bei.

Der Freizeitpark Hansaland bietet Attraktionen für jeden Geschmack.

Von der Bruchkante am Brodtener Steilufer schweift der Blick weit über die Lübecker Bucht.

Den Reigen der Ostseebäder an der Lübecker Bucht beschließt im Süden Travemünde, das nach Heiligendamm und Norderney drittälteste Seebad Deutschlands. Als Thomas Mann seine Toni Buddenbrook beim Lotsenkommandeur Schwarzkopf in Travemünde einquartierte, und sie dort ihre erste Liebe erlebte, gab es also längst so etwas wie das traditionelle Bad der feinen Lübecker Gesellschaft. Immerhin schon seit 1825, also ein dreiviertel Jahrhundert lang, florierte das dortige Spielcasino; Kaiser Staatsmänner und Dichter pflegten regelmäßig zu Besuch zu kommen. Turgenjew, Gogol und Dostojewski ließen hier den russischen Rubel rollen, das „Hotel de Russie" war für die Russen eine Art Tor nach Europa. Zwei Jahre vor den Buddenbrooks richtete man 1889 die erste „Travemünder Woche" aus, ihr gab 1894 Wilhelm II. mit seiner Yacht „Meteor" kaiserliche Weihen. Exclusivität und ungebrochener Fortschrittsglaube bestimmten und bestimmen bis heute Travemünde – die Roulettekugel rollt wieder wie eh unud je.

Nur, mit der Exclusivität der vornehmen Welt ist es nicht mehr ganz soweit her. Zwar ist die Altstadt heimelig wie eh und je, doch ertrinkt sie, wie der Strand und das jenseitige Ufer der Trave am Priwall, zumindest an schönen Sommerwochenenden einfach im Verkehr. Dann macht die „Kur"-Promenade jedem Großstadtverkehr alle Ehre, dann finden die Superlative nur noch auf der Straße statt. Daß Travemünde zudem zum wichtigsten Fährhafen für den Skandinavienverkehr avancierte, mag wirtschaftlich und optisch interessant sein, zur Verkehrsberuhigung tragen die weißen Kolosse aber auch nicht gerade bei.

Um da die Dimensionen wieder ins richtige Lot zu bringen, hilft allenfalls eine Fahrt auf die Dachterrasse des Maritimhotels. Von hier oben werden die Hochseefähren zu Spielzeugschiffen, der Verkehrsinfarkt gerät zum Legoland mit Ameisenbesatzung und das Brodter Hochufer erinnert an einen Maulwurfshügel. Die Aussicht weit hinüber nach Mecklenburg gibt es als Dreingabe.

Folgende Doppelseite:
Für die große Skandinavienfähre scheint auf der Höhe von Travemünde das Fahrwasser nicht auszureichen.

Peter Pan

LÜBECK – DIE KÖNIGIN DER HANSE

Wenn nomen omen ist, dann hatten die Wenden im frühen 12. Jahrhundert der noch heute schönsten deutschen Stadt an der Ostsee den richtigen Namen gegeben: Liubice = die Liebliche hieß ihre Siedlung am Handelsweg von Niedersachsen zur Ostsee, an der Mündung der Schwartau in die Trave. Neben einer Königsburg gab es dort bereits eine kleine Kirche und eine deutsche Kaufmannskolonie. Die gesamte, im Namen beschworene Lieblichkeit jedoch half der Wendensiedlung nichts, als Graf Adolf II. von Schauenburg das Land für sich in Besitz nahm. Nun wurde wenige Kilometer traveaufwärts im inselartigen Oval zwischen Trave und Wakenitz das neue Lübeck gegründet und 1143 von Adolf als neuem Grafen von Holstein mit dem Bau einer Burg gesichert.

Schnell erwies sich, daß der Graf eine hervorragende Platzwahl getroffen hatte. Von drei Seiten boten Sümpfe, Wälder und Flüsse natürlichen Schutz, die leichter zugängliche Nordspitze sicherte die gräfliche Burg. Die Landverbindungen nach Hamburg, Ratzeburg, Oldenburg und Oldesloe waren kurz, vor allem die Verbindung Ostsee – Nordsee war über Hamburg relativ problemlos zu bewältigen. Lübeck selbst war von den Ostseeschiffen leicht erreichbar, weil zum einen das Wasser tief genug und zum anderen Treidelpfade an den Ufern vorhanden waren. Flachgehende Binnenschiffe konnten ebenso problemlos traveaufwärts Oldesloe erreichen, um das von der dortigen gräflichen Saline produzierte Salz abzuholen.

Lübecker Kontore an der Trave.

Die direkte Handelslinie hätte prächtig gedeihen können, hätte es da nicht Herzog Heinrich den Löwen und dessen Lüneburger Saline gegeben. Weil er sein eigenes Salz verkaufen wollte, verbot er kurzerhand den öffentlichen Markt in Lübeck und zerstörte die gräfliche Saline in Oldesloe. Die Intervention von Heinrich traf das junge Lübeck am Lebensnerv. Als die Stadt zudem 1157 auch noch abbrannte, baten die Kaufleute Heinrich um die Ausweisung eines neuen Handelsplatzes. Oberhalb von Lübeck entstand so die neue Kaufmannssiedlung Löwenstadt. Ihr allerdings nutzte auch die hochherrschaftliche Protektion nichts, denn die zu flache Wakenitz verhinderte, daß Schiffe mit größerem Tiefgang den neuen Handelsplatz erreichen konnten. Nur zwei Jahre später übernahm deshalb Heinrich als Lehensherr selbst die Macht in der ehemaligen gräflichen Gründung, gründete Lübeck mit eigenen Kräften neu und stattete es reich mit Privilegien aus. Wie auf ein Trompetensignal ging es nun Schlag auf Schlag. Nur ein Jahr später verlegte der Bischof seinen Sitz von Oldenburg hierher, so wichtige Bauten wie der Dom, die Marktkirche St. Marien, die Pfarrkirchen St. Petri und St. Ägidien wurden begonnen. Bereits 1226 erhob Friedrich II. Lübeck zur Freien Reichsstadt, die ihrem neuen Status mit dem Neubau ihres Rathauses und einer wehrhaften Stadtmauer gerecht zu werden suchte.

Begründet aber war all dies in der geographischen, strategischen und nicht zuletzt juristischen Sicherheit, die Lübeck zwischen den Handelsgebieten von Nord- und Ostsee einerseits, sowie zwischen den rheinisch-flandrischen Städten und den skandinavisch-baltischen Ländern andererseits zu bieten hatte. Das Lübische Recht wurde in weiten Bereichen anerkannt. In der „EU" des Mittelalters, wie man die Hanse auch nennen könnte, fiel Lübeck der Rang eines Vorortes (Hauptort) wie von selbst zu. Selbst als die Hanse längst Geschichte war, blieb Lübeck als einziger Hansestadt neben Hamburg und Bremen die Reichsfreiheit erhalten. Sie ging erst 1937 verloren, als Hitler die einst so stolze Stadt aus Rache zur preußischen Provinzstadt degradierte. Er sah darin die gerechte Strafe dafür, daß die Stadt ihm ein Jahr vor der Machtergreifung eine Wahlrede untersagt hatte.

CONCORDIA DOMI FORIS PAX
Clean The House!

Auch heute noch läßt die Lübecker Stadtlandschaft, trotz Niedergang im 18. Jahrhundert und trotz schwerer Bombenschäden vom März 1942, auf Schritt und Tritt erkennen, wie die mittelalterliche Großstadt aus der Blütezeit der Hanse aus dem Zusammenwirken der drei Mächte Landesherr, Bischof und Bürgertum geprägt wurde und gewachsen war. Wie eh und je bestimmen die sieben hohen Türme ihrer fünf wichtigsten Kirchen die Fernsicht, wie eh und je ist ihr einst von Stadtmauer und Bastionen geschütztes Oval ganz von Wasser umgeben, so daß ihr klarer und großzügiger Aufbau um so augenfälliger wird. Auch wenn von der einstigen Stadtbefestigung außer zwei Toren nichts mehr erhalten ist, erwecken doch die langen Giebelhäu-

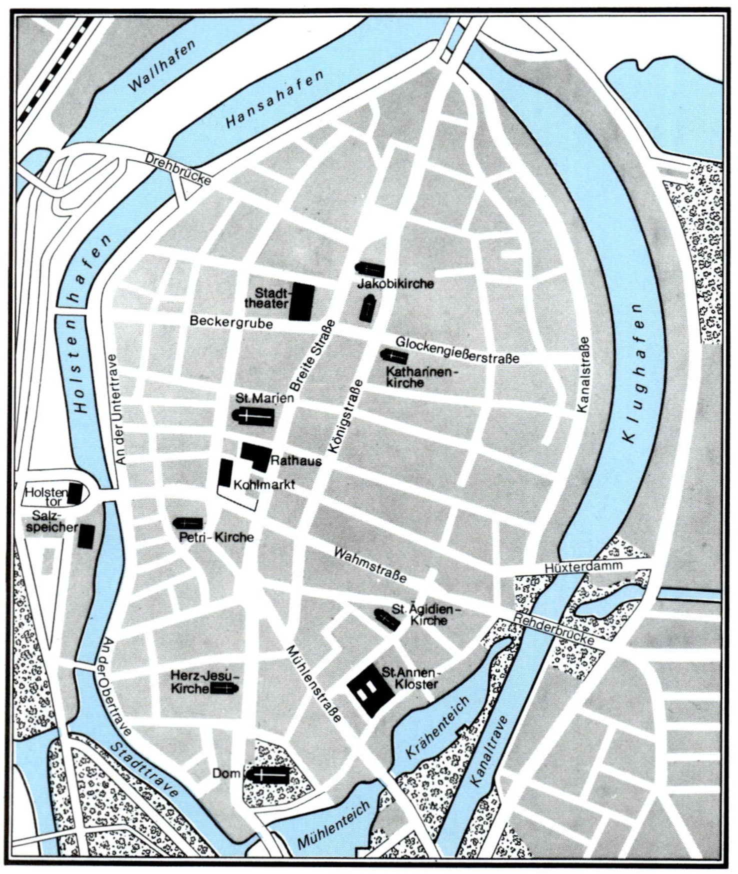

serfronten an der Untertrave und die dahinter und darüber sanft ansteigenden Dächer, mit den sie überragenden Baumassen der Backsteinkirchen und den türmchenbewehrten Hochwänden des Rathauses den Eindruck seltener Geschlossenheit.

Den schönsten Teil der einst so gewaltigen Stadtummauerung kennt jeder, und sei es nur vom ehemaligen 50-Mark-Schein. Das „Wahrzeichen des wehrhaften hansischen Lübeck" diente seit dem 14. Jahrhundert der Sicherung der wichtigen Ausfallstraße nach Holstein und Hamburg. Dazu gab es auch auf der Stadtseite der Trave eine Torbefestigung. Das feldseitige Tor bildete die äußere Sicherung, vor der es zudem noch einen eigenen Zwinger gab. Das heutige Holstentor wurde als Ersatz für ein kleineres, feldseitiges Tor 1478 vom Lübecker Ratsbaumeister Heinrich Helmstede errichtet.

Bei seinem Bau folgte er Vorbildern flandrischer Brückentore, ohne sie jedoch einfach nachzubauen. So gelang es ihm, das mit Blendarkaden und Treppengiebel verzierte eigentliche Torhaus mit den kompakten Massen zweier gedrungener, von spitzen Kegeldächern behüteten Rundtürmen zu einer beispielhaften Einheit zu kombinieren. Während auf der Feldseite die Gestaltung ganz der Betonung der Wehrhaftigkeit dient, gibt sich die der Stadt zugewandte Rückfront sehr viel freundlicher. Flankentürme und Torhaus bilden hier eine einheitliche Fassade mit zwei in Blendarkaden aufgelösten Obergeschossen.

Noch ganz den gräflichen und später herzoglichen Burgbezirk repräsentiert im Norden bis heute das Burgtor. In seinem Kern stammt es aus dem 13. Jahrhundert und sicherte einst als inneres Tor, im Rahmen ausgedehnter Befestigungen, den einzigen natürlichen Zugang zu Burg und Stadt. Nur hier sind auch noch Teile der alten Stadtmauer mit den dicht aufeinander folgenden Stümpfen der Halbtürme erhalten. Das Burgtor selbst erhielt seine heutige Gestalt 1444 durch den Ratsbaumeister Nikolaus Peck, der den alten Torturm um ein Geschoß erhöhte und oberhalb des Erdgeschosses auf allen Seiten neu verblendete. Die ursprünglich gotische Helmspitze wurde 1685 durch die heutige barocke Haube ersetzt.

Daß der spätgotische Umbau von Meister Peck weniger der Steigerung der Abwehrkraft als der Förderung der dekorativen Wirkung diente, macht uns den Torturm heute um so liebenswerter, zeigen doch die verschiedenartigen Friese und der Schichtenwechsel zwischen glasierten und gewöhnlichen Backsteinen sowie die ganz in Maßwerkfenster aufgelösten Wände, daß schon damals den Lübecker Stadtvätern viel an der Schönheit ihres Stadtbildes lag.

Gegenpol der gräflichen Burg im Norden (sie wurde 1229 durch ein von der Stadt gegründetes Dominikanerkloster ersetzt) war von Anfang an der Dom auf der Südspitze der Stadtinsel. Seinen Grundstein legte Heinrich der Löwe im Jahre 1173. Gegen Ende des 12. Jahrhunderts wurde die dreischiffige Basilika im gebundenen System mit Querschiff fertiggestellt. Schon Mitte des 13. Jahrhunderts aber scheint der Bischof in arge Verlegenheit gekommen zu sein. Neben den Pfarrkirchen St. Petri, St. Jakobi und St. Ägidien in den verschiedenen Stadtteilen, errichteten die Lübecker nämlich unmittelbar neben ihrem Marktplatz die gewaltige Marktkirche St. Marien als riesige romanische Backsteinbasilika.

Weil dieser Bau den Dom bei weitem übertraf, blieb dem Bischof gar nichts anderes übrig, als auch seinen Bau zu erweitern, um damit neben der „Bürgerkathedrale" bestehen zu können. Ab 1266 wurde deshalb der Dom um einen Hallenumgangs-Chor erweitert, der nach und nach auch den Umbau des Langhauses zu einer Halle forderte. Zu diesem Zweck wurden die Mittelschiffwände bis auf die Zwischenpfeiler herausgebrochen und die Seitenschiffe erhöht. Vom alten Heinrichsdom künden deshalb heute nur noch die trutzigen, sparsam gegliederten und ungleichmäßig durchfensterten Westtürme.

Vorherige Seite: Das Holstentor und die Zwillingstürme der Marienkirche sind Wahrzeichen Lübecks.

Die Lübecker Marienkirche stand als Bau der selbstbewußten Bürger am höchsten Punkt der Stadt.

Von der alten, einst prächtigen Ausstattung haben die Feuerstürme des letzten Krieges wenig genug, dafür aber um so Kostbareres übriggelassen. Zu erwähnen ist vor allem die gewaltige Triumphkreuzgruppe, die Bernt Notke 1477 als Hauptwerk lübischer Schnitzkunst im Auftrag von Bischof Albert Krummendieck für den Dom schuf. Die das Langhaus gegen das Querschiff abschließende Anlage reicht mit ihrem mit reichem Schnitzwerk versehenen Kreuz und dem überlebensgroßen leidenden Christus bis in das Gewölbe hinein. Kleiner ausgebildet sind Adam und Eva an den Außenseiten, wieder überlebensgroß Maria und Johannes – sowie unmittelbar neben dem Kreuzstamm kniend – Maria Magdalena und der Stifterbischof. Das Kreuz selbst ist als Lebensbaum ausgebildet, der die Gemeinschaft der Heiligen symbolisieren soll. Das bronzene Taufbecken goß Lorenz Grove 1455, die große Uhr an der rechten Seite des Lettners wurde 1628 fertiggestellt, und die prächtige Kanzel wurde bereits 1568 gestiftet.

Wer in Lübeck jedoch tatsächlich das Sagen hatte, das drückt vor allem die Bürgerkathedrale St. Marien aus. Ihre von Anfang an ehrgeizige Akzentuierung läßt sich bis heute nicht übersehen. Zum einen wurde der Bau um 1200 auf dem höchsten Punkt der Stadt begonnen, obwohl dorthin eigentlich der Dom gehört hätte. Zum anderen entschied man sich für eine querhauslose dreischiffige Basilika, obwohl für die damalige Zeit den Bürgern eine Hallenkirche angemessener gewesen wäre. Zum dritten gab man der Rivalität zum bischöflichen Dom äußerlich auch noch dadurch Ausdruck, daß man ungeniert zwei Türme baute, obwohl einer Pfarrkirche nur ein Turm zugestanden hätte. Zudem baute man sofort riesig, um allein schon von den Dimensionen her den Dom zu übertreffen.

Begonnen wurde mit einer romanischen Basilika, die jedoch bald von der Idee einer gotischen Kathedrale nach nordfranzösischem Vorbild eingeholt wurde. Bis 1330 entstand so unter der Leitung des magister operis Hartwich das heutige riesige Langhaus. Bis 1351 schließlich erhielten die beiden Westtürme zum krönenden Abschluß des Ganzen ihre spitzen Helme.

Obwohl die Kirche am 29. März 1942 vollständig ausbrannte, ist sie heute in ihrem architektonischen Bestand wieder völlig hergestellt und kündet wie schon seit gut 600 Jahren vom stolzen

Der Lübecker Bischof versuchte mit seinem Dombau vergeblich, der Marienkirche Konkurrenz zu machen.

Bürgersinn ihrer Erbauer. Kaum ein Besucher kann sich denn auch dem überwältigenden Eindruck des 80 Meter langen und knapp 40 Meter hoch aufsteigenden Mittelschiffes entziehen, das beiderseits von zwei riesenhaft hohen, engen Pfeilerreihen übereinander eingerahmt ist. Die untere Reihe ist zu den Seitenschiffen hin offen, die obere ist mit dünnen Zwischenwänden und hohen Fenstern geschlossen. Die Gewölberippen sind bereits zu schmalen Stäben verdünnt und scheinen mit tragenden Diensten nichts mehr gemein zu haben.

Der gesamte Innenraum war einst farbig gestaltet, ein Vorbild, dem man bei der Restaurierung zu folgen versuchte. Die Lübecker Marienkirche bietet deshalb ein einzigartiges Beispiel für die farbliche Fassung einer hochgotischen Backsteinbasilika. Das warme Rot im Hochchor und der Dreiklang aus Weiß, Rot und Grün im Langhaus bringen die Logik der architektonischen Formen zur vollen Geltung und trösten ein wenig über den Verlust der einst herrlichen Ausstattung der Kirche hinweg. Von ihr sind im wesentlichen lediglich die 1337 von Hans Apengeter geschaffene Bronzetaufe, das in Erz

Die Speicherhäuser am Holstenhafen werden vom Turm der Petrikirche überragt.

Rathaus und Bürgerkirche St. Marien bilden bis heute in Lübeck eine enge Einheit.

gegossene Sakramentshaus von 1479 und der 1518 in Antwerpen gearbeitete Marienaltar in der Marientidenkapelle im Chorschluß erhalten.

St. Marien war die Kirche des Marktes und des Rates der Stadt. Daß sie zu übertreffen, dem Bischof nicht gelang, ließe sich allenfalls noch verstehen. Völlig eindeutig jedoch wird die Wettbewerbssituation, wenn man die drei übrigen Pfarrkirchen betrachtet. Jede von ihnen könnte ohne weiteres mit dem Dom konkurrieren, alle drei zusammen zeigen so recht das Kräfteverhältnis zwischen Bürgerschaft und Bischof. Dieser nämlich verfügte über keinerlei Rechte in der Stadt und blieb deshalb in seinem für die Geistlichkeit ausgebauten Stadtteil isoliert. Um so ausgeprägter war bei den Bürgern das Bedürfnis, sich selbst und eigenes Vermögen zum Ausdruck zu bringen.

Bestes Beispiel dafür ist die schon 1170 genannte Petri-Kirche, die bereits zwischen 1220 und 1240 als dreischiffige Hallenkirche neu entstand. Ende des 13. Jahrhunderts erhielt die romanische Kirche ihren dreischiffigen Hallenchor und danach bis 1330 ihr aufgestocktes gotisches Langhaus. Im 14. und 15. Jahrhundert entstanden längs der Seitenschiffe Kapellen, die im

Spätmittelalter durch Ausbruch der Trennwände zu durchgehenden Schiffen angefügt wurden.
Heute präsentiert sich die 1942 völlig ausgebrannte Petri-Kirche wieder in der Reinheit ihrer hochgotischen Formen und ihrer durch Aufhebung aller Richtungsbezogenheit erreichten, vollkommenen Hallenlösung. Der auf dem romanischen Westwerk der Petri-Kirche basierende Turm bietet die beste Aussicht über ganz Lübeck.
Mühelos mithalten im edlen Wettstreit können auch die beiden Stadtteil-Pfarreikirchen, die Jakobi-Kirche im Norden und die Ägidien-Kirche im Süden. Auch St. Jakobi präsentiert sich als großräumige, bürgerliche Hallenkirche, die bis 1334 ihre heutige Form fand. Reste der Farbgebung aus dieser Zeit erlaubten eine Restaurierung der ursprünglichen Ausmalung. Glückliche Umstände sorgten darüber hinaus dafür, daß die hauptsächlich aus nachreformatorischer Zeit stammende Ausstattung weitgehend erhalten blieb.
Die etwas kleinere Ägidien-Kirche geht auf das frühe 13. Jahrhundert zurück, wurde Anfang des 14. Jahrhunderts zur dreischiffigen Halle nach dem Vorbild von St. Jakobi ausgebaut und erhielt Mitte des 15. Jahrhunderts, ebenfalls nach dem Vorbild von St. Jakobi, ihren heutigen zweijochigen Chor. Während sich in der Ägidien-Kirche nur Reste spärlicher Gewölbemalereien aus dem 15. und 16. Jahrhundert finden ließen, konnten in der Jakobi-Kirche an den Pfeilerflächen umfangreichere Reste überlebensgroßer Heiligenfiguren aus der Zeit um 1330 aufgedeckt werden. Sie blieben unergänzt und zählen heute zu den schönsten Beispielen der wenigen in Lübeck erhaltenen, mittelalterlichen Wandmalereien.
Hatte die Macht und Größe Lübecks bereits im Bau der Marien-Kirche zum Himmel gestrebt, so kam dieses Bestreben natürlich erst recht beim Bau des Rathauses zum Tragen. Hier fanden wie dort Geist und Wille eines wohl nicht zuletzt wegen seiner Großzügigkeit erfolgreichen Bürgertums ihren adäquaten architektonischen Ausdruck.
Das Signal zum Neubau eines repräsentativen Rathauses brachte 1226 das Privileg der Freien Reichsstadt. Nun entstanden am heutigen Platz zwischen Markt und Marien-Kirche zwei parallele Trakte mit eigenem Hof dazwischen. Ihr östlicher Trakt diente als Rathaus, der westliche als Gewandhaus. Noch heute sind der Keller und Teile der Südwand dieses Baues erhalten. Nach einem Brand im Jahre 1251 wurden beide Trakte durch eine Schildwand mit seitlichen Treppentürmen und vorgesetzter zweigeschossiger Laube zu einer neuen Marktfront zusammengefaßt. Zwischen 1298 und 1308 kam gegen Süden hin das Danzelhus (Tanzhaus) als Festsaal dazu.
Mitte des 14. Jahrhunderts wurde noch einmal umfassend erneuert und erweitert. Nun erhielt auch die Nordseite ihre mächtige Schildwand. Rund ein Jahrhundert später glich ihr Nikolaus Peck die ältere südliche Wand an. Als spätere Zutat kam lediglich 1571 noch die Renaissancelaube (als Ersatz der gotischen) der niederländischen Steinmetzen Hans Fleminck und Herkules Midow dazu. Wo gibt es ein interessanteres Spannungsverhältnis, wo einen größeren Gegensatz, als den zwischen der niederländisch geprägten Laube und der so gewaltig aufsteigenden, backsteingemauerten gotischen Schildwand?

Hinter der prächtigen Schaufassade der Schiffergesellschaft, einem Gildehaus von 1535, tafelten einst die Schiffer.

Was aber wäre Lübeck, trotz all seiner großartigen öffentlichen Gebäude, ohne seine zahllosen, im Detail oft nicht weniger prächtigen Privathäuser. Zumindest eines davon, das Buddenbrook-Haus in der Mengstraße, wurde durch Thomas Mann sogar „unsterblich". Der 1875 in Lübeck als Sohn eines Großkaufmanns und Senators geborene Schriftsteller erhielt für seinen Roman „Die Buddenbrooks", in dem Aufstieg und Niedergang eines Lübecker Patriziergeschlechtes beschrieben ist, 1929 sogar den Nobelpreis.
Zwar ohne Nobelpreis, aber kaum weniger schön sind Lübecks zahlreiche Wohngänge. Sie entstanden vor allem im 16. Jahrhundert, als die Leute von allen Seiten nach Lübeck strömten. Damals wurde es attraktiv, die großzügigen Gärten mit Buden, also an schmalen Gängen gereihten Häuschen zu füllen. Diese Gänge-Viertel gibt es in allen Stadtteilen. Zu den schönsten gehört sicherlich das Labyrinth zwischen Dankwarts-, Harten- und Effengrube, wo man sich geradezu in ein holländisches Fischerdorf versetzt fühlen könnte. Hier sind die Eingänge zu den kleinen Welten oft so niedrig, daß man nur gebückt hindurchkommt. Um so überraschender ist dann die dahinter nicht selten verborgene Großzügigkeit mit lichten, manchmal sogar baumbestandenen Höfen.
Nicht zuletzt die Wohngänge jedenfalls beweisen, daß die Lübecker inzwischen begriffen haben, daß Altes zu sanieren ergiebiger als wahlloses Neubauen sein kann. So bleibt zu hoffen, daß sich jene Abstimmung von 1863 nie mehr wiederholt, als mit nur einer einzigen Stimme Mehrheit der Abriß des Holstentores gerade noch verhindert wurde…

HANDELSMACHT HANSE – MITTLER ZWISCHEN OST UND WEST

Er kaufte in den verschiedenen Ländern Waren, von denen er wußte, daß sie anderswo selten und daher um so teuerer waren, und brachte sie in andere Gegenden, wo sie den Einwohnern fast unbekannt waren und daher begehrenswerter als Gold dünkten. Für den Erlös erwarb er neue Waren, nach denen wieder an anderen Stellen Nachfrage herrschte und brachte so in beständigem Hin- und Herreisen, indem er hier billig einkaufte, dort teuer verkaufte, ein bedeutendes Vermögen zusammen". Das im Grunde einfache Handelsprinzip findet sich in der Vita des hl. Godric, der es Ende des 11. und Anfang des 12. Jahrhunderts als reisender Kaufmann zu großem Reichtum gebracht hatte. Gleichzeitig ist damit aber auch das ganze Geheimnis der über fünf Jahrhunderte so mächtig die damalige Welt beherrschenden Handelsorganisation der Hanse umrissen.

Der bis heute werbeträchtige Begriff bezeichnet seit altgermanischer Zeit eine Schar oder eine Gemeinschaft mit gleichem Ziel. Bezogen auf den im 11. Jahrhundert aufblühenden Handel bezeichnete er die Fahrtgenossenschaft gemeinsam zu einem bestimmten Handelsort reisender Kaufleute. Vornehmstes Ziel all ihres Handelns war der Profit; Verträge, Bündnisse oder politische Demarchen waren nie das Ziel, sondern stets nur beliebig austauschbare Mittel zum Zweck.

Nichts beleuchtet dies klarer als ein 1468 von Lübeck in Auftrag gegebenes Gutachten, mit dem englische Schadensersatzansprüche gegen die Hanse abgewehrt wurden. Darin wurde im Detail nachgewiesen, daß die Hanse weder eine Gesellschaft noch eine Genossenschaft sei. Sie habe weder eine Satzung, geschweige denn einen Bundesvertrag. Es gäbe weder eine gemeinsame Kasse noch ein gemeinsames Vermögen. Ohne eigene Rechtsform und ohne verwaltende Beamte sei die Hanse juristisch gar nicht existent und könne also auch nicht haftbar gemacht werden.

Rückgrat der Hanse waren ihre Handelsverträge.

Gerade weil jeder einzelne Punkt des Gutachtens stimmt, stellt sich natürlich erst recht die Frage, was eine so mächtige und umfassende Organisation fünf Jahrhunderte lang, von der Neugründung Lübecks im Jahre 1158 bis zum letzten Hansetag im Jahre 1669, zusammenhielt und woher sie ihre Stärke nahm. Rein vordergründig war es natürlich ein Städtebund, doch galt dies nur für die späteren Jahrhunderte und zudem war dieser Bund nie mehr als eine lose Vereinigung wechselnder Mitglieder. In der Frühzeit dagegen handelte es sich wirklich nur um Gemeinschaften reisender Kaufleute, die weniger von ihrem eigenen Regelwerk als von den gemeinsam an den Zielorten ausgehandelten Privilegien zusammengehalten wurden. Wer daher die Hanse als eine „in ihren auswärtigen Privilegien existierende Rechtsgemeinschaft" versteht, kommt der einigenden Kraft des Phänomens wohl am nächsten.

Begonnen hatte die Erfolgsgeschichte keineswegs erst mit der Neugründung Lübecks im Jahre 1158 durch den Herzog von Bayern und Sachsen, Heinrich den Löwen. Lange davor schon hatten flandrische Tuchmacher und Kölner Weinhändler den englischen Markt entdeckt. So gelang es der Kölner Weinhändlergilde 1130, vom englischen König ein Daueraufenthaltsrecht und eine eigene Gildehalle zu erhalten. Im Jahre 1157 wurde dies mit einem Schutzbrief für ihre Niederlassung bekräftigt und 1175 auf freies Handelsrecht im ganzen englischen Königreich und Abgabenfreiheit für die Gildehalle erweitert.

Erst dem Weitblick von Herzog Heinrich dem Löwen allerdings war es dann zu verdanken, daß die einfache Fernhandelsidee auf solide Füße kam. Hintergrund waren zwei einfache Fakten: Zum einen saß der Herzog in Lüneburg auf einem ergiebigen Salzstock, zum anderen gab es vor der schwedischen Südküste Heringe in großen Mengen. Wem es gelang, das Salz zu den

Vorherige Seite:
Das Gemälde eines unbekannten Meisters aus dem Jahre 1496 zeigt die gepflegte Bürgerlichkeit einer hansischen Patrizierfamilie.

Heringen zu bringen und die damit konservierten Fische den im Heiligen Römischen Reich Deutscher Nation fastenden Christen zu servieren, der brauchte sich um die wirtschaftliche Seite seines Unternehmens keine Sorgen mehr zu machen.
Günstigster Dreh- und Angelpunkt für das Hering-gegen-Salz-Geschäft aber war das alte Liubice am Zusammenfluß von Trave und Wakenitz. Dort herrschte allerdings Heinrichs widerspenstiger Lehnsmann, Graf Adolf von Schauenburg. Erst als Liubice 1157 abbrannte, konnte Heinrich dem Schauenburger seine Rechte abkaufen und 1158 Lübeck neu gründen. Durch Boten wurde den Kaufleuten in Dänemark, Schweden, Norwegen und Rußland gastliche Aufnahme und Schutz in Lübeck angeboten. Wer im neuen Lübeck siedelte, erhielt umfangreiche Privilegien, die ganze Stadt erhielt das um 1100 in Soest eingeführte und damals modernste Stadtrecht. Der entscheidende Punkt darin war, daß die Bürgerversammlung eigene Verordnungen erlassen durfte, womit nichts anderes als die Grundlage einer städtischen Rechtssprechung geschaffen war. Dieses Lübische Recht sollte später in mehr als 100 Städten gelten.

Der nächste entscheidende Schritt gelang Heinrich dem Löwen 1161 mit der Aussöhnung von Deutschen und Gotländern. Nun konnten deutsche Schiffe Gotland anlaufen, die Gotländer genossen umgekehrt alle Rechte in Lübeck. Mit der Gründung der „Genossenschaft der Gotland besuchenden deutschen Kaufleute" schlug offiziell die Geburtsstunde der Hanse. Mit der Einbeziehung des Hauptumschlagplatzes russischer Waren auf der großen Ostseeinsel wurde immerhin auch der Weg frei zur nordrussischen Handelsmetropole Nowgorod.
Zu Beginn des 13. Jahrhunderts drangen die Lübecker Kaufleute dann auch nach Westen vor. Über Brügge liefen sie die Häfen Ostenglands an und machten schließlich den Kölnern in London Konkurrenz. Dort wurden sie zunächst verächtlich „Osterlinge" genannt, doch setzten die sich dank ihrer Haupthandelslinie Nowgorod – Reval – Visby (Gotland) – Lübeck – Hamburg – Brügge – London und umgekehrt recht schnell dauerhaft durch. Im Jahre 1237 schließlich gewährte König Heinrich III. von England der gotländischen Genossenschaft aus Lübeck umfassende Schutzrechte und Zollfreiheit. Bis 1282 allerdings sollte es dauern, bis sich alle deutschen Kaufmannsgruppen in London zur Hanse der Deutschen zusammenfanden und den dortigen Stalhof gemeinsam zum deutschen Handelsviertel ausbauten. Äh-

In den Lübecker Salzspeichern an der Trave lagerte einst das „Weiße Gold" der Hanse.

Das Lübecker Heiligen-Geist-Spital ist der steingewordene Beweis für die soziale Fürsorge zur Zeit der Hanse.

liches geschah 1248, als der norwegische König den Lübeckern umfassende Privilegien in Bergen verlieh. Reste der damaligen deutschen „Brücke" sind dort bis heute erhalten.

Im wesentlichen war damit das große Handelskreuz eingerichtet. Aus dem Osten kam Pelzwerk, Wachs, Honig, Holz und Teer, der Norden lieferte Kupfer und Eisen aus Schweden, Heringe von Schonen und Stockfisch aus Norwegen. Aus dem Süden und Westen kamen flämische Tuche, deutsches Getreide, Wein, Salz und alle Arten von Werkzeugen. Mitten im Zentrum aber saß wie die Spinne im Netz das zur Großstadt aufgeblühte Lübeck.

Mit ihrem ausgedehnten Fernhandel gelang es den Kaufmannsgenossenschaften nach und nach, den nordöstlichen Teil Europas mit dem Abendland und seinen religiösen, sozialen und wirtschaftlichen Strukturen zu verbinden. Zwar gab es im engeren Sinne keine „hansische Kultur", doch ist ihre Wirkung als Kunst-Transporteur nicht zu unterschätzen. So fand etwa eine in Magdeburg gegossene Bronzetür ihren Weg zur Kathedrale von Nowgorod. Kaum weniger wichtig war neben dem Transport fertiger Werke die Verbreitung künstlerischer Gestaltungsformen und der Austausch religiöser oder sozialer Strömungen. Die Denkanstöße reizten am Ankunftsort wiederum zur Nachahmung und – wichtiger noch – zur Weiterentwicklung. Geradezu ein Paradebeispiel dafür ist die in Lübeck zu höchster Perfektion entwickelte Backsteingotik, die in praktisch allen Küstenstädten nachgeahmt und verfeinert wurde.

Der gesamte Wirtschaftsraum wurde mit dem intensiven Austausch von Waren und Ideen aber nicht nur erschlossen, sondern geriet auch zunehmend in die Abhängigkeit von den Kaufleuten. Dies bekamen etwa die Norweger drastisch zu spüren, als sie 1284 versuchten, die Handelsprivilegien der Hanse zu beschneiden. Die reagierte konsequent mit einer rigorosen Handelsblockade Norwegens. Weil die Hanse mit ihren modernen Koggen und Holks praktisch das Transportmonopol besaß, blieben die Norweger schlagartig nicht nur auf ihrem Stockfisch sitzen, sondern bekamen im Gegenzug auch kein Getreide mehr. Die drohende Hungersnot zwang die Norweger, klein beizugeben und den Hansekaufleuten ihre Privilegien zu belassen.

Wie unterschiedlich die Interessen innerhalb der Hanse sein konnten, belegt übrigens das gleiche Beispiel. Weil Bremen lange vor Lübeck Beziehungen zu Bergen unterhalten hatte, beteiligte es sich nicht an der Blockade der Hanse. Daraufhin schloß die wiederum die Bremer Kaufleute für viele Jahre von den hansischen Handelsprivilegien aus.

Mit dem Erstarken der Küstenstädte Wismar, Rostock, Stralsund und Greifswald sowie Riga, Danzig, Thorn und Königsberg nutzten die Kaufleute deren Häfen als Operationsbasis für den Fernhandel. Allerdings sollte sich das bald als zweischneidiges

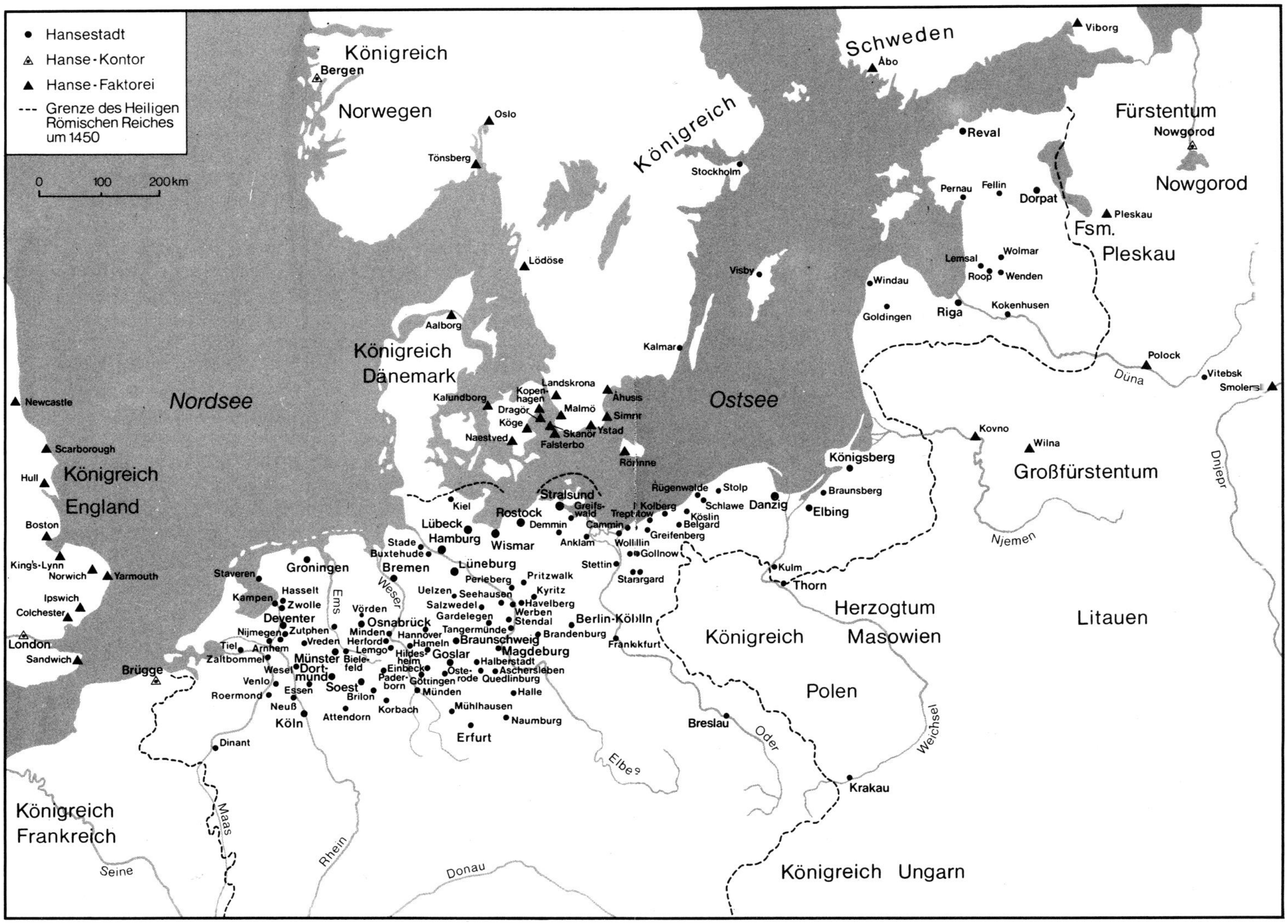

Während ihrer Blütezeit unterhielt die Hanse Handelsbeziehungen in halb Nordeuropa.

Folgende Seite:
Hinter der prachtvollen gotischen Schaufassade des Lübecker Rathauses wurde jahrhundertelang die Politik der Hanse gemacht.

Schwert entpuppen. Die Städte nämlich erkannten nach und nach zum einen die Gefahr einer übermächtigen Hanse und zum anderen ihre Chance, mit ihren Hafenanlagen als Hebel die Übermacht der Kaufleute zu brechen. Die Wende in diesem Spiel brachte das Jahr 1298, als die Ostseestädte die gotländischen Kaufleute dadurch entmachteten, daß sie deren Siegel für ungültig erklärten. Auch Nowgorod, Brügge, London und Bergen brachten die dortigen Hansekontore in ihre eigene Abhängigkeit. Damit wurde aus der „Hanse der Kaufleute" nach und nach die „Hanse der Städte". Zwar bildeten die Städte noch keinen festen Bund untereinander, doch gab es vielfältige Kontakte, die im ersten allgemeinen Hansetag im Jahre 1356 in Lübeck gipfelten. Erstmals waren hier alle Städtegruppen vertreten, erstmals übernahmen nun die Städte offiziell die Kontrolle und Gewalt über ihre Kaufleute im Ausland.

Was zunächst wie eine Stärkung der Hanse aussah, war in Wirklichkeit bereits der Keim ihres Niedergangs. Im In- wie im Ausland erstarkten die territorialen Machthaber und beschnitten zunehmend zum eigenen Vorteil die früher gewährten Handelsvorrechte. In Deutschland geriet die Selbständigkeit der Städte zunehmend unter den Druck der Landesherren. Dazu kam „auswärtige" Konkurrenz. So eröffneten Nürnberger in Lübeck und Danzig Filialen, und die Fugger machten dem hansischen Kupferhandel Konkurrenz. Natürlich schufen sich die neuen Kräfte auch ihre neuen Transportmöglichkeiten, so daß auch das Transportmonopol der Hanse ins Wanken geriet. All das hatte also nichts mit einem allgemeinen wirtschaftlichen Niedergang, sondern ausschließlich mit der Auflösung hansischer Monopole zu tun. Die Wirtschaft selbst gedieh Mitte des 16. Jahrhunderts, als die Hanse unaufhaltsam zerbröckelte, ebenso prächtig wie die Hafenstädte der Ostsee.

Da half es auch nichts mehr, daß der Hansetag im Jahre 1556 einen Syndikus berief und damit das erste offizielle Amt der Hanse aus der Taufe hob. Nur ein Jahr später gab sich die Hanse sogar ein von 63 Städten angenommenes, offizielles Statut, das sogar eine gemeinsame Kasse vorsah. Doch selbst diese Institutionalisierung konnte den Niedergang nicht mehr aufhalten. Kaum mehr als 100 Jahre sollte es noch dauern, bis sich im Jahre 1669 in Lübeck die Abgesandten von gerade noch neun Städten zum letzten offiziellen Hansetag trafen. Beschlüsse gab es keine mehr – die einst so stolze Hanse war am Ende.

KLÜTZ – DER MECKLENBURGER SPECKWINKEL

As uns' Herrgott de Welt erschaffen ded, fung hei bi Meckelnborg an... und schön is't in'n Ganzen worden, dat weit jeder...“ Fritz Reuters Loblied auf die Schönheiten seiner Heimat wird jeder teilen, der in der sanften Hügelwelt des Klützer Winkels zwischen Priwall und Wismar unterwegs ist. Verträumte Dörfer mit niederdeutschen Hallenhäusern, schnatternde Gänseherden auf sandigen Wegen und kopfsteingepflasterte Alleen aus napoleonischer Zeit warten hier noch im Dornröschenschlaf auf den Prinzenkuß. Und das schönste daran: Prinzsein kann hier jeder, nur Geduld, etwas Ausdauer und Liebe zur Sache muß mitgebracht werden.

Zentrum des verwunschenen Landes an der Mecklenburger Bucht war einst das heutige kleine Dorf Mecklenburg, knapp fünf Kilometer südlich von Wismar. Hier stand im Jahre 995 bereits urkundlich belegt, die slawische „Mikilinborg“ oder „Michelenburg“ (= große Burg). Hier residierten die Landesfürsten, und bis 1828 hatte hier das Amt Mecklenburg seinen Sitz. Die alte Burg der Slawen allerdings überlebte das Mittelalter nicht. Von ihr erhalten ist nur noch der Burgwall aus dem 10. Jahrhundert. Die bis zu zwölf Meter hohe Umfassungsmauer war früher von Wasser umgeben, ihre Reste träumen heute in einer weiten Moor- und Wiesenlandschaft vor sich hin.

Ferienträume an der Ostsee.

Die Mecklenburger Dorfkirche mit ihrer achteckigen „Bischofsmütze“ stammt ebenso noch aus der Mitte des 14. Jahrhunderts wie die Fachwerkscheune des Pfarrhauses. Ihre Innenausstattung entstand in der Renaissance, die Kanzel wurde 1618 gefertigt, der Altar 1622 und die Triumphkreuzgruppe im Jahre 1633.

An das völlig von der Landwirtschaft bestimmte Leben im Mecklenburg des vorigen Jahrhunderts erinnert der weithin sichtbare Mühlenkomplex mit der reetverkleideten Holländerwindmühle und den ebenfalls reetgedeckten Wirtschaftsgebäuden daneben. Im kleinen Agrarmuseum wird die Entwicklung und Technisierung der Landwirtschaft nachgezeichnet.

Die „richtige“ Entdeckungsreise durch den Klützer Winkel sollte eigentlich aber in Travemünde beginnen. Wer dort die Fähre zum Vogelschutzgebiet Priwall nimmt, kann keinen eindrucksvolleren Kontrast erleben. Mitten aus dem Trubel der Kurpromenade erreicht man nach wenigen Kilometern einsamstes Bauernland mit Alleen, deren Holper- und Stolperpflaster teils im 19. Jahrhundert unter Großherzog Friedrich Franz II., teils noch früher eingebaut worden war.

Ursprünglich stand hier zwischen Dassow und Klütz der Silva Clutse, der Klutzwald also. In ihm durften die Lübecker mit der Erlaubnis von Kaiser Barbarossa ihr Brenn- und Bauholz schlagen. Einziger Rest des einstigen Urwaldes ist heute noch der Leonorenwald bei Kalkhorst auf der Südseite des Hohen Schönbergs. Dank des Holzverbrauchs der Lübecker und der Fruchtbarkeit des Bodens wurde aus dem Urwald bald die Kornkammer Mecklenburgs. Ihr Spitzname „Speckwinkel“ verrät noch heute die Ertragkraft der weiten Fluren, die zu den fruchtbarsten ganz Norddeutschlands gehören. Die Windmühlen in Grevesmühlen, Klütz und nördlich von Roggensdorf erinnern noch an die Weiterverarbeitung des Getreidesegens.

Nichts in der verträumten Einsamkeit der Landschaft deutet heute noch darauf hin, daß es hier durchaus schon mehr gegeben hatte als romantische Stille. Grevesmühlen etwa hatte bereits im 13. Jahrhundert Stadtrecht und war immer wieder glänzender Schauplatz turbulenter Fürstenversammlungen im ehemals herzoglichen Schloß. Von diesem früh abgebrannten Schloß ist ebensowenig erhalten wie von der einstigen Stadtmauer, nur um den Kirch- und Marktplatz gibt es ein paar ansehnliche Backsteinfassaden und den einen oder anderen malerischen Winkel

358
371

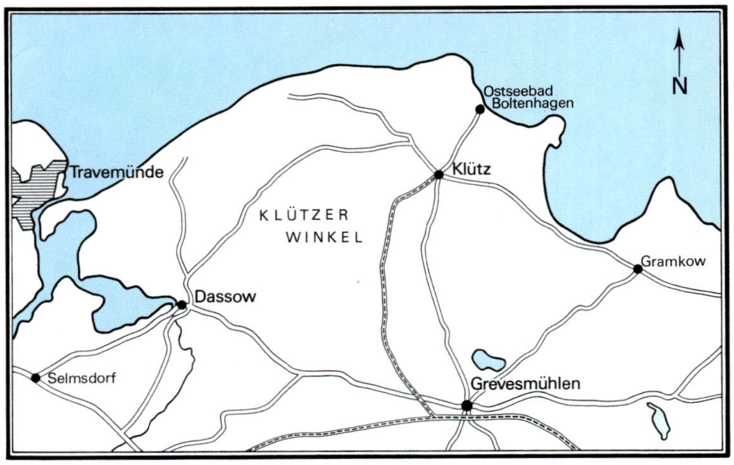

mit Fachwerkgiebeln. Die Nikolaikirche aber stammt auch noch aus dem 13. Jahrhundert, von ihrem ehemaligen Reichtum im Inneren allerdings ist wenig erhalten.
Östlich von Grevesmühlen, im Everstorfer Forst, pflegten die Herzöge von Mecklenburg zu jagen. Hier, in der Nähe von Naschendorf, gibt es Megalithgräber, den sagenumwobenen Teufelsbackofen und einen Sühnestein zu entdecken. Er wurde für den hier im Jahre 1391 erschlagenen Kaufmann Lüdecke Mozellenburch errichtet. Der 113 Meter hohe Fierdsberg im Nordosten ist der höchste Berg der ganzen Gegend.
Nördlich von Grevesmühlen reihen sich mit Damshagen, Arpshagen, Roloffshagen oder Boltenhagen die Waldhufendörfer und erinnern damit an die deutschen Kolonisten des 12. und 13. Jahrhunderts, die hier die Reste des Urwalds rodeten und das Land unter den Pflug nahmen. In der idyllischen Kleinstadt Klütz endet die Bahnlinie, die es seit den dreißiger Jahren nicht geschafft hat, die restlichen drei Kilometer bis zum Ostseebad Boltenhagen zu überwinden. Dafür haben die Klützer eine Pfarrkirche aus dem 13. Jahrhundert. Sie überrascht mit einem gotischen Chorgestühl, einer wappenverzierten Renaissancekanzel und einer überreich mit Schnitzereien verzierten, hölzernen Barocktaufe. Auch der Altaraufsatz ist barock und hat weiße Schnitzfiguren. Die Decke schließlich gab bei Restaurierungsarbeiten ein mittelalterliches Deckengemälde frei.
Eigentliches Kleinod in Klütz aber ist das Barockschloß des Grafen von Bothmer. Graf Johann Caspar von Bothmer war der Gesandte des preußischen Königs in London und baute sich seine Prachtresidenz und den schönen Schloßpark bis 1726. Vor allem die prächtige Lindenallee und der romantische Landschaftspark im englischen Stil lassen noch heute die Liebe des Bauherrn zu gepflegter Wohnkultur in prachtvoller Umgebung ahnen.
Das hochherrschaftliche Gebäude selbst, das sicher zu recht zu den schönsten Schlössern Mecklenburgs gezählt wird, hatte 1945 sein ganz eigenes Schicksal. Damals ließ die gesamte Familie Bothmer ihr Schloß im Stich und ging in den Westen. Einer aber kam dafür aus dem Osten, wie Uwe Johnson in seinem Roman „Jahrestage“ berichtet: „Als ein anderer Graf, Hans Caspar von Bothmer, aus dem Krieg zurückkam, schwer verwundet, öffnete er sein Schloß als Typhuskrankenhaus, half bei der Pflege und starb nach nicht langer Zeit am Fleckfieber.“ Heute dienen die gräflichen Gemächer von einst als Altenheim.
Wenig nördlich von Klütz entwickelte sich in der zweiten Hälfte des 19. Jahrhunderts aus dem mittelalterlichen Rodungsdorf Boltenhagen das zweitälteste Seebad Mecklenburgs, aus dem schnell der größte Badeort im westlichen Mecklenburg wurde. Im noch alten Boltenhagen mit seinen reetgedeckten Bauernhäusern war Fritz Reuter einer der Stammgäste. Später hatte der mecklenburgische Nationaldichter hier ein eigenes Haus mit tief herabgezogenem Kapuzendach. Während einer seiner früheren Aufenthalte verliebte sich Reuter in die Tochter des Pastors von Roggenstorf, die er dann auch in der dortigen gotischen Dorfkirche heiratete. Die enge Verbundenheit zur Region fand ihren Niederschlag in vielen seiner Geschichten mit Onkel Braesig.
Den Anfang zum modernen Badebetrieb machte bald nach 1800 die gräfliche Familie Bothmer mit einem natürlich auch gräflichen Badekarren. Nicht lange allerdings dauerte es dann, bis ein erstes „Logierhaus“ mit dem theatralischen Namen „Hotel Baltique“, ein Kurhaus und ein Seesteg errichtet wurden. Heute wartet bereits wieder eine neue, 290 Meter lange Seebrücke ebenso auf Gäste wie der vier Kilometer lange, feinsandige Strand in der weiten Bucht. An ihrem Nordrand schließt sich ein Stück eindrucksvoller Steilküste an. Vom höchsten, immerhin 35 Meter hohen Punkt sieht man weit über die Lübecker Bucht hinaus, kann den von Travemünde nach Skandinavien fahrenden Fähren zuschauen oder abends die Blitze des Leuchtturms von Timmendorf auf der Insel Poel zählen.

Vorherige Seite:
Naturbelassene Strände (oben) sind in Mecklenburg ebensowenig eine Seltenheit wie herrliche, weite Sandstrände (unten).

Sonne, Sand und See – Ferienträume von Klein und Groß.

Folgende Seite:
Johann Caspar von Bothmer war Bauherr des stolzen Schlosses Bothmer, zu dem eine prächtige Lindenallee hinführt.

WISMAR –
DIE FESTUNG HINTER DEN SILBERWÄLLEN

„Die Stadt Wismar ist nicht allein von Natur feste, indem auf der einen Seite die See bis an die Stadt-Mauern gehet und auf der anderen viele Sümpffe und Moräste sind; sondern man hat sie auch durch die Kunst unvergleichlich fortificiret, also, daß sie eine der wichtigsten Städte an der Ost-See worden. Denn nachdem dieser wichtige Ort im Westphälischen Frieden 1648 der Cron Schweden überlassen wurde, so befestigen die Schweden die Stadt mit sehr starcken Wällen, und legten rings umher 16 Aussenwercke an, die so starck waren, daß diese Festung ihres gleichen auf Deutschen Boden nicht hatte. Danach legten sie auch zur Bedeckung des Hafens in der wilden See ein Fort an, der Wallfisch genennet wurde. König Carl der Eilfte in Schweden soll die Wälle dieser Festung die silbernen Wälle genennet haben, weil sie ihm nehmlich so viel gekostet, daß er wohll hätte können silberne dafür machen lassen…“

Was der Chronist 1748 so eindrucksvoll schilderte, war 1672 begonnen worden. Bis zum Jahre 1700 war ein breiter Wall mit 18 Bastionen, breiten Gräben und zwei großen Zitadellen entstanden. Die Stadt mußte allein dafür jährlich 20 000 Taler aufbringen und zudem harte Fronarbeit leisten. Begonnen hatte all das 1631, als die schwedischen Truppen „Stadt und Herrschaft Wismar“ einnahmen und diese Eroberung 1648 auch juristisch fest anerkannt wurde. Damit hatten die Schweden einen geradezu idealen Brückenkopf als Zugang zu ihren anderen deutschen Besitzungen wie Bremen, Vorpommern mit Rügen, Stettin und Teilen Hinterpommerns. Entsprechend dieser Bedeutung wurde im Jahre 1653 im Fürstenhof das königlich-schwedische Tribunal als oberster Gerichtshof für alle deutschen Besitzungen des Königreichs Schweden errichtet.

Wismar war einst schwedischer Brückenkopf.

Als die Schweden Wismar eroberten, war die Stadt allerdings bereits gut 400 Jahre alt. Gegründet wurde sie um 1226 durch Fürst Heinrich Borwin, der mit Hilfe Lübecker Bürger für die noch heute spürbare Planmäßigkeit der Anlage und den außergewöhnlich großen Marktplatz sorgte. Ihren Namen erhielt die Neugründung vom Flüßchen Aqua Wissemara, das hier in die Ostsee mündet. Die neue Siedlung gab sich das Lübische Stadtrecht, Fürst Johann von Mecklenburg bestätigte es 1266 offiziell. Zunächst bestand die neue Stadt aus den Kirchspielen St. Marien und St. Nikolai. Zwischen 1238 und 1250 kam die Neustadt um St. Georg dazu. Bis 1257 war Wismar so gewachsen, daß Fürst Johann von Mecklenburg seine Residenz von der knapp fünf Kilometer südlich gelegenen Burg Mecklenburg in die Stadt verlegen konnte. Nur zwei Jahre später schloß Wismar mit Lübeck und Rostock einen Vertrag zur Sicherung der Handelswege und die Wismarer Kaufleute schlossen sich der Kaufmannshanse an. Ab 1276 schließlich entstand mit einem Umfang von etwa drei Kilometern eine bis zu vier Meter hohe, wohl gesicherte Stadtmauer.

Bis 1283 war der städtische Dreierbund aus Lübeck, Rostock und Wismar so erstarkt, daß sich ihm die pommerschen Städte Greifswald, Stettin, Stralsund, Demmin und Anklam anschlossen. Diese wendische Hanse wurde damit zu einer der wichtigsten Komponenten der Gesamthanse. Wismar fiel dabei eine führende Rolle zu, unterhielt man doch in Skanör eine eigene Niederlassung im südschwedischen Schonen. Hauptexportartikel war das Wismarer Bier, die sogenannte „Mumme“. Mitte des 15. Jahrhunderts gab es in Wismar nicht weniger als 182 Brauer, die damit am Ausgang des Mittelalters ihre Heimatstadt zur europäischen Hauptstadt des Bieres gemacht hatten.

Das stetige wirtschaftliche Wachstum, aller Reichtum gingen 1637 in den Wirren des Dreißigjährigen Krieges wieder unter. Ein geschlagenes dänisches Heer floh über Wismar auf die Insel

SILENTIUM

Poel, die verfolgenden kaiserlichen Truppen unter Wallenstein forderten die Übergabe der Stadt. Danach wurden bis zu 3000 Soldaten in Wismar stationiert, die mit monatlich 12 000 Gulden von den Bürgern unterhalten werden mußten. Am Ende des Krieges war die Stadt verarmt, die meisten Häuser zerstört, nur wenige Bürger hatten Krieg und Pestepidemien überlebt. Kein Wunder, daß die Schweden 1631 leichtes Spiel mit der Einnahme der Stadt hatten.

Das Regiment der Schweden scheint dann allerdings für die Wismarer Bürgerschaft nicht allzu streng gewesen zu sein. Als der Rat der Stadt 1653 der schwedischen Königin Christina huldigte, bestätigte sie im Gegenzug der Stadt alle Privilegien. Die Zolleinnahmen flossen wieder in die Stadtkasse, und die Wismarer Kaufleute konnten zu besonders günstigen Bedingungen Bier, Getreide und Wollstoffe nach Schweden liefern. Umgekehrt kamen Metalle, Bauholz und gotländischer Kalk zollfrei aufs Festland. Trotz der Belastung durch den Festungsbau wuchs der Wohlstand – und weckte Begehrlichkeiten.

Dänische, preußische und hannoveranische Interessen fanden sich zu einer Allianz, in die der Kurfürst von Hannover und englische König Georg I. auch noch den russischen Zaren Peter den Großen hineinzog. Diese nordische Allianz belagerte und bombardierte ab 1715 die Schwedenfestung Wismar, in der die Bürger Seite an Seite mit den schwedischen Soldaten gegen eine erdrückende Übermacht kämpften. Am 20. April 1760 endlich mußten die Schweden die Stadt übergeben, ein Jahr später erreichten die Dänen, daß die Festung mit Zitadellen, Bastionen und Türmen gesprengt und geschleift wurde. Die Stadt selbst wurde restlos geplündert, sogar die Bäume auf den Wällen konnten die Eroberer brauchen.

Der schwerste Schlag in ihrer Geschichte sollte Wismar lange nachhängen. Die Schweden durften sie nicht mehr befestigen und konnten ihr kaum noch Hilfe leisten. Während des Siebenjährigen Krieges zwischen 1756 und 1763 kamen die preußischen Truppen erneut, plünderten und verlangten hohe Kontributionsgelder. Ab 1803 begann dann das langsame Ende der schwedischen Herrschaft. Damals nämlich verpfändete die schwedische Krone die „Stadt und Herrschaft Wismar“, die Insel Poel und das Amt Neukloster gegen ein Pfand von 1 250 000 Talern für 100 Jahre an den Herzog von Mecklenburg. Als das Königreich Schweden 100 Jahre später das Pfand nicht einlöste, kehrte Wismar am 20. Juni 1903 endgültig zum Herzogtum Mecklenburg zurück.

Zentrum Wismars war von Anfang an der mit 10 000 Quadratmeter größte Marktplatz des norddeutschen Raumes. Hier fanden im Mittelalter Jahrmärkte und Ritterturniere statt. Im Jahre 1489 etwa trat hier König Johann von Dänemark mit seinem Rittergefolge, der „Schwarzen Garde“, auf gut 600 Pferden auf. Auch als öffentlicher Straf- und Hinrichtungsplatz wurde er verwendet. 1427 wurden hier der Bürgermeister Johann Bantzkow und der Ratsherr Hinrik van Haren öffentlich enthauptet, weil sie angeblich den Dänen Salzschiffe aus Wismar kampflos überlassen hatten. Eine Granittafel im Westteil des Platzes erinnert noch heute an die Stelle, wo einst das Schafott stand. Im Jahre 1799 erfolgte an gleicher Stelle die letzte Hinrichtung durch das Schwert.

Auch Wismars interessantester Bau ziert den Marktplatz. Auf seiner Südostecke steht die Wasserkunst, eine bis 1602 nach den Plänen von Philipp Brandin im Stil der holländischen Renaissance errichtete Wasserverteilstation. Sie wurde von einer nahe gelegenen Quelle aus über eine Leitung aus ausgehöhlten Baumstämmen mit Frischwasser gespeist. Von ihr aus wurden dann über 200 Häuser und 16 öffentliche Schöpfstellen versorgt. Immerhin, bis 1897 war diese Form der Wasserverteilung in Betrieb, auch wenn es offensichtlich nicht ganz ohne Probleme abging, wie ein Chronist 1685 klagte: „... es folgt aber hieraus eine Unbequemlichkeit, die für die Gesundheit der Einwohner nicht am vorteilhaftesten zu sein scheint. Das in die Häuser geleitete Wasser sammelt sich in Kasten unter der Erde, die fast durchgehend unter die Zimmer des untersten Stockwerks angelegt sind; die beständigen Ausdünstungen des Wassers machen also die

Vorherige Seite: Wismars Hafen war wichtiger Umschlagplatz für den Handel mit Skandinavien.

Die Wismarer Wasserkunst, ein Werk des Utrechter Baumeisters Philipp Brandin, versorgte die Stadt bis 1897 mit Wasser.

Wismar ist überreich an alten Bauten. Von links nach rechts stehen Parade: Das Wassertor, das Alte Zollhaus und der »Alte Schwede« mit seinem gotischen Stufengiebel von 1380.

Rechts:
Wismarer Vorstadthäuser am Lohberg.

Zimmer feucht und ungesund. Überdies hängen die Einwohner von dem Eigensinn des Kunstmeisters ab, der das Wasser nach seinem Gutdünken laufen lassen kann. Es kann also jemand Mangel an Wasser haben, wenn zu gleicher Zeit sein Nachbar überflüssig damit versehen ist, und in diesem Fall muß er entweder warten oder sich für ein Trinkgeld seinen Kasten wieder volllaufen lassen. Alles Wasser, was in der Stadt gebraucht wird, kömmt aus dieser Kunst." Heute präsentiert sich die Wasserkunst wohl restauriert mit purpurnen Schrifttafeln, auf denen in goldenen Lettern die Wassergeschichte in lateinischer und deutscher Sprache erzählt wird. Nur die früheren Brunnenfiguren Adam und Eva muß sich der Besucher heute im Stadtgeschichtlichen Museum ansehen.

Gleich hinter der Wasserkunst versucht der „Alte Schwede" dem Wasserreservoir den Rang als Wahrzeichen der Stadt abzunehmen. Das um 1380 errichtete, gotische Backsteingiebelhaus ist das älteste erhaltene Bürgerhaus der Stadt. Hier residierte einst der schwedische Stadtkommandant. Daran erinnert noch ein Schwedenkopf im Tympanon des Portals sowie ein Reiter, der einen Stander mit den drei schwedischen Kronen vor sich her trägt. Den Alten Schweden flankieren links die prächtige Jugendstilfassade des Hauses „Zum Greif", auf der rechten Seite das Reuter-Haus, in dem einst die Werke des mecklenburgischen Heimatpoeten verlegt und verkauft wurden.

Die gesamte Nordseite des Marktplatzes nimmt das mächtige Rathaus ein. Den klassizistischen Bau über gotischen Kellergewölben errichtete Hofbaumeister Johann Georg Barca bis 1819. Dabei wurden im Westflügel in der Säulenhalle Reste des alten, aus dem Jahre 1350 stammenden Rathauses integriert. Im gotischen Kellergewölbe wurden Fresken mit religiöser und maritimer Thematik aus dem 14. Jahrhundert freigelegt.
Wenig westlich vom Marktplatz erinnert nur noch der mächtige Turm an die 1945 zerstörte Ratskirche St. Marien. Sie entstand in der ersten Hälfte des 13. Jahrhunderts als spätgotische Hallenkirche und wurde im frühen 15. Jahrhundert um Seitenhallen erweitert. Ihr Mittelschiff hatte bei einer Länge von gut 60 Meter eine Höhe von immerhin 34 Meter. Der gut 80 Meter hohe Turm hatte bis 1539 eine hoch aufragende gotische Spitze, die jedoch ein Blitz einäscherte. Der heutige Turmhelm mit seinen vier spitzwinkligen Giebelseiten wurde ebenso wie das Uhr- und Läutwerk bis 1978 restauriert. Seither besteht das Glockenspiel wieder aus neun Turmglocken, 14 verschiedene Choräle können gespielt werden.

Liebevoll gestaltete Jugendstilfassade am Wismarer Marktplatz.

Unmittelbar westlich von St. Marien erinnert die Ruine der St. Georgenkirche an Wismars größte Kirche. Sie soll mit Hilfe der Deutschen Stiftung Denkmalschutz und der der Partnerstadt Lübeck wiedererrichtet werden. Zwischen Marien- und St. Georgenkirche steht mit dem Fürstenhof das nördlichste Renaissanceschloß Europas. Bauherr war Herzog Albrecht von Mecklenburg, der das Schloß Mitte des 16. Jahrhunderts errichten ließ, um hier seine Hochzeit mit der brandenburgischen Prinzessin Anna Sophia zu feiern. Die Fassaden mit den elegant gerahmten Portalen und Fenstern sind mit Medaillons aus rotbrauner Terrakotta verziert. Ein breites Friesband mit Sandsteinskulpturen zeigt auf der Straßenseite Szenen aus dem Trojanischen Krieg, auf der Hofseite solche aus dem Gleichnis vom verlorenen Sohn.
Wer durch die engen Gassen der Wismarer Altstadt bummelt, dem fällt auf, daß die meisten Straßennamen auf Handel und Gewerbe deuten. Von der Bademutterstraße bis zur Sargmacherstraße sind alle vom Handwerk bedienten Lebensbereiche vertreten. Sogar eine Altböterstraße gibt es. Dort wurden alte Botten, also Schuhe geflickt. Die nördliche Fortsetzung ist die ABC-Straße, ein Hinweis darauf, daß hier die Häuser einst mit Buchstaben gekennzeichnet waren. Folgt man ihr nach Norden, trifft man an der Schweinsbrücke über die Grube auf das Schabbelhaus. Hier war Hinrich Schabbel einst zum reichsten Brauer der Stadt, zum Ratsherrn und zum Besitzer des schönsten Renaissancehauses der Stadt aufgestiegen. Philipp Brandin errichtete es aus Backstein und stattete es mit einem prachtvollen Giebel mit sandsteinernem Dekor aus. Heute ist hier das Stadtgeschichtliche Museum untergebracht.
Die von West nach Ost mitten durch die nördliche Altstadt verlaufende Grube war im 13. Jahrhundert als künstlicher Wasserlauf angelegt worden. Unmittelbar dahinter steht die kolossale, spätgotische Nikolaikirche, die Kirche der Seefahrer und Fischer. Gebaut wurde an ihr von 1381 bis 1487, ihr Langschiff hat die stolze Höhe von 37 Meter und ist damit nur 1,5 Meter niedriger als die Lübecker Marienkirche. Ihre frei schwingenden Strebebögen über den Seitenschiffen fangen eindrucksvoll die gewaltige Last des inneren Spitzbogengewölbes ab. Wohl am schönsten aber ist der Blick auf die vierzehnteilige Rosette im prächtigen Giebel der Südhalle. Er ist mit glasierten Reliefs der Gottesmutter und des hl. Nikolaus verziert. Friese mit Löwen, Drachen und Menschenköpfen vervollständigen dieses gotische Prachtstück. Im Inneren gibt es die spätgotischen Schnitzkunstwerke des Schiffer- und Krämeraltars, ein mittelalterliches Taufbecken, eingeschlossen vom Teufelsgitter, einem schmiedeeisernen Geflecht ohne Anfang und Ende, und eine überreich verzierte Barockkanzel.
Das Wassertor im Westen, das letzte der einst fünf Stadttore, vermittelt den Zugang zum Alten Hafen mit seinen historischen Speichern und dem Baumhaus am Ende des Piers. Hier erinnern zwei massige Schwedenköpfe aus bunt lackiertem Holz an die Schwedenzeit. Im Baumhaus residierte der Bohmschlüter, der Wächter der Hafeneinfahrt. Blickt man von hier aus durch die Masten der zahlreichen Schiffe zurück auf die Stadt, öffnet sich über alten Fassaden der schönste Blick auf Wismars Altstadt, die sich zu recht zu den schönsten deutschen Hansestädten zählen darf.

POEL – DAS SALZHAFF UND DIE KÜHLUNG

Die nach Rügen und Usedom drittgrößte Insel an der mecklenburg-vorpommerschen Ostseeküste liegt auf der Nordseite der Wismarbucht und hört auf den Namen Poel. Von ihr heißt es in einem älteren Reiseführer noch, sie sei „ohne nennenswerte Reize, waldarm und flach". Besser wußten es da schon 1925 die mecklenburgischen Monatshefte, wo über Poel berichtet wurde: „Die Seeluft ist weich, staubfrei, die Badeeinrichtungen sind gut." Noch besser wußte es der Erzähler Fritz Meyer-Scharffenberg, der wohl die eigene Erfahrung wiedergab: „Auf Poel kann man sich vor der von Staub und Bakterien gereinigten Seeluft gar nicht retten, so wirkt die Insel wie ein Gesundbrunnen." Und ganz zweifellos richtig ist, daß die Anmut der Poeler Landschaft mit ihren sanften, kaum bewaldeten Hügeln, mit den leicht gewellten Grasteppichen oder den im Wind wogenden Getreidefeldern einen ganz besonderen, nur hier spürbaren Reiz ausübt.

Ob man Poel von Wismar aus mit dem Schiff ansteuert, oder ob man rund um die Wismarbucht fährt und den 1760 angelegten Poeler Damm nutzt, stets weist die behäbige Kegelspitze des Kirchdorfer Kirchturms schon von weitem das Zentrum der Insel aus. Hier an der Nordspitze des Kirchsees siedelten um 1210 die ersten Bauern. Sie nutzten sowohl den damals noch reichen Baumbestand als auch den ertragreichen Humus. Einziger Rest der Wälder ist noch der Schwarze Busch im Norden von Kirchdorf, eines von mehreren Naturschutzgebieten auf oder vor der flachen Insel. Ihr höchster Punkt ist der 21 Meter hohe Kickelberg im Nordwesten von Kirchdorf. Von seiner Kuppe aus kann man nicht nur die Insel überblicken, sondern auch feststellen, daß ihr Name zu Recht besteht, bedeutet das slawische pule doch nichts anderes als flaches Land.

Beim Bau ihrer Kirche waren die Poeler Bauern nicht kleinlich. Den Grundstein legten sie bereits 1229, doch verlangten die großzügigen Dimensionen die Arbeitskraft mehrerer Generationen. Erst Mitte des 15. Jahrhunderts konnte das große Backsteingebäude vollendet werden. Auch bei der Ausstattung sparten die Bauern keineswegs. So überrascht die Kirche heute mit zwei Schnitzaltären aus dem frühen 15. Jahrhundert. Sowohl der Haupt- als auch der Nebenaltar sind der hl. Maria geweiht. Der Hauptaltar präsentiert die Himmelskönigin, der Nebenaltar Maria im Strahlenkranz auf einer Mondsichel. Ein spätgotisches Kruzifix und ein barocker Orgelprospekt von 1740 ergänzen die Ausstattung.

Seglers Träume auf Poel.

Die anmutige Lage der Kirchdorfer Kirche animierte Herzog Adolf Friedrich I., sich von Ghert Evert Piloot bis 1619 im Süden der Kirche ein Schloß bauen zu lassen. Kirche und Schloß erhielten eine eigene Festungsanlage, die allerdings Wallensteins Truppen ebensowenig widerstehen konnte wie das überaus stark befestigte Wismar. Festung und Schloß wurden von den Truppen völlig zerstört, nur noch Teile der alten Wallanlagen sind zu erkennen.

Natur pur bietet Poel dem Wanderer, der von Timmendorf aus, dem Hafen an der Westküste, nach Norden oder Süden wandert. Nach Süden geht der Weg am zerklüfteten Kliff entlang zu den Salzwiesen am Faulen See. In diesem Naturschutzgebiet sind die Grasnelke und die Weiße Miere, das Glaskraut und der seltene Meerstrandbeifuß heimisch. Wer dagegen nach Norden wandert, folgt kilometerweit dem Badestrand, bis in Dünenmulden gekuschelt ein Wäldchen mit knorrigen Eichen auftaucht. Sie gehören zum Naturschutzgebiet Schwarzer Busch, dem letzten Rest der einst dichten Poeler Wälder. Die beiden Naturschutzgebiete, Walfisch im Süden und Langenwerder im Norden, sind Vogelschutzinseln, die nur mit dem Feldstecher „besucht" werden dürfen.

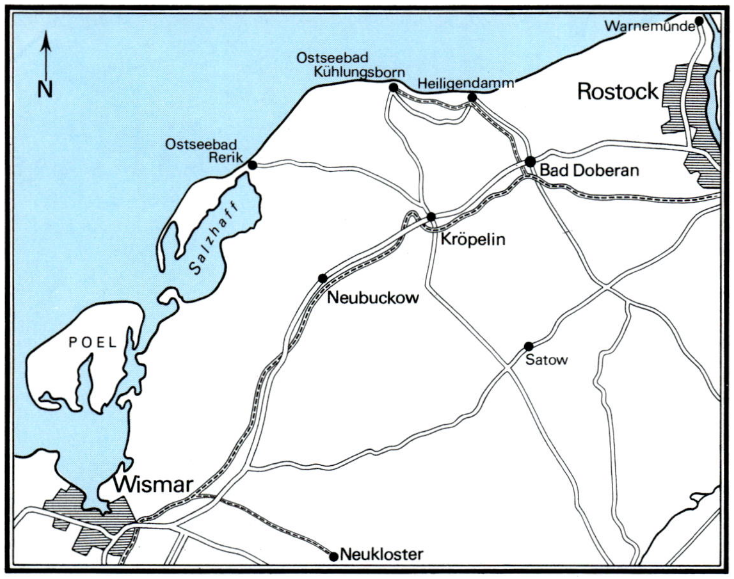

In Heiligendamm, der weißen Stadt am Meer, wurde 1793 das erste deutsche Seebad gegründet.

Nördlich von Poel schließt sich das von der Halbinsel Wustrow eingeschlossene Salzhaff an. Seiner Küste entlang reihen sich die Bauerndörfer, blüht im Frühjahr von Horizont zu Horizont der Raps und drehen sich fleißig die Windgeneratoren. In Stove und Neubukow drehen sich zudem dann und wann auch noch die Flügel der alten Windmühlen, denn beide sind noch betriebsbereit. Die Mühle in Stove war bis 1978 in Betrieb und verarbeitete pro Stunde 1,5 Zentner Getreide. Heute dient sie als Museumsmühle. Die Holländerwindmühle in Neubukow wurde ebenfalls bis vor nicht allzulanger Zeit voll gewerblich betrieben – und das sogar von der wohl einzigen Windmüllerin an der gesamten Küste. Heute ist die Mühle ebenfalls technisches Denkmal, hie und da aber noch in Betrieb.

Das Salzhaff mündet im Norden beim Ostseebad Rerik, dessen Name bereits 808 in den Annalen von Karl d. Großen auftaucht. Ursprünglich hatte das ehemalige Fischerdorf jahrhundertelang Alt Gaarz geheißen, bis man vor gut 60 Jahren sicher zu sein glaubte, daß die Reste der frühmittelalterlichen Burganlage auf dem Schmiedeberg mit dem alten Reric identisch seien. Daraufhin wurde Alt Gaarz 1938 in Rerik umgetauft, obschon bis heute nicht sicher ist, ob hier wirklich die Burg aus der Karolingerzeit je gestanden hat. Interessant jedenfalls ist die aus dem 13. Jahrhundert stammende Pfarrkirche. Die wuchtige frühgotische Hallenkirche besitzt eine üppige Barockausstattung, eine prunkvolle Orgelempore und für den Norden überraschend prächtige Gewölbe- und Wandmalereien. Das Reriker Heimatmuseum läßt mit dem Modell eines Zeesenbootes und Mitbringsel aus fernen Kontinenten das alte Seefahrerdorf Alt Gaarz lebendig werden. Über das Hochufer schlängelt sich ein interessanter Wanderweg zu den Hünengräbern von Meschendorf.

Die von der schmalen Landenge südlich von Rerik weit in die Mecklenburger Bucht greifende Halbinsel Wustrow ist von Natur aus ein feinsandiges Paradies mit breiten Dünenplateaus. Gut 45 Jahre lang allerdings war sie als russisches Sperrgebiet hermetisch abgeriegelt und mußte es bisher leider auch bleiben. Zu unwägbar noch sind die Risiken und Gefahren der russischen Hinterlassenschaften, zu ungeklärt noch ist, wie der Wildwuchs aus rund einem halben Jahrhundert in Zukunft geschützt oder genutzt werden soll.

Nordöstlich von Rerik wird die Welt plötzlich ganz ungewohnt bergig, bis auf 130 Meter Höhe schwingen sich die bewaldeten Hügel auf. Der an Thüringer Verhältnisse erinnernde Höhenzug hört auf den Namen Kühlung und gab dem weitläufigen Ostseebad auf seiner Nordseite den Namen. Im Wappen von Bad Kühlungsborn erinnern drei weiße Möwen daran, daß der größte Badeort der Ostseeküste erst 1938 durch den Zusammenschluß der Fischerdörfer Arendsee, Brunshaupten und Fulgen entstand. Alle drei haben eine über 800jährige Geschichte. Auch die alte Kirche mit ihrem Holzturm stammt aus dem 13. Jahrhundert. Den eigentlichen Reiz von Kühlungsborn aber, das sich gern die Grüne Stadt am Meer nennt, macht seine großartige, endlos anmutende Flaniermeile aus. Entlang von Strand und Dünenwald zieht sich ein endloses Band mehr oder weniger phantasievoller Prachtbauten. Hier wetteifern die schönsten Jugendstil- und Gründerzeitfassaden, eine unendliche Vielfalt von Türmchen, Erkern und Veranden liefert den Beweis, daß Phantasie sehr viel mehr vermag als bürokratische Bauvorschriften. Vieles davon ist noch im Dornröschenschlaf, doch lassen die bereits geweckten Teile hoffen, daß es den Besitzern mehr ums Erhalten denn ums gedankenlose „Modernisieren" geht.

Von Kühlungsborn aus fährt Mecklenburgs älteste Schmalspurbahn auf 900 Millimeter Spurbreite mit schnaufenden Dampfloks hinüber zur 15,5 Kilometer entfernten, ehemaligen herzoglichen Sommerresidenz Bad Doberan. Der von den Einheimischen „Molli" genannte Zug, bietet mit seiner Fahrt über das Heiligendammer Steilufer und das Halbdunkel des Gespensterwaldes unvergeßliche Eindrücke. Nur von Mollis Holzbänken aus kann man den schneeweißen Bahnhof in Heiligendamm mit

Folgende Seite:
Sturmstimmung am Nienhagener Steilufer.

Die Himmelskönigin und die Apostel finden sich in einem gotischen Schnitzaltar in der wuchtigen Hallenkirche von Kirchdorf auf Poel.

seinen klassizistischen Stilelementen so richtig genießen oder die knapp sechs Kilometer lange, prächtige Lindenallee vor Bad Doberan erleben, die einst die Einfahrt zur ersten Pferderennbahn des Kontinents bildete. In Bad Doberan schließlich schlängelt sich Molli wie eine Straßenbahn durch die engen Gassen, scheint die Häuserwände zu streifen und die Fußgänger zu scheuchen. Was heute die schönste Touristenattraktion ist, diente Seiner herzoglichen Hoheit ab 1886 als Bäderzug nach Heiligendamm, wo Ihre Hoheit dann zu baden geruhten.

In Bad Doberan selbst spürt man noch auf Schritt und Tritt die Zeiten der herzoglichen Sommerresidenz. Hier wurde 1807 die erste Pferderennbahn nach englischem Vorbild auf dem europäischen Kontinent eröffnet. Größter Anziehungspunkt des Städtchens sind aber weniger die alten Anlagen der Sommerresidenz als vielmehr das großartige Münster, die Kirche des 1171 gegründeten Zisterzienserklosters. Die von 1294 bis 1368 errichtete, dreischiffige Basilika zählt zu den schönsten Sakralbauwerken im Ostseeraum. Wertvollste Stücke der Ausstattung sind das knapp zwölf Meter hohe Sakramentshaus, ein riesiges Triumphkreuz, kostbare Altäre und wertvolle Holzfiguren. Der Kreuzaltar etwa stammt von 1368, das Sakramentshaus wurde um 1370 und die Marienleuchte um 1400 gefertigt. Von den im 13. Jahrhundert errichteten Klostergebäuden stehen noch das Beinhaus, das Kornhaus (um 1270) und das Brauhaus (um 1290). Die Zeugnisse der klassizistischen Zeit von Doberan stehen am Kamp, einem Park in englischem Stil. Die beiden chinesischen Pavillons dort stammen von 1809 und 1813 und sind die einzigen in ganz Mecklenburg.

Das im Nordwesten von Doberan gelegene Heiligendamm wurde 1793 als erstes deutsches Seebad gegründet. Wegen seiner klassizistischen, ganz in Weiß gehaltenen Gebäude nennt es sich gerne Weiße Stadt am Meer. Das von Herzog Friedrich Franz I. von Mecklenburg-Schwerin in Auftrag gegebene Bäderensemble ist ein Werk des herzoglichen Baumeisters Carl Theodor Severin. Die etwas kühle und strenge Pracht der Bauten verrät heute nichts mehr davon, daß der Herzog sein Privatbad durch einträgliche Nebengeschäfte finanzierte: durch den Betrieb eines Casinos und, einträglicher noch, durch den Verkauf von 100 mecklenburgischen Soldaten an den niederländischen Statthalter Wilhelm V. von Oranien, ein Geschäft, das ihm pro Jahr 30 000 Silberdukaten einbrachte. Immerhin reichten diese Einkünfte, um die Bäderherrlichkeit bis 1816 fertigstellen zu können.

Folgende Seite:
Der wunderschöne Zauberwald steht auf dem Nienhagener Steilufer.

Abendstimmung im Hafen von Kirchdorf auf Poel.

Dank herzoglichem Hintergrund wurde dann Heiligendamm rasch eine recht exclusive Adresse. Hier badete die russische Zarenfamilie ebenso wie der englische Admiral Nelson. In unserem Jahrhundert promenierte hier Rainer Maria Rilke mit den kunstsinnigen Damen des Hofes. Die adelige Gesellschaft von halb Deutschland gab sich hier im Schatten der Alleebäume ein Stelldichein, zwischen Badekarren und Blumenrabatten wurde die große Politik aus der Sommerfrische heraus gemacht.

Seinen Namen erhielt das herzogliche Seebad übrigens vom heiligen Damm, einen wenig östlich gelegenen Steindamm, der sein Entstehen vermutlich einer Sturmflut im 16. Jahrhundert verdankt. Er zieht sich mit seinen unzähligen Rollsteinen als mächtiger Uferwall kilometerweit bis hinüber zum Naturschutzgebiet um den Conventer See. Er ist Kinderstube und Heimat für zahlreiche Wasservögel, darunter auch Rohrsänger und Bartmeisen.

Östlich von Heiligendamm beginnt eine bis nach Warnemünde reichende, höchst interessante Kliffküste. Sie nutzte in Nienhagen schon Lovis Corinth zur Inspiration für seine impressionistischen Bilder. Landeinwärts erstreckt sich der Hägerort, eine durch Rodung entstandene Landschaft mit etwa 15 Waldhufendörfern. Dazu gehört auch das alte Lichtenhagen, wo es noch reetgedeckte Bauernhäuser, eine Windmühle und eine wohl proportionierte gotische Backsteinkirche gibt. In Diedrichshagen erreicht das Kliff gut 18 Meter Höhe, präsentiert sich mit einer imposanten Steilküste und ist mit dem Gespensterwald bewachsen. Der besteht aus bizarren, vom Wind verformten Buchen, deren von der Gischt gewaschene weiße Rinde im Nebeltreiben die Gespenster sämtlicher Märchenbücher zu neuem Leben zu erwecken vermag. Weiter östlich geht die Zauberwelt des Naturschutzgebietes Stoltera nach und nach über in den Trubel der Warnemünder Kurpromenade.

ROSTOCK – DIE LEUCHTE DES NORDENS

„Roztoc" heißt auf Slawisch eine Flußverbreiterung. Der Name bezieht sich auf die Warnow, die in ihrem Unterlauf bis zu 600 Meter breit wird. Weil diese Flußverbreiterung gegen die offene See hin durch eine Nehrung geschützt ist, bot sich die Bucht den Slawen als idealer Siedlungsplatz an. Nicht umsonst führt die Stadt bis heute den Greif als altes Wappenzeichen der westslawischen Fürsten in ihrem Wappen. Die Verbundenheit mit der See symbolisieren darüber hinaus die Farben Weiß und Rot als Farben der Hanse.

Die erste Nachricht von der östlich der Warnow gelegenen slawischen Burg Roztoc stammt aus dem Jahre 1161. Damals wurde die Burg vom Dänenkönig Waldemar I. zerstört, und darüber berichtete der dänische Geschichtsschreiber Saxo Grammaticus. Danach ließen sich in der weiten Bucht niedersächsische und westfälische Kaufleute nieder und errichteten im Bereich des heutigen Alten Marktes den ersten Stadtkern von Rostock. Bereits 1218 erhielten sie dafür das Lübische Stadtrecht. Bis 1232 gesellte sich zur Altstadt die Mittelstadt mit der Marienkirche, und bis 1252 bildete sich ein dritter Stadtteil um den heutigen Universitätsplatz herum. Zwischen 1257 und 1265 vereinigten sich die drei Stadtkerne zu einer Stadt mit dem Rathaus der Mittelstadt als Verwaltungssitz. Unmittelbar danach wurde das Ganze mit einer wehrhaften Stadtmauer mit 22 Toren und zahlreichen Türmen eingefaßt. Dahinter fanden bis Ende des 14. Jahrhunderts rund 11 000 Bürger Sicherheit.

Die Rostocker Stadtwappen am Steintor.

Im Rahmen der Hanse brachten Rostocker Koggen nun Getreide und Bier in alle Welt und holten dafür Tuche aus Flandern, Weine aus Frankreich, Holz und Metalle aus Skandinavien und Pelze aus Rußland an die Warnow. Dank der Hanse erlebte Rostock im 14. und 15. Jahrhundert so eine Zeit politischer, wirtschaftlicher und kultureller Blüte. Nach Lübeck stieg Rostock zur bedeutendsten Hansestadt an der Ostsee auf und unterhielt Handelsbeziehungen bis nach Riga, Bergen und Brügge. Mit der Gründung der ersten Universität Nordeuropas im Jahre 1419 wurde Rostock außerdem zu einem Zentrum des Geisteslebens, das bald den Beinamen „Leuchte des Nordens" erhielt.

Die Wende zum schlechteren kam im Dreißigjährigen Krieg, als Schweden und Kaiserliche die Stadt abwechselnd besetzten. Im Westfälischen Frieden fielen die hanseatischen Partnerstädte Wismar, Stralsund, Greifswald und Stettin an Schweden. Dänische und schwedische Truppen plünderten die Stadt im Nordischen Krieg bis 1721, ihrem Beispiel folgten preußische Soldaten im Siebenjährigen Krieg bis 1763. Mit dem letzten Hansetag im Jahre 1669 in Lübeck war schließlich auch die gesamte hanseatische Herrlichkeit dahin. Das endgültige Ende des mittelalterlichen Rostock kam schließlich 1677, als ein verheerender Brand große Teile der Altstadt vernichtete. Die einst stolze Stadt schrumpfte auf weniger als 5000 Einwohner.

Einen neuen wirtschaftlichen Höhepunkt gab es erst in der zweiten Hälfte des 19. Jahrhunderts, als Rostock wichtiger Getreideexporthafen wurde. Welchen Standard die Werftindustrie dabei erreichte, läßt sich am besten daran ablesen, daß hier der erste deutsche, ganz aus Eisen gebaute und seegängige Schraubendampfer konstruiert wurde. Zwischen den beiden Weltkriegen sorgte die Rüstungsindustrie mit den Heinkel-Flugzeugwerken für eine Scheinblüte. Der Zusammenbruch kam mit vier verheerenden Bombenangriffen, bei denen die Altstadt den größten Teil ihrer spätgotischen, barocken und klassizistischen Wohnhäuser verlor. Während die Stadt bis zum Beginn des 19. Jahrhunderts ihren alten Stadtmauern treu geblieben war, dehnte sie sich nun über Steintor und Kröpeliner Tor hinaus aus. Nach und nach wurden die Siedlungen auf der linken Warnowseite eingemeindet, nach

Das Rostocker Rathaus hatte ursprünglich eine gotische Schaufassade. Der barocke Vorbau wurde bis 1729 errichtet.

Westen und Osten wuchsen Industriegebiete. Bis 1960 wurde der neue Überseehafen gebaut und die Werftindustrie ausgebaut. Völlig neue Stadtteile entstanden in Reutershagen, in der Südstadt, in Lütten Klein, in Evershagen, in Lichtenhagen, in Schmarl, in Groß Klein und in Dierkow. Selbst der alte Stadtkern hat heute, nach teilweise behutsamem Wiederaufbau, durchaus etwas von seinem früheren Charme zurückgewonnen.

Ein Kapitel für sich war und ist bis heute Rostocks Ortsteil Warnemünde. Schließlich liegt Rostock ein ganzes Stück landeinwärts, so daß sich die Stadtväter durchaus Sorgen um ihre Hafenzufahrt machen mußten. Sie kauften deshalb bereits 1323 von Herzog Heinrich von Mecklenburg das kleine Fischerdorf Warnemünde, um so die freie Zufahrt ihrer Handels- und Kriegsschiffe zum Hafen in Rostock zu sichern. Verwaltet wurde der „Vorhafen" bis 1919 von einem städtischen Vogt, dessen Macht quer durch die Jahrhunderte erheblich gewesen sein muß. So durften die Warnemünder zwar immer als erste den Kopf hinhalten, wenn dänische, schwedische oder französische Truppen hier leichte Beute suchten, um das stolze Rostock zu strafen, doch durften die Warnemünder andererseits aus Konkurrenzangst der Rostocker keinen Handwerksberuf ausüben, nicht einmal Kapitän durften die Warnemünder Seefahrer werden. „Öwernäsig (hochnäsig), grotsnutig (großmaulig) und vullbukig (vollbauchig)" pflegten deshalb die Warnemünder die Rostocker zu nennen.

Die Neuzeit begann in Warnemünde 1834, als hier das erste Damen- und das erste Herrenbad errichtet wurden – im geziemenden Abstand von 100 Meter. Inzwischen wurde daraus ein modernes Ostseebad mit drei Kilometer feinem Strand, vornehmer Promenade und Riesenhotel. Daß auch die Nostalgie nicht zu kurz kommt, dafür sorgen der Fischerei- und Seglerhafen im alten Strom, der einstigen Warnemünder Hafeneinfahrt. Alte und neue Hafeneinfahrt sichert wie seit nahezu 100 Jahren der 37 Meter hohe Leuchtturm.

Nach wie vor das Zentrum Rostocks ist sein Neuer Markt mit dem Rathaus im Osten. Es geht im Kern auf das Jahr 1250 zurück. Ursprünglich war es ein Doppelgiebelhaus, zu dem um 1500 ein weiteres hinzukam. Alle drei bekamen dann eine schmuckreiche, von sieben Türmen bekrönte Fassade vorgeblendet. Der pilasterbetonte Barockvorbau entstand 1727. Die wohl erhaltene Türmchenfassade dahinter legt bis heute optisches Zeugnis für die besondere Beziehung der Stadt zur magischen Zahl Sieben ab. Einst mündeten sieben Straßen auf den Marktplatz, durch sieben Stadttore durften die Besucher ein- und ausgehen, an sieben Anlegern der Warnow konnten Schiffe festmachen, und die Marienkirche durfte sieben Türe und sieben Glocken haben. Was alles wird schließlich passieren, wenn Rostock 1995 seinen 777. Geburtstag feiert?

Auf der Westseite des Neuen Marktes stehen restaurierte Giebelhäuser, die im Nordwesten von der dominierenden, von den Bomben verschont gebliebenen Marienkirche überragt werden. Mit ihrem Bau wurde 1260 begonnen, die Fertigstellung dauerte dann allerdings 400 Jahre. Zu ihrem ältesten Teil gehört die fünfgeschossige Westturmfront mit ihrer barocken Bekrönung. Das heutige Kirchenschiff, mit seinen Mauern aus gelben und lederbraunen, im schichtweisen Wechsel vermauerten Backsteinen,

Folgende Seite:
Über den Bürgerfassaden am Neuen Markt thront die Rostocker Marienkirche.

Gaſtſtätte Burwitz
RATHAUSBLICK
CAFE-BISTRO

Rostocker Paradebauten sind die gotische Fassade in der Kröpeliner Straße, das Ständehaus aus der Hansezeit und das um 1280 begonnene Kröpeliner Tor.

verdankt seine spätgotische Form der Tatsache, daß das erste Kirchenschiff 1398 einstürzte.
Das Innere der Marienkirche birgt überraschend viele mittelalterliche Kunstwerke, darunter von 1290 die schönste bronzene Tauffünte des Ostseegebiets. Der spätgotische Rochusaltar wurde 1530 fertiggestellt, die Renaissancekanzel wurde 1574 gearbeitet. Die barocke Orgel gehört ebenfalls zu den schönsten an der Ostseeküste, und die astronomische Uhr ist das Wunderwerk schlechthin. Franz Düringer aus Nürnberg vollendete sie 1472 und gab damit den Rostockern weit mehr an die Hand als nur die Zeit. Für jeweils 130 Jahre kann die Uhr Monat, Tag, Stunde, Sonnen- und Mondstand sowie die Zins- und Steuertermine des Heiligen Römischen Reiches Deutscher Nation anzeigen. Der heutige Besucher etwa kann die Daten von Ostern bis zum Jahre 2017 ablesen. Erst dann ist die nächste Neubeschriftung der Kalenderscheibe fällig.
Auch die Petri- und die Nikolaikirche gehen auf das 13. Jahrhundert zurück, wurden jedoch im Kriege schwer beschädigt. Von verschiedenen Klosterkirchen blieb nur die des Zisterziensernonnenklosters „Zum hl. Kreuz" als heutige Universitätskirche erhalten. Neben zwei besonders schönen, spätgotischen Schnitzaltären birgt sie vor allem zahlreiche sehenswerte Grabsteine einstiger Klosterinsassen. Im Kloster ist heute das Kulturhistorische Museum untergebracht. Am Universitätsplatz, dem früheren Hopfenmarkt, steht das 1774 errichtete Stadtpalais der mecklenburgischen Herzöge, rechts daneben die 1825 erbaute Hauptwache, beide heute von der Universität benutzt. Ihr Hauptgebäude entstand bis 1870 im Stil der Neorenaissance. Vor der Universität steht das Denkmal für Marschall Blücher, dem größten Sohn der Stadt. Gottfried Schadow errichtet es 1819. Die Wasserspiele am „Brunnen der Lebensfreude" ziehen Groß und Klein an.
Stilelemente der norddeutschen Backsteingotik sind in der Langen Straße, an der Kröpeliner Straße und am Ziegenmarkt zu finden. Dort steht auch noch die Fassade der ehemaligen Rostocker Münze, in der immerhin von 1325 bis 1864 das eigene Münzrecht genutzt wurde. Den Abschluß der Kröpeliner Straße bildet das 1280 fertiggestellte Kröpeliner Tor, eines der vier noch erhaltenen Tore der alten Rostocker Stadtummauerung. Sein Torturm birgt das Stadtgeschichtliche Museum.
Auch das Steintor ist Teil der ehemaligen Stadtmauer, die ursprünglich 22 Türme besaß. Es entstand an der Stelle eines 1566 abgerissenen Tores bis 1577 im Stil der Renaissance. Zwischen dem Steintor und dem 1262 urkundlich bezeugten Kuhtor steht noch ein Stück der mittelalterlichen Stadtmauer. Das einzige, noch vollständig erhaltene Kaufmannshaus aus dem Ende des 15. Jahrhunderts – und damit noch aus der Hansezeit – steht in der Wokrenter Straße, der letzte alte Speicher von 1791 in der Wollenweberstraße.
Umfassende Informationen zur Stadtgeschichte präsentiert das Kulturhistorische Museum im ehemaligen Kloster am Universitätsplatz sowie die Sammlung im Kröpeliner Tor. Dokumente zur Geschichte der Schiffahrt und andere maritime Themen sind im Schiffahrtsmuseum gesammelt. In Schmarl liegt das Museumsschiff „Frieden" vor Anker. Es dient als Schiffbaumuseum. Im Warnemünder Heimatmuseum schließlich wird in einer original eingerichteten Fischerwohnung der harte Alltag der Fischer und Seefahrer lebendig. Wer schließlich vom Warnemünder Fischereihafen aus noch zur Großen Hafenrundfahrt startet, wird schnell spüren, daß Rostock bis heute geblieben ist, was es von Anfang an war: eine mit der Seefahrt aufs engste verbundene Stadt.

Folgende Seite:
Das Wahrzeichen Warnemündes ist sein imposanter Leuchtturm von 1898.

BERNSTEIN – DAS GOLD DES NORDENS

Die Wertschätzung des Bernsteins in die Dienste des Luxus ist so groß, daß eine noch so kleine Figur eines Menschen die Preise lebendiger, kräftiger Menschen übersteigt.“ Der Vergleich des Preises von Sklaven mit dem von Bernstein stellte der römische Naturforscher Plinius im 1. Jahrhundert n. Chr. in seiner *Naturalis Historia* im Kapitel über Metalle und Steine fest. Und übertrieben hat er dabei keineswegs. Bereits zur römischen Kaiserzeit gab es unter den vornehmen Römern eine regelrechte Bernsteinmode. Geschickte Bernsteinschnitzer fertigten Ringe, Schmuckanhänger, Gefäße und Figuren aus Bernstein. Das Rohmaterial kam von den Küsten der Nord- und Ostsee über die „Bernsteinstraßen“ nach Rom. Gehandelt wurde es unter der Bezeichnung „Gold des Nordens“.

Vorreiter der Römer in der Wertschätzung des Bernsteins waren, wie bei so vielem anderen auch, die Griechen. So entdeckte Heinrich Schliemann bei seinen Ausgrabungen in Mykene Hunderte Bernsteinperlen als Grabbeigaben. Sie stammten nachweislich bereits aus dem baltischen Bereich. Verwunderlich ist das nicht, unternahm der Grieche Pytheas doch schon im 3. Jahrhundert v. Chr. eine Forschungsreise an die Nordsee und zu den Skythen. Dort erfuhr er, daß „die Flut in reichlicher Menge den sogenannten Bernstein“ anspült. Sein Fundgebiet war die deutsche Nordseeküste nördlich von der Elbmündung. Doch auch die Griechen hatten keineswegs als erste die Vorliebe für den leuchtenden Stein entdeckt. So stammt eine prächtige, in einem bronzezeitlichen Grab bei Friedrichsruhe gefundene Bernsteinkette mit 62 Perlen aus dem 12. Jahrhundert v. Chr. Sogar bis in die Anfänge der menschlichen Kultur lassen sich die Spuren des Bernsteins zurückverfolgen. So fanden sich in mecklenburgischen Großsteingräbern aus der Jüngeren Steinzeit viele hundert Gegenstände aus Bernstein. Bei Grevesmühlen kamen allein 29 Bernsteinperlen zutage, von denen viele die Form doppelschneidiger Äxte haben. Im Kurischen Haff wurden Bernsteinfiguren mit menschlichen Zügen gefunden, das älteste Amulett in Form eines Bären ist etwa 5000 Jahre alt.

Naturbernstein von der Ostseeküste.

Was die Antike vorgemacht hatte, erlebte im Mittelalter eine neue Blüte. Weil vor allem Rosenkränze aus Bernstein in ganz Europa gefragt waren, entstanden in Brügge und Lübeck eigene Bernsteindreherzünfte. Das Rohmaterial kam nun von der Bernsteinküste des Samlandes, wo zunächst der Deutsche Orden und später die Landesherren ein strenges Bernsteinrecht ausübten. Das „Bernsteinregal“ war eine strenge Abgabepflicht, zu der die Bewohner der Ostseeküste den Strandeid leisten mußten. Die bis heute häufig zu findende Flurbezeichnung „Galgenberg“ zeugt noch von den harten Strafen der Bernsteingerichte im hohen und späten Mittelalter.

Geradezu geschaffen war der Bernstein für das Repräsentationsbedürfnis der Fürsten im Barock. Nun wurden Becher, Dosen, Krüge, Kannen, Schalen, Kästchen, Leuchter, Besteckgriffe, Plastiken, Schränkchen und ganze Hausaltäre aus Bernstein gefertigt. Er wurde gedrechselt, geschnitzt, graviert und wie eine Art „Furnier“ verarbeitet (inkrustiert). Dazu wurden aus größeren Bernsteinstücken dünne Plättchen hergestellt, die dann auf ein tragendes Gerüst geklebt wurden. Ein reiches Reliefdekor steigerte die Wirkung. Waren die Bernsteinplättchen durchscheinend, wurde die Unterseite mit eingravierten Verzierungen, Bildern und ganzen Landschaften zum Leuchten gebracht. Nicht selten wurde diese Ornamentik noch durch hinterlegte Goldplättchen gesteigert.

Zentren der künstlerischen Bernsteinbearbeitung waren im 17. Jahrhundert Königsberg und Danzig. Im Auftrag der Fürstenhöfe schufen die dortigen Bernsteinkünstler all die kostbaren Gegenstände, die dann als Diplomaten- und Hochzeitsgeschenke an andere Fürstenhöfe gelangten. Vor allem dank der Technik der Inkrustation von Bernsteinplättchen auf Holzkerne entstanden die meisterhaften Kabinettschränkchen und Altäre.

Schluß- und Höhepunkt dieser Entwicklung war das gleichermaßen großartige wie legendäre Bernsteinzimmer, das der preußische König für sein Berliner Schloß herstellen ließ. Als der russische Zar Peter der Große 1716 Berlin besuchte und das Bernsteinzimmer bewunderte, erhielt er es vom Preußenkönig zum Geschenk. Die Prachtarbeit wanderte daraufhin nach Petersburg, wo sie 1761 durch die Zarin Elisabeth im Katharinenpalast im heutigen Puschkin aufgestellt wurde. Dort bedeckten die Bernsteinschnitzereien in einem etwa zehn mal zehn Meter großen Saal die sechs Meter hohen Wände völlig. Gegen Ende des Zweiten Weltkriegs wurde das Bernsteinzimmer von der deutschen Wehrmacht nach Königsberg gebracht. Was dort mit ihm tatsächlich geschah, ob das Bernsteinzimmer das Kriegsende vielleicht doch überlebte und wo es heute sein könnte, ist noch ungeklärt.

Bernstein läßt sich in den verschiedensten Formen verarbeiten. Die Beispiele zeigen einen Schmuckanhänger mit Inkluse (links oben), Schmuckketten von 1870 (rechts oben), die Nachbildung eines Segelschiffes (links unten) und einen hl. Antonius (rechts unten).

Was aber ist nun eigentlich der heißbegehrte, leuchtende und doch so weiche „Stein"? Die Antwort deutet schon sein Name an: Bernstein kommt vom niederdeutschen Börnsteen, und das heißt nichts anderes als Brennstein. Und in der Tat genügt ein einfaches Streichholz, jeden Bernstein zum Brennen zu bringen. Er brennt mit heller, stark rußender Flamme und verbreitet dabei einen aromatischen Geruch. Weil der „Stein" außerdem noch in Salzwasser schwimmt und mechanisch leicht zu bearbeiten ist, entpuppt er sich als nichts anderes als ausgehärtetes Baumharz.

Seit Beginn der Kreidezeit vor rund 140 Millionen Jahren gab es Bäume, deren Harz kurz nach dem Austritt durch Verdunstung der leichtflüchtigen Bestandteile aushärtete und im Laufe der Zeit zu Bernstein wurde. Weltweit gibt es deshalb über 300 verschiedene Bernsteinarten. So unterschiedlich wie die Arten, so unterschiedlich ist auch das Alter der verschiedenen Bernsteine. Sie können zwischen einer und 100 Millionen Jahre alt sein. Wird allerdings im Ostseeraum vom „baltischen Bernstein" gesprochen, handelt es sich immer um den Succinit, das Harz der Bernsteinkiefer *Pinus succinifera*. Sie wuchs in Form ausgedehnter Urwälder im Tertiär in der Zeit von 55 bis 35 Millionen Jahre für über 20 Millionen Jahre im Bereich der heutigen Ostsee und des heutigen Südskandinavien.

Die Kaminuhr aus Bernstein und Elfenbein entstand um 1700.

In diesem subtropischen Wald sammelten sich über lange Zeit hinweg die ausgetretenen Harze der Kiefern in den Ablagerungen des Waldbodens. Dabei bildete das dünnflüssige Harz ganz charakteristische Fließformen wie Schlauben, Zapfen und Tropfen. Die Schlauben entstanden dort, wo Harz an Stämmen oder Ästen herunterströmte, mehrfach übereinanderfloß und dabei erhärtete. In diesen meist ganz klaren Stücken finden sich die meisten Inklusen (Einschlüsse). Zapfen sind ebenfalls klare Steine, die wie Eiszapfen an Ästen oder Zweigen entstanden. Die Tropfen in der Größe zwischen einem Kirschkern und einer Walnuß entstanden durch das Abfallen einzelner Tropfen von Zweigen. Natürlich sammelte sich Harz auch bei Verletzung der Baumrinde, in Astlöchern und anderen Hohlräumen. Meist handelte es sich dabei um getrübtes Harz, das sich allerdings in großen Brocken sammeln konnte. Stücke von mehreren Kilogramm Gewicht wurden schon gefunden.

Von den Harzmassen, die der subtropische Urwald im Tertiär produzierte, blieb nur ein winziger Bruchteil erhalten. Der Löwenanteil verwitterte, der Rest wurde nach und nach von einem breiten, von West nach Ost vordringenden, den Urwald überflutenden Meeresarm „entführt". Dabei wurden die zu Bernstein gealterten Harzreste herausgespült und mit der Strömung abtransportiert. Strömungsbedingt landeten so vor etwa 30 Millionen Jahren größere Mengen Bernstein in einer Bucht des heutigen Samlandes. Dort wurden sie zusammen mit Tonmineralien als sogenannte „Blaue Erde" abgelagert.

Während der drei Eiszeiten in unserer jüngeren Vergangenheit verschoben gewaltige Inlandgletscher Erd- und Gesteinsmassen und hinterließen beim Abschmelzen die Moränenlandschaft Nordeuropas. Aus den Verfrachtungen spülte das Schmelzwasser wiederum den leichten Bernstein heraus und nahm ihn mit auf die Reise durch die langen Urstromtäler, als sich Nord- und Ostsee ausbildeten. Aus den Ablagerungen im Meeresboden wird der Bernstein von dort bis heute bei Stürmen herausgewühlt und mit den Wellen an den Strand geworfen. Damit wird auch verständlich, daß es keine Stelle gibt, an der man baltischen Bernstein am ursprünglichen Entstehungsort finden kann. Bedeutendste Lagerstätte für die Förderung des Bernsteins im Tagebau ist bis heute die Grube Primorskoje im Gebiet von Kaliningrad an der sowjetischen Ostseeküste. Die dort geförderte Blaue Erde, ein blaugrüner, toniger Sand, enthält pro Kubikmeter bis zu zwei Kilogramm Bernstein.

Wichtige Details der Entstehungsgeschichte des Bernsteins verdeutlichen die Inklusen. Neben Rinden und Waldbodenresten sind in den „gläsernen Harzsärgen" Pflanzenteile und ganze Tierchen eingeschlossen. Fliegen, Mücken, Bienen, Wespen, Spinnen, Milben, Asseln, Tausendfüßler sowie Flechten, Farne und Blütenpflanzen erzählen vom Leben vor rund 40 Millionen Jahren. Entstanden sind sie natürlich dadurch, daß das Harz auf Pflanzenteile oder Tierchen tropfte oder Tierchen am flüssigen Harz hängen blieben und von nachfließendem Harz zugedeckt wurden. Dadurch wurden die Inklusen bestens konserviert und haben teilweise sogar noch ihre ursprünglichen Farben.

Häufig allerdings sind Bernsteine mit Inklusen nicht gerade. Wer also einen Bernstein mit Inkluse im Spülsaum der Küste findet, kann sich schon zu den besonders Glücklichen zählen. Aber auch ohne Einschluß ist jeder selbst an der Küste gefundene Stein ein Erlebnis, vermittelt er doch eine Ahnung von 40millionenjähriger Erdgeschichte im Ostseeraum.

FISCHLAND, DARSS UND ZINGST – HALBINSELN ZWISCHEN MEER UND BODDEN

Bernsteinstrände, reetgedeckte Fischerkaten und ein vom Wind gekämmter Urwald kennzeichnen die gut 50 Kilometer lange Halbinselkette, die sich von Dierhagen im Süden bis hin zum Bock gegenüber der Südspitze von Hiddensee erstreckt. „Swante Wustrow", heilige Insel hieß auf Slawisch das fragile Inselgebilde zwischen der Ostsee und den Perlen einer nahezu endlosen Boddenkette. Jahr für Jahr verliert die Insel im Westen rund einen halben Meter an die See, die die Sandmassen wie mit einem Förderband parallel zur Küste an der Nordspitze beim Darßer Ort wieder ablagert. Die Kraft von Brandung und Sturmfluten hat andererseits aber auch dazu geführt, daß die ursprünglich selbständigen drei Inseln überhaupt zusammenwachsen konnten. Daß das keineswegs immer sanft vonstatten ging, dafür sorgten unterschiedliche Sturmfluten, die letzte am 12. und 13. November 1872. Damals lief der Pegel auf 3,38 über NN auf und sorgte für Zerstörungen größten Ausmaßes.

Am Darßer Weststrand.

Wo zu Zeiten das Wasser bis zum Dachfirst stehen konnte, hatten die Menschen nicht gerade den leichtesten Stand gegen die See. Fischfang und Seefahrt waren die Erwerbsquellen, Strandgut die erhoffte Zutat. Nicht umsonst wurde einst in den Kirchen der Halbinseln gebetet: „Herr, segne unsern Strand!" Gemeint war weniger die Segnung mit Fisch als die mit Strandgut von aufgelaufenen Schiffen. Glaubt man den alten Legenden, dann banden die Darßer in Sturmnächten einem Pferd ein Vorderbein hoch und hängten ihm eine Laterne um den Hals. Das hinkende Seezeichen soll so manchen Schiffer falsch gelotst und zum Auflaufen gebracht haben. Die Darßer „Dodschläger" sollen dann mit Ladung und Mannschaft kurzen Prozeß gemacht haben. Noch 1910 bekam so die Holzladung der vor Prerow auf Grund gelaufenen finnischen Bark „Adolar" buchstäblich Füße. In nicht wenigen Prerower Häusern sollen noch heute finnische Balken stecken... Andererseits gibt es seit 1865 auch am Darß die Deutsche Gesellschaft zur Rettung Schiffbrüchiger, der bis heute nicht wenige ihr Leben zu verdanken haben.

Tatsache ist auch, daß noch 1819 ein schwedischer Hauptmann schrieb: „Die Darßer sind als Seeleute sehr gesucht, weil man sie gewiß nirgends besser finden kann." Das ganze 19. Jahrhundert hindurch hatten Seefahrer und Schiffbauer am Darß noch Hochkonjunktur. Ihre Schiffe fuhren bis nach Übersee, in Barth und in Zingst waren zeitweise mehr Schiffe zu Hause als in Stralsund oder Greifswald. Noch heute erinnern in Zingst die Kapitänshäuser und die prächtigen Seemannsgrabsteine auf dem Zingster Friedhof an die stolze Vergangenheit. Erst 1992 schloß die berühmte großherzoglich-mecklenburgische Navigationsschule in Wustrow ihre Pforten. 1846 war sie von Großherzog Friedrich Franz II. von Mecklenburg gegründet worden, um seetüchtigen Knaben das Navigieren beizubringen.

Bis heute ist in Wustrow die seemännische Vergangenheit lebendig. Schmucke Kapitänshäuser mit Schiffsportraits auf Giebeln und Wetterfahnen zeugen vom einstigen Wohlstand, und in der Heimatstube im Fischlandhaus gibt es maritime Schätze wie Schiffertruhen oder englisches Steingut zu bewundern. Der Kirchturm der Backsteinkirche bietet in 18 Meter Höhe eine prächtige Aussichtsgalerie mit Blick über Insel, See und Bodden. Das wohl älteste Wustrower Haus heißt „Schifferwiege", und im Hafen bieten sich die Zeesenboote „Swantevit" und „Dwarslöper" mit ihren braunen Segeln zur Entdeckung der amphibischen Boddenlandschaft an.

Als die goldenen Zeiten der Segelschiffe endgültig vorbei waren, wurde es still an Darß und Zingst. Die Armut kehrte ein, nennenswerten Fremdenverkehr gab es Ende des vergangenen Jahrhunderts noch nicht. In Niehagen wohnten die Bauern, in Altha-

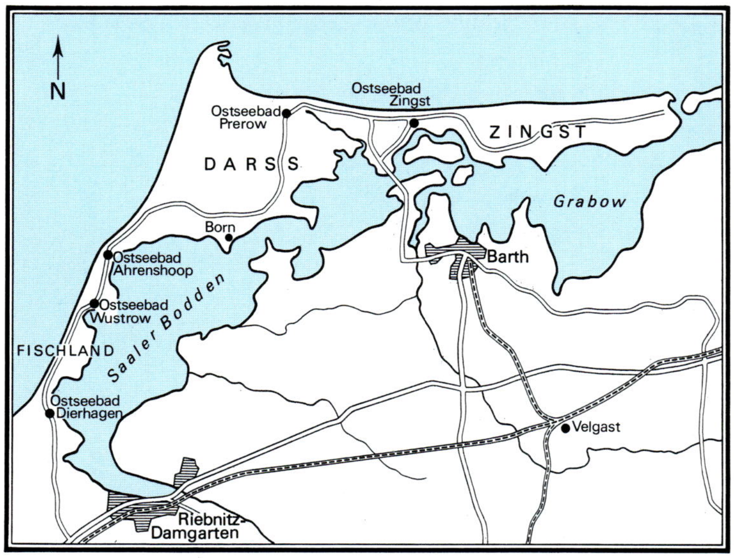

gen ihre Lohnarbeiter und im heutigen Ahrenshoop (= Ahrnes Hof), wer sonst keine Bleibe fand. So war es noch, als der Düsseldorfer Akademieprofessor Paul Müller-Kaempff 1889 zum Malen in Wustrow war. Zusammen mit dem Tiermaler Oskar Frenzel unternahm er eine Wanderung über das Hohe Ufer und entdeckte Ahrenshoop: „Wir hatten von seiner Existenz keine Ahnung und blickten überrascht und entzückt auf dieses Bild des Friedens und der Einsamkeit. Kein Mensch war zu sehen, die altersgrauen Rohrdächer, die grauen Weiden und grünen Dünen gaben dem ganzen Bilde einen Zug tiefsten Ernstes und vollkommener Unberührtheit. Das war ein Studienplatz, wie ich ihn mir immer gewünscht hatte."

Kurz entschlossen zog der Kunstprofessor nach Ahrenshoop und eröffnete eine private Malschule. Sie florierte vor allem mit Malschülerinnen, da die Kunstakademien des Kaiserreiches Frauen nicht aufnahmen. Im Handumdrehen wurden das Hohe Ufer, Schafe und Rinder auf der Weide, verträumte Dorfstraßen, Katen und Dünen, der Schifferfriedhof und der Darßwald zu typischen Motiven einer Künstlerkolonie, zu der berühmte Namen wie Erich Heckel, Max Pechstein oder Alexej von Jawlensky gehörten. Aus dem Powerdörp (= Armendorf) wurde so rasch das Worpswede der Ostsee, wo die Künstler die Abgeschiedenheit und den Frieden fanden, der ihre Arbeit erst ermöglichte.

Nach dem Krieg wurde aus Ahrenshoop das „Bad der Kulturschaffenden", in dem der DDR-Kulturminister Johannes R. Becher den Ton angab, gegen das Nacktbaden kämpfte und eine Siedlung pompöser Reetdachhäuser auf weißem Dünensand entstehen ließ. Die Sommerhäuser der Ostprominenz wurden zum „Millionenhügel", auf dem Politprominenz wie Hermann Axen, der Oberzensor Klaus Höpcke oder der Devisenjongleur und Häftlingsverkäufer Alexander Schalck-Golodkowski residierten. Geblieben sind heute wie seit hundert Jahren der Kunstkaten und die beinahe so alte Bunte Stube, die an einen auf den Kopf gestellten Schiffsrumpf erinnernde Kirche, die blaue Fischlandkeramik und die – bisher – noch weitgehend unzerstörte Landschaft.

Am nördlichen Ortsende von Ahrenshoop beginnt die feinsandige, buhnengesäumte Unendlichkeit des Darßer Weststrandes. Gut 13 Kilometer sind es bis hinauf zum Leuchtturm am Darßer Ort: 13 Kilometer, die ihresgleichen an der gesamten deutschen Ostseeküste suchen. Nach knapp drei Kilometer nämlich beginnt der Darßer Urwaldstrand, wo uralte Kiefern, Buchen, Lärchen und Eichen versuchen, sich gegen die nagenden Wellen und den stetigen Wind zu behaupten. Immer wieder wird eines der Prachtexemplare über den Steilhang hinuntergerissen, immer wieder gelingt es dem Sturm von neuem, die Bäume zu zausen.

Im Ostseebad Prerow sind noch wunderschöne alte Fischerhäuschen erhalten.

Den Marktplatz von Barth beherrscht die gotische St. Marienkirche.

Hinter der Steilküste verbirgt sich ein weitgehend naturbelassener Urwald, der über Jahrhunderte das Jagdrevier der Prominenz war. Schon im Mittelalter jagten hier die Herzöge von Pommern, nach dem Dreißigjährigen Krieg kamen die Herren vom schwedischen Hof, danach die Prinzen von Preußen und später Hermann Göring mit seinem braunen Gefolge. Russische Besatzer und volkseigene Prominenz jagten schließlich Hand in Hand bei der Diplomatenjagd der DDR-Bonzen im Rahmen der sozialistischen Planvorgaben. Dem Wald war dies durchaus recht, ließ man ihn doch in Ruhe. Damit dies so bleibt, gehört er heute zum Nationalpark Vorpommersche Boddenlandschaft.

Vollends ein Fleckchen für Romantiker ist der Darßer Ort, der nördlichste Punkt der Halbinsel Darß, wo die See den an der Westküste abtransportierten Sand deponiert, wo die Natur ungestört Natur sein darf und wo die Sonnenuntergänge am schönsten sind. Wer dieses (wieder) heile Fleckchen Erde, das jahrzehntelang militärisches Sperrgebiet war, erleben möchte, sollte von Prerow aus den sechs Kilometer langen Fußweg durch den Darßer Urwald nicht scheuen, Bimmelbahnverschnitt und Pferdefuhrwerk verschmähen und dafür den Urwald auf sich wirken lassen. Wenn dann der Leuchtturm und die Dünen auftauchen und der Blick in die Unendlichkeit schweifen kann, ist das Erlebnis (am besten früh morgens oder spät abends) kaum mehr zu vergessen.

Prerow selbst, das Seebad im Grünen, ist fest im Griff des Tourismus. Wer allerdings mit offenen Augen durch den weitläufigen Ort bummelt, wird noch so manches Kapitänshaus mit phantasievoll geschnitzten und farbenfroh bemalten Türen finden, wird die barocke Seemannskirche unter dem hölzernen Tonnengewölbe entdecken oder auf dem Friedhof die Seemannsgrabsteine studieren. Das Darß Museum schließlich präsentiert sich mit Fischerküche, Seemannszimmer und viel maritimer Volkskultur. Buddelschiffe und Schiffsmodelle fehlen ebensowenig wie Schmuck aus Afrika oder alte Schiffsjournale. Wenig östlich von Prerow trennte bis zur Sturmflut von 1872 der Prerowstrom die Halbinsel Darß von der Halbinsel Zingst. Nach der Sturmflut wurde diese Verbindung zwischen der offenen See und dem Bodstedter Bodden durch einen Deich geschlossen. An den alten Wasserweg erinnert heute nur noch der Prerower Boddenhafen, von dem aus man heute zu interessanten Boddenfahrten in See stechen kann. Zwischen Prerow im Westen und Zingst im Osten erstreckt sich vor dem großen Seedeich die Unendlichkeit eines knapp zehn Kilometer langen, feinsandigen Nordstrandes, an dem jeder Badefreund nach seiner Façon selig werden kann. In Zingst selbst erinnert ebenfalls noch manches Kapitänshäuschen an die goldene Zeit der Segelschiffahrt, im Heimatmuseum wird die Inselgeschichte lebendig. Auf dem Zingster Friedhof kann man neben prächtigen Kapitänsgrabsteinen

Das Rostocker Tor in Ribnitz-Damgarten stammt noch aus der Zeit der Hanse.

Fischerhütten an der Boddenseite von Prerow.

das Grab der Heimatdichterin Martha Müller-Grählert suchen, von der das Lied von den Ostseewellen stammt.

Östlich von Zingst gibt es nur noch die kleine Ortschaft Müggenburg, gibt es bis hinüber zu dem Nehrungshaken von Bock nur noch Natur pur. Hier und vor allem auf der Insel Kirr ist das Reich der Vögel. Bei Niedrigwasser kann man ein eindrucksvolles Sandwatt beobachten und die Nähe der Südspitze von Hiddensee bestaunen. Wäre da nicht die Notwendigkeit, die Fahrrinne zum Stralsunder Hafen offen zu halten, hätte die stetige Westostverfrachtung des Sandes wohl längst eine Verbindung zu dieser am nächsten gelegenen Inselspitze geschaffen.

Auf der Südseite der Halbinseln Fischland, Darß und Zingst reihen sich wie Perlen auf einer Kette die Bodden. Sie haben lediglich an der Ostnase von Zingst eine Verbindung zur offenen See. 50 Kilometer weiter westlich beim Ribnitzer See, im Osten von Fischland, gibt es dagegen nur den Zufluß aus der Recknitz, dem Grenzfluß zwischen Mecklenburg und Vorpommern. An der Mündung liegt die Doppelortschaft Ribnitz-Damgarten, erst 1950 entstanden aus dem mecklenburgischen Ribnitz und dem pommerschen Damgarten. Auf der Brücke zwischen beiden steht noch das ehemalige Zollhaus als Hinweis auf jahrhundertealte Zolltradition.

Beide Orte stammen immerhin aus dem 13. Jahrhundert, Ribnitz erhielt sein Stadtrecht 1233 und Damgarten, das damals noch Damechora hieß, erhielt 1258 vom Rügenfürst Jaromar II. das Lübische Stadtrecht. Das heutige, aus dem frühen 15. Jahrhundert stammende Rostocker Tor gab es bereits 1290, und die ältesten Teile der Stadtkirche von Ribnitz stammen auch schon aus dem 13. Jahrhundert. Ein Jahr jünger ist die Klosterkirche des ehemaligen Klarissinnenklosters, das der mecklenburgische Herzog Heinrich der Löwe 1323 stiftete. In der kreuzrippengewölbten Saalkirche gibt es sechs gotische Tafelgemälde und auf einem Barockaltar kostbare Holzplastiken zu entdecken. Die Löwenmadonna aus Lindenholz und die aus Eichenholz geschnitzte Madonna auf der Mondsichel sind hervorragende Beispiele spätmittelalterlicher Schnitzkunst. Im Dominahaus des Klosters ist heute das Bernsteinmuseum, das einzige seiner Art an der Ostsee, untergebracht.

Im Süden der Halbinsel Zingst liegt am Barther Bodden das alte Städtchen Barth. Hier hatte man schon 1255 das Lübische Stadtrecht eingeführt und Witzlaw III., der letzte Rügenfürst, hatte 1316 einen Fürstenhof errichten lassen. Im 15. Jahrhundert wurde Barth Residenzstadt, nach dem Dreißigjährigen Krieg geriet es als vorpommersche Stadt in schwedische Hand. Nach dem Wiener Kongreß unterhielt Preußen einen Segelschiffhafen, doch ist von der alten Herrlichkeit nicht allzuviel erhalten. Noch am schönsten sind das 35 Meter hohe Dammtor aus dem 15. Jahrhundert und die mächtige gotische Backsteinkirche St. Marien aus dem frühen 14. Jahrhundert. Ihr 87 Meter hoher Turm bietet den besten Aussichtspunkt über die Boddenkette und die Inselkette von Fischland, Darß und Zingst.

Folgende Seite:
See- und Boddenseite der Halbinsel Zingst (oben).
Windgeneratoren am Grabower Bodden (unten).

KRANICH-RASTPLATZ – DER NATIONALPARK POMMERSCHE BODDENLANDSCHAFT

Zwischen der Halbinsel Darß-Zingst, der Insel Hiddensee und der westrügenschen Küste liegt eine der wenigen noch weitgehend naturnahen Großlandschaften Mitteleuropas. Das Landschaftsbild dieser vorpommerschen Küstenregion ist das Ergebnis einer natürlichen Küstenentwicklung unter Einbeziehung der in dieser Region seit Jahrhunderten arbeitenden Menschen. Die Abtragungs- und Anlandungsprozesse des Meeres sowie der Wind haben Steilküsten, Nehrungen, Strandseen, Dünen und Windwatten geschaffen. Der Mensch hat Wälder gerodet, Äcker und Wiesen angelegt und mit seinem Weidevieh die Boddenufer geformt.

Das Grundgerüst der Boddenlandschaft lieferte die letzte Eiszeit vor etwa 12 000 Jahren. Damals war die Ostsee ein kleines, ausgesüßtes Binnenmeer. Dann stieg der Ostseepegel und erreichte vor 5–6000 Jahren etwa das heutige Niveau. Dabei wurde das Land überflutet, vorhandene Höhenrücken blieben als Inseln. Von ihnen trug das Meer in einem stetigen Prozeß Material fort, das als Sandhaken, Nehrungen und Halbinseln an anderen Stellen wieder abgelagert wurde. Die auf diese Weise von der Ostsee abgeschnürten, flachen Buchten werden als Bodden bezeichnet, in denen sich Brackwasser aus der Ostsee mit Süßwasser aus den einmündenden Flüssen vermischt.

Hufeisen-Azurjungfer am Bodden.

Die Neulandbildung beginnt mit der Auffüllunug von Senken auf dem Meeresgrund. So entstehen sogenannte Schaare als Sandplatten, die bei Niedrigwasser trockenfallen. Auf diesen Sandplatten werden Strandwälle abgelagert, die schließlich zu Dünen aufgeweht werden können. Sie werden als Reffe bezeichnet. Zwischen den Strandwällen bleiben langgestreckte Vertiefungen, die sogenannten Riegen erhalten. In den Riegen sammelt sich Süßwasser und kommt es zu Vermoorungen. Im Bereich des nördlichen Darß läßt sich diese Landschaftsform sehr schön beobachten. Zu großflächigen Moorbildungen kommt es, wenn die Schaarflächen sehr schnell durch vorgelagerte Strandwälle vom offenen Wasser abgeriegelt werden. Das war im Bereich des Vordarß der Fall. An den Boddenküsten entstanden frühzeitig durch den Tritt von Weidevieh im Wechsel mit periodischen Überflutungen durch Boddenwasser dünne Salztorfschichten, die Küstenüberflutungsmoore genannt werden.

Im Nationalpark steht einer Landfläche von 118 Quadratkilometer eine Wasserfläche von 687 Quadratkilometer gegenüber. Amphibische Lebensräume – jene Übergangsbereiche zwischen Land und Wasser sowie Spülsäume, Dünen, Windwatten, Röhrichte und Moore – charakterisieren diese Landschaft auf besondere Weise.

Im Verlauf von Jahrhunderten sind ausgedehnte Wälder auf dem Darß und Zingst entstanden. Menschliche Bewirtschaftung schuf Heiden auf Hiddensee oder die Salzwiesen an den Boddenufern. Die auf den ersten Blick oft einsam anmutenden Flachwassergebiete sind überall voller Leben. Auf und im sandigen Meeresboden leben zahlreiche wirbellose Tiere wie Würmer und Muscheln. Festsitzende und schwimmende Algen bereichern den Lebensraum. Sie sind Nahrungsquelle für eine nahezu unendlich große Anzahl von Zugvögeln. Berühmt sind die Flachwassergebiete an der Küste von Westrügen und im Bereich der Inseln Bock und Werder als Mitteleuropas bedeutendste Kranichrastplätze.

Gut 50 Fischarten gibt es an der Ostseeküste und im Bodden. Neben den Meeresfischen Hering, Dorsch und Steinbutt leben hier auch Süßwasserfische wie Zander und Barsch. Zur Schonung der Fischbestände ist die Fischerei nur in ausgewiesenen Zonen und in traditioneller handwerklicher Weise mit Stellnetzen oder Reusen zugelassen.

Die Küsten im Nationalpark sind größtenteils als Flachküsten

Brackwasserröhricht am Bodden.

Der Wald im Bereich des Nationalparks unterlag in den vergangenen Jahrhunderten den verschiedensten Nutzungen. Forstlich angelegte Monokulturen, zu hohe Wildbestände und stark entwässerte Waldbereiche zählen zu den Hinterlassenschaften menschlicher Bewirtschaftung. Zu den neuen Aufgaben gehört es, zur Umwandlung der Kunstforsten in natürliche Waldgesellschaften beizutragen. Solche Waldformen sind bereits auf großen Flächen in den Kernzonen vorhanden. Dort soll in Zukunft jegliche Nutzung unterbleiben.

Die Flachwasserzonen, die am Ostende der Halbinsel Zingst bei Pramort beginnen, weisen mit dem einzigartigen Windwatt an der Ostsee ein Feuchtgebiet von internationaler Bedeutung auf. Hier hat der Küstenvogelzug vor allem für die Laro-Limikolen im Frühjahr und im Herbst seine große Raststation. Bis zu 104 verschiedene Arten finden auf dem Zug in die Brut- oder Winterquartiere hier Rast- und Nahrungsraum. Besonders eindrucksvoll ist das Naturschauspiel beim Kranichzug im Herbst. Dann rasten hier bis zu zwei Drittel der westwärts ziehenden Kraniche und damit der größte Teil des gesamten skandinavischen Brutbestandes. In den Schlafgewässern des internationalen Feuchtgebietes Ost-Zingst-Westrügen konnten auf dem Herbstzug bereits mehr als 30 000 Kraniche gezählt werden. Damit liegt die bedeutendste Rastregion im gesamten Verbreitungsgebiet des Grauen Kranichs in diesem Küstennationalpark.

Salzgraslandschaft am Bodden.

ausgebildet. Lediglich die Nordspitze von Hiddensee weist eine imposante Steilküste auf. Aktive und bisher weitgehend vom technischen Küstenschutz unbeeinflußte Uferabschnitte sind besonders auch an der West- und Nordküste der Halbinsel Darß vorhanden. Hier sind Landabtragung und Neulandbildung besonders eindrucksvoll. Mehr als 2,5 Kilometer Landzuwachs erhielt auf diese Weise der Darßer Ort in den letzten 300 Jahren – ein Landzuwachs, der einmalig in Nordeuropa ist.

Solche Anlandungsgebiete gibt es in allen drei Kernzonen des Nationalparks. In ihnen stehen das Alter der Strandwälle und die Pflanzenbesiedlung vom Spülsaum bis zur bewaldeten Düne in engem Zusammenhang. Hinter ausgedehnten Primärdünenfeldern am Darßer Ort sowie am Pramort auf Ost-Zingst schließen sich jüngere Weißdünenkomplexe an. In den älteren Graudünenbereichen sind flechtendurchsetzte Trockenrasen und breite Krähenbeerpolster zu finden. In den Senken sind Dünentalmoore ausgebildet. Die erste Waldbildung findet landeinwärts auf dem Dünentrockenrasen mit Kiefernanflug statt. Die Primärdünenkieferwälder sind mit Zwergstrauchheiden ausgeprägt.

Nach etwa 300 Jahren dringt die Buche ein und baut einen Buchenmischwald auf. In den vermoorten Senken zwischen den Strandwällen und Dünenzügen entwickeln sich Erlenbruchwälder – bevorzugte Brutreviere des Kranichs und Laichgebiete von Amphibien.

An den Bodden wird das Landschaftsbild von weiten Wasserflächen, flachen Ufern und dem ebenen Hinterland bestimmt. Mehr oder weniger ausgedehnte Röhrichtflächen ziehen sich als Saum an der gesamten Boddenküste entlang – an einigen Stellen unterbrochen von extensiv beweideten und periodisch überfluteten Salzwiesen wie etwa bei den Inseln Ummanz und Kirr.
Die Röhrichte, als unzugängliche und zugleich unentdeckte Lebensräume, bieten nicht weniger als 34 Küstenvogelarten bevorzugten Lebensraum. Darunter sind so scheue und heimliche Vogelarten wie der Rohrsänger oder die Rohrweihe. Rotschenkel, Brachvogel und Kampfläufer bevorzugen dagegen die bunten Salzwiesen. Sie sind die letzten Rückzugsgebiete für diese und andere Watvogelarten.
Hiddensee schließlich ist die größte Insel im Nationalpark. Sie beherbergt mit der Dünenheide und den Hutungen alte Kulturlandschaften von einzigartiger Schönheit. Die großen Neulandbildungen im Nordosten und Süden von Hiddensee, die durch abgetragene Sande, Kiese und Steine des Steilufers an der Nordspitze „ernährt“ werden, zählen dagegen zu den naturnahesten Gebieten und sind als Kernzone geschützt. Dünenheide und die Trockenrasen des Hochlandes sind ganz besondere Insekten- und Pflanzenparadiese.
Hauptziel des Nationalparks ist es zwar, die Natur möglichst weitgehend zu schützen und ihr eine „natürliche“ Entwicklung

Das dichte Röhricht wächst im Udarser Wieck.

Die Dünenheide gedeiht auf Hiddensee.

zu ermöglichen. Dies bedeutet zwar durchaus Gebiete mit absolutem Betretungsverbot. Daneben gibt es jedoch sehr wohl zahlreiche Gelegenheiten, der Natur unmittelbar „über die Schulter“ zu schauen. Der Darßwald etwa ist durch zahlreiche Wanderwege erschlossen, man kann ihn nach Herzenslust und in alle Richtungen durchstreifen. Vom Rundwanderweg am Darßer Ort aus erhält der Besucher sogar Einblick, wie das Land und der Wald noch heute wachsen. Am Weststrand kann man den Kampf des Waldes mit Wind und Wellen nachvollziehen und im Wald die Vielfalt der Waldformen und der darin heimischen Tierwelt studieren.
Auch im Bereich des Ost-Zingst sind Osterwald und Salzwiesen durch Wanderwege erschlossen. Der rund 800 Hektar große Osterwald östlich von Müggenburg war ursprünglich ein Eichen-Buchenwald, der zur Brennholzgewinnung genutzt wurde. Aus dem Hochmoor im Waldinneren wurde Torf gestochen. In den östlich anschließenden Salzwiesen wurde von der DDR eine intensive Landwirtschaft betrieben. Gut 140 Kilometer künstliche Gräben veränderten den natürlichen Wasserhaushalt, Dünger

Folgende Seite:
Zahlreiche Wasservögel bevölkern die Boddenlandschaft. In der linken Spalte sind es von oben der Alpenstrandläufer, die Bekassine und die Küstenseeschwalbe, in der rechten Spalte sind es von oben der Austernfischer, die Brandgans und der Säbelschnäbler.

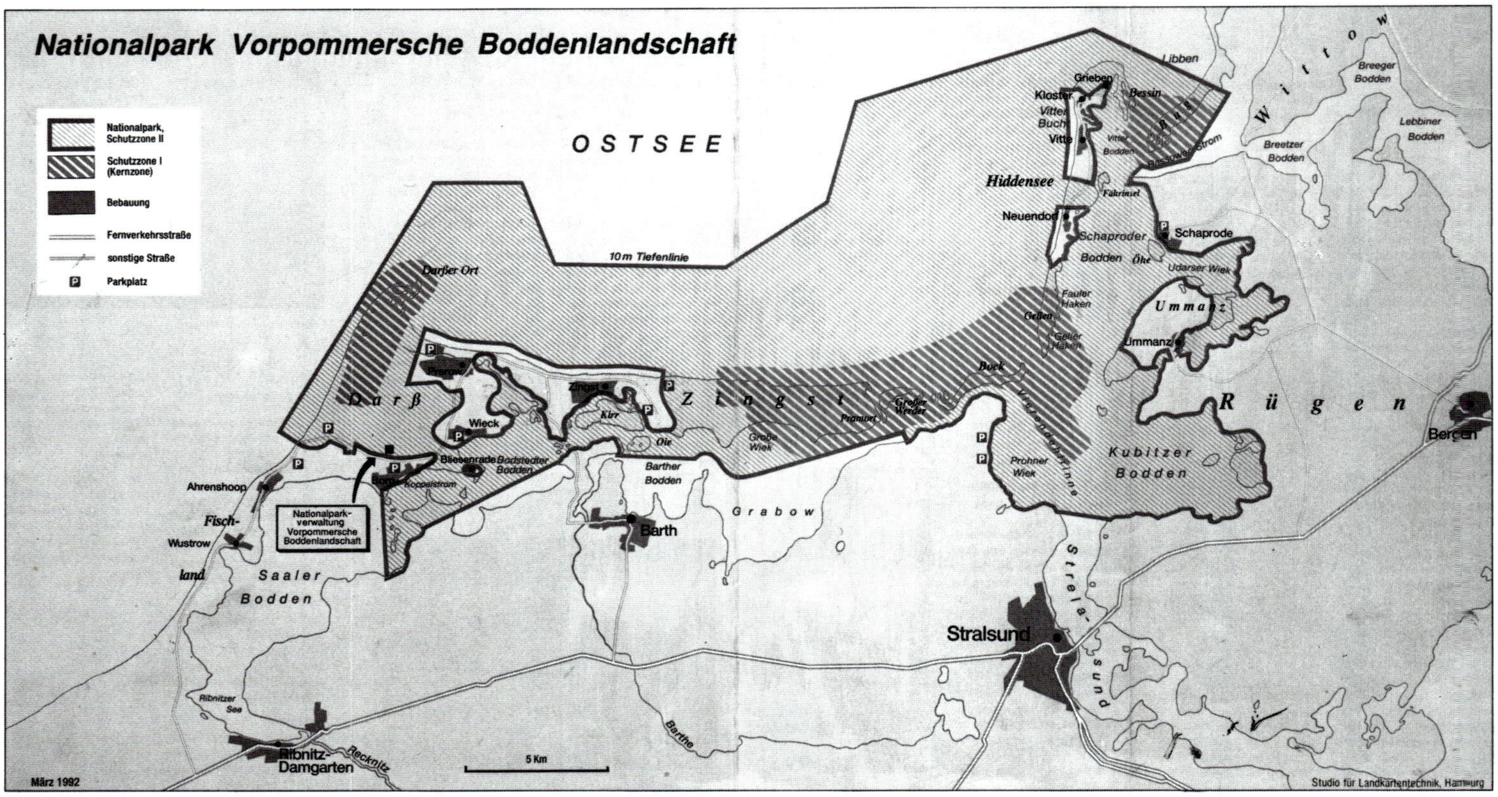

und Gülle taten ein übriges. Heute ist hier auf weiten Bereichen bereits die Renaturierung zu beobachten. Zu den Attraktionen des Gebietes zählen die großen Zugvogelschwärme im Frühling und im Herbst. Viele Gänse, Enten und bis zu 30 verschiedene Watvogelarten nutzen die großräumigen Übergangsbereiche zwischen Land und Wasser als Rastplätze, manche auch als Brutstätten. Auf den Salzwiesen und dem vorgelagerten Windwatt finden sich Pionierpflanzen wie der Queller oder die Salzaster.

Das absolut imposanteste Ereignis im Nationalpark ist jedoch zweifellos der Zug der Kraniche. Sie überqueren zweimal im Jahr das Gebiet des Nationalparks. Während es die Vögel im Frühjahr eilig haben, zu ihren Brutrevieren zu kommen, verweilen sie im Herbst wochenlang in der Boddenregion, um sich für den langen Weiterflug nach Spanien zu stärken. Tagsüber fliegen die Vögel zu den umliegenden Feldern auf dem Festland und auf Rügen zur Nahrungssuche. Gegen Abend treffen sie sich in großen Schwärmen in den Flachwasserbereichen zwischen Rügen und dem Zingst, um dort ihre Schlafplätze für die Nacht aufzusuchen. Geschlafen wird stehend auf einem Bein im bis zu 40 Zentimeter tiefem Flachwasser. Auch im Flug ist der Kranich von weitem an seinem typischen Flugbild zu erkennen: Hals und Beine werden waagerecht gehalten, wobei die Beine so lang sind, daß sie den Schwanz deutlich überragen. Gerne fliegen die Kraniche in Keilformation, bemerkbar machen sie sich mit schmetternden Trompetenrufen.

Um die Beobachtung der Kraniche zu ermöglichen, ohne die scheuen Vögel zu stören, wurden von der Nationalparkverwaltung eigene Beobachtungsstationen eingerichtet. Solche Stationen gibt es im Süden von Zingst, am Pramort (mit besonderen Regelungen während der Hauptzugzeit), in Tankow auf der Insel Ummanz sowie auf Westrügen östlich von Schaprode.

Weitere Informationen zum Nationalpark sind erhältlich beim Nationalpark Vorpommersche Boddenlandschaft, Im Forsthaus, 18375 Born am Darß, Telefon 03 82 34/2 95.

Zu den eher unscheinbaren Bewohnern der Boddenlandschaft gehören der Perlmuttfalter (links) und der Laubfalter (rechts).

STRALSUND –
DAS STRALOW AM SUND

Und wenn sie mit Ketten an den Himmel geschmiedet wäre, ich wollte sie doch herunterholen" prahlte im Mai 1628 der kaiserliche Feldherr Albrecht von Wallenstein, als er während des Dreißigjährigen Krieges Stralsund zu erobern versuchte. Nach sechs Wochen vergeblicher Versuche, mußte der siegesgewohnte Haudegen unverrichteter Dinge abziehen – Stralsund hatte wieder einmal überlebt.

Überlebenskünstlerin hatte die Stadt quer durch die Jahrhunderte immer wieder sein müssen. Schon im Jahre 1249 hatte man die auf Vernichtung abzielenden Angriffe des konkurrenzneidischen Lübeck abwehren müssen. Nur ein gutes halbes Jahrhundert später, im Jahre 1316, widerstand Stralsund den Dänen, nachdem sich Lübeck, Wismar und Rostock schon ergeben hatten. Die Schwedenherrschaft nach dem Dreißigjährigen Krieg brachte zwar manches politische Problem, zum Ausgleich aber auch die Baulust schwedischer Gouverneure und Stadtkommandanten. Auch der napoleonische Versuch, die Stadt mit jedes vernünftige Maß übersteigenden Kontributionen in die Knie zu zwingen, schlugen letztendlich fehl. Selbst der Bombenhagel des Zweiten Weltkrieges ließ Wesentliches unzerstört, und sogar die nahezu fünfzigjährige Tatenlosigkeit der DDR-Zeit wird die Stadt vielleicht blessiert aber nicht zerstört überleben.

Finnwalskelett im Stralsunder Meeresmuseum.

Wo so viel Überlebenswille zu Hause ist, gab es in der Geschichte natürlich auch viel Positives. Aus dem wendischen Fischer- und Fährdorf Stralow an der engsten Stelle des Strelasundes wuchs bereits im 12. Jahrhundert eine Handelssiedlung deutscher Bauern, Handwerker und Händler, die 1234 von Fürst Witzlav I. von Rügen das Lübische Stadtrecht erhielt. Beurkundet wurde das im rügischen Charenza, dem heutigen Garz, dem Stralsund damals noch untertan war.

Danach sicherten vor allem zwei Umstände das Überleben der jungen Stadt: die Vorzüge ihrer Lage und eine Feuersbrunst. Die Insellage zwischen Sümpfen, Teichen und dem Strelasund schützte vortrefflich gegen feindliche Angriffe, so daß die Stadt in Ruhe wachsen konnte. Als 1271 ein verheerender Stadtbrand nahezu den gesamten Baubestand vernichtete, sorgte ein Ratsbeschluß dafür, daß die Bürger in Zukunft ihre Häuser nur noch in Stein errichten durften. Als dann noch eine wuchtige Stadtmauer dazukam, war Stralsund nahezu unverwundbar.

Eine geschickte Bündnispolitik des Rates, ein rasch aufblühender Fernhandel und der Beitritt zur Hanse im Jahre 1293 sorgten dafür, daß Stralsund zu der nach Lübeck führenden See- und Handelsmacht im Ostseeraum wurde. Bestärkt wurde dieser Aufschwung noch durch den Wechsel der Oberhoheit über die Stadt von den Rüganer Fürsten zu den pommerschen Herzögen im Jahre 1325. Vom danach erworbenen Reichtum zeugen die bis heute das Bild der Straßen und Plätze der Altstadt beherrschenden Backsteinbauten der Gotik.

Der Niedergang der Hanse brachte zwar auch Stralsund einen Niedergang seiner wirtschaftlichen Macht, doch reichten 1628 25 000 Söldner Wallensteins nicht, die wohl geschützte Festung in die Knie zu zwingen. Dänen und Schweden unter König Gustaf II. Adolf retteten das Kleinod am Strelasund – allerdings um den Preis einer für nahezu zwei Jahrhunderte verlorenen Selbständigkeit. Immer wieder wurden die Stralsunder unter der schwedischen Oberhoheit in Kriegshändel hineingezogen.

Im Jahre 1678 stand Kurfürst Friedrich Wilhelm von Brandenburg vor der Stadtmauer und legte nach dreimonatiger Belagerung ganze Straßenzüge in Schutt und Asche. Schwere Schäden brachte auch der Nordische Krieg von 1700 bis 1721. Danach kamen Dänen, Russen und Sachsen, und vor den Preußen wüteten die napoleonischen Truppen. Napoleon schließlich ließ die

Vorherige Doppelseite: Blick vom Turm der Marienkirche über die Stralsunder Altstadt und den Sund.

noch aus dem Mittelalter stammende Stadtbefestigung schleifen – gegen den erbitterten Widerstand des preußischen Majors und Freiheitskämpfers Ferdinand von Schill und seinem 6000 Mann starken Husarenregiment. Erst nach 1815 folgten unter preußischer Regie wieder Jahrzehnte friedlicher Aufwärtsentwicklung. Von woher auch immer heute ein Besucher das Dreieck der Altstadt zwischen Knieper Teich, Frankenteich und Strelasund betritt, stets landet er unmittelbar im Netz der mittelalterlichen Straßenzüge. Hier gibt es kaum eine Gasse, in der nicht wenigstens einige stattliche Häuser mit Giebeln im Stil von Gotik, Renaissance oder Barock zu finden sind. Die Spannweite der Haustypen reicht dabei von dem mit Pfeilern und schlanken Dreipaßblenden gegliederten Backsteingiebel an dem noch aus dem 13. Jahrhundert stammenden ältesten Haus der Stadt in der Mühlenstraße 1, über den Pfeilergiebel an dem Mitte des 15. Jahrhunderts errichteten Wulflamhaus bis zu den unter schwedischem Einfluß entstandenen Traufenhäusern wie etwa die Schwedische Kommandantur am Alten Markt.

Im Stralsunder Scheele Haus wurde der Entdecker des Sauerstoffs geboren.

Die überwältigende Westfassade der Stralsunder Marienkirche stammt aus dem 14. Jahrhundert.

Zentrum des ältesten Teiles der Stadt ist mit dem Rathaus und der eindrucksvollen Nikolaikirche der Alte Markt. Seine Südseite nimmt die spätgotische, türmchenbewehrte, harmonisch gegliederte Schaufassade des Rathauses ein. Sie und der nördliche Kopfbau mit seiner zweischiffigen spätgotischen Laube sind die bis 1380 entstandenen jüngsten Teile des Patrizierbaus. Die beiden den schmalen Hof einfassenden Flügel und der südliche Verbindungstrakt stammen dagegen noch aus dem letzten Drittel des 13. Jahrhunderts. Dort lagen ursprünglich die ältere Große Ratstube und die Gerichtslaube. Das zierliche Renaissancetreppenhaus im nördlichen Durchgang wurde 1579 fertiggestellt, die zweigeschossige Galerie des Binnenhofes Ende des 17. Jahrhunderts. Den Schlußpunkt setzte schließlich die gegen die Ossenreyer Straße gelegene Barockfassade im Jahre 1715. Leider blieb von der einst überreichen Innenausstattung nichts erhalten. Lediglich in der ehemaligen Achtmannskammer ist noch das barocke Inventar zu sehen.

Die Stralsunder Nikolaikirche entstand Ende des 13. Jahrhunderts als Ratspfarrkirche.

Unmittelbar neben dem Rathaus steht die Rats- und Pfarrkirche St. Nikolai. Der gewaltige Bau mit seinen mächtigen Türmen und dem hohen Mittelschiff überragt die Dächer der Stadt weit und kündet bis heute von mittelalterlicher Macht und Reichtum ihrer Bürger. „Ungeheuer" nennt Alfred Andersch ihre beiden Türme, um dann liebevoll hinzuzufügen: „wunderbare, rote Ungeheuer, die man streicheln kann". Zweifellos zählt die querschifflose Basilika mit Chorumgang und Kapellenkranz zu den schönsten hochgotischen Bauwerken des gesamten Ostseeraumes. Unter dem Eindruck der Lübecker Marienkirche begann man den Riesenbau um 1270, verwendete dabei ältere Teile und vollendete den Bau im wesentlichen schon 90 Jahre später. Dabei blieben die Türme allerdings bis heute unvollendet, lediglich der südwestliche trägt eine Welsche Haube, sein Bruder endet stumpf.

Auch das wohl proportionierte Innere braucht den Vergleich mit der Lübecker Marienkirche nicht zu scheuen. Dazu kommt, daß äußerst wertvolle Ausstattungsstücke erhalten blieben. Zu den wichtigsten gehören die Anna selbdritt aus dem Ende des 13. Jahrhunderts, eine um 1335 auf die Wand einer Nebenkapelle gemalte Kreuzigungsgruppe oder die bronzene Grabplatte des 1357 verstorbenen Bürgermeisters Albert Hovener. Eindrucksvoll sind die spätgotischen Wandmalereien im Chorumgang, die zahlreichen, von reichen Geschäftsleuten gestifteten Schnitzfiguren oder die von bestimmten Gruppen gestifteten Altäre, wie der der Bergenfahrer, der Aarhusfahrer oder der Nowgorodfahrer. Seltene Schönheit besitzen der vor 1450 entstandene, von den Riemern und Beutlern gestiftete Altaraufsatz, die Kanzel von 1611 und der kurz nach 1700 entstandene evangelische Hauptaltar. Unter welchem Gesamtmotto das Innere der Ratskirche stand, verrät ein Spruch über dem Krämergestühl: „Dat ken Kramer is, de blief buten (draußen), oder ik schla em up de Schnuten".

Ähnlich wie in manchen anderen Hansestädten entstand auch in Stralsund früh ein zweiter Stadtkern. Er wurde nach 1250 als Neuer Markt an der Südspitze des Altstadtdreieckes angelegt. An seiner Südseite wuchs die gewaltige, spätgotische Marien-

Das mittelalterliche Rathaus von Stralsund zählt zu den schönsten Profanbauten der Backsteingotik.

kirche als zweite Pfarrkirche der Stadt in den Himmel. Um die von 1384 bis 1473 errichtete Basilika mit Querhaus und Chorumgang in ihrer ganzen Größe und Schönheit überblicken zu können, muß man zum gegenüber liegenden Ufer des Frankenteiches spazieren, von wo ihre Dimensionen erst so richtig zur Geltung kommen. Steht man dagegen vor dem gewaltigen Westturmmassiv und studiert man die Dimensionen des von Spitzbogenfenstern durchbrochenen Turmes und seiner zwei seitlichen Hallen, spürt man bis in die letzte Faser hinein das Selbstbewußtsein und den Wohlstand der Bauherren. Der unendlich weit in den Himmel stürmende Turmaufbau drückt all das Machtbewußtsein aus, an dessen unendlichen Fortbestand die Erbauer glaubten.

Reichtum und Macht wollten natürlich auch im Inneren ihren Ausdruck finden. Entsprechend weit und hoch sind die von kräftigen Achteckpfeilern begleiteten, kreuzgewölbten Joche der Mittelschiffe von Querhaus und Langhaus sowie die von einem Sterngewölbe geschlossene Vierung. Die Hallen des westlichen

Die Stralsunder Jakobikirche wartet noch auf ihre Restaurierung.

Turmmassivs gipfeln in kunstvoll gewobenen Netz- und Sterngewölben.

Im Inneren blieben die barocken Schauwände verschiedener Familienkapellen und -grüfte erhalten. Wichtigstes Ausstattungsstück ist aber die 1659 vom Hamburger Orgelbauer Friedrich Stellwagen mit einem prächtigen Prospekt erbaute Orgel. Sie gehört zu den ältesten Orgeln dieser Größe im Ostseegebiet und vermittelt wie kaum eine andere den vollen Umfang barocker Orgelmusik.

Die dritte große Stralsunder Kirche ist die in der ersten Hälfte des 14. Jahrhunderts und um 1400 fertiggestellte Jakobikirche. Sie wurde im Krieg am stärksten beschädigt, beherbergt aber zwei gotische Flügelaltäre sowie einen Hochaltar mit Gemälden von Johann Heinrich Tischbein.

Wichtige Funktionen in der Stadt hatten während des gesamten Mittelalters zwei Bettelorden. Beide errichteten große Klosteranlagen, beide wurden in der Reformation aufgehoben. Von beiden blieben aber dennoch wichtige, spätgotische Bauten erhalten, die heute wieder sinnvoll genutz werden. So beherbergt das ehemalige Dominikanerkloster St. Katharinen in seinen spätgotischen Klosterräumen heute das Kulturhistorische Museum der Stadt. Im dreischiffigen Kapitelsaal, dem Refektorium und mehreren Räumen mit feinen Sterngewölben sind kostbare Kunstwerke und Dokumente zur Geschichte und Kultur der Stadt zu entdecken. In der im ersten Viertel des 14. Jahrhunderts vollendeten, gotischen Hallenkirche der Dominikaner ist seit 1974 das Meereskundliche Museum untergebracht. Weit über 200 Tier- und Pflanzenarten aus allen Weltmeeren sind hier zu sehen.

Die Räume des hoch- und spätgotischen Franziskanerklosters St. Johannes dienten seit dem 17. Jahrhundert als Spital und Altenheim. Dadurch blieben sie ebenso wie der bekannte „Räucherboden“ mit seinen seitlichen Wohnpriechen wohl erhalten. Die Räume beherbergen heute das Stadtarchiv, das eine Barockbibliothek, wertvolle Dokumente, handgeschriebene, blattgoldverzierte Bibeln und Wiegendrucke aus dem 15. und 16. Jahrhundert aufbewahrt. Die frühgotische Hallenkirche der Franziskaner fiel 1944 bis auf geringe Reste den Bomben zum Opfer, nachdem das Langhaus schon seit 1624 keine Pfeiler und Gewölbe mehr hatte.

Von der einst so wehrfähigen mittelalterlichen Befestigungsanlage der Stadt sind am Westrand noch Teile der Stadtmauer mit alten Wiekhäusern erhalten. Von den ursprünglich vier Landtoren sind noch das Kütertor und das Kniepertor erhalten.

Den bis heute sichtbaren Beweis für die Verbundenheit Stralsunds mit der Schiffahrt liefert die vor über 500 Jahren von Stralsunder Kapitänen gegründete Schiffercompagnie. Ihre Räume sind vollgestopft mit Segelschiffen: Segelschiffe als Aquarelle oder Ölgemälde, als Modelle auf Stellagen oder von der Decke baumelnd als Zierde für die uralte Balkendecke. Kaum irgendwo sonst kann man so viele Schiffstypen nebeneinander sehen: Koggen, Gaffelschoner, Brigantinen, Schonerbriggs und Fregatten wetteifern um die Gunst des Betrachters. Allein das Modell des schwedischen Dreimasters Karl XII. mit seinem prächtig vergoldeten Schnitzwerk und den 96 Kanonen würde den Besuch lohnen.

Wer mit all den Schiffstypen im Hinterkopf schließlich auf den gewaltigen Westturm der Marienkirche steigt und von dort oben auf die einzigartige, architektonische Geschlossenheit der Stralsunder Altstadt schaut und sich dann all die Schiffe im Hafen vorstellt, wird spüren, daß die Stadt gar nicht anders kann, als demnächst im alten Glanz wieder neu zu erstrahlen.

RÜGEN – DIE KÖNIGIN DER DEUTSCHEN INSELN

Svantevit, der einst am Kap Arkona verehrte Slawengott, hatte vier Gesichter, seine Heimat Rügen hat ein vielfaches davon. Ob stolze Kreidefelsen oder flache Sandstrände, ob mondäne Badeorte oder reizvolle Fischerdörfchen, ob fruchtbare Äcker oder schattige Wälder, ob alte Hünengräber oder slawische Burgwälle – jede Komponente für sich ist eine Berühmtheit, alle zusammen machen ein Rügen aus, das wirklich kennenzulernen, ein Leben fast zu kurz ist. Maler und Dichter haben in den verschiedensten Stilformen versucht, den Schönheiten dieser Königin näherzukommen. Gelungen ist es noch am ehesten den Malern, verfügen sie doch über die Mittel, Landschaften mit starken Farbkontrasten ins Bild zu setzen. Keinem gelang dies besser als Caspar David Friedrich, dessen *Kreidefelsen am Meer* die Kreidezacken der Wissower Klinken vor der bläulich-grün schimmernden See zeigen. Keinem anderen gelang es wie ihm, die wechselnden Stimmungen der Rügener Landschaft auf die Leinwand zu bannen und damit weltweit berühmt zu machen.

Der Blick aus der Vogelschau auf Deutschlands größte Insel zeigt, daß die insgesamt 926 Quadratkilometer sich nicht nur auf einzelne Inselkerne, sondern vielmehr auf ein Konglomerat aus nahezu 30 Halbinseln und Inseln verteilen. Die Inselsammlung mit ihren unzähligen Buchten bringt es auf eine Küstenlänge von immerhin 575 Kilometer. Trotz dieser enormen Küstenlinie ist kein Ort der Insel weiter als sechs Kilometer vom Meer entfernt!

Rügen war einst das Reich von Svantevit.

Geformt wurde all das gegen Ende der letzten Eiszeit vor etwa 10 000 Jahren. Damals blieben voneinander isolierte Inselkerne übrig, die den höchsten Erhebungen der heutigen Insel entsprechen: im Norden der Dornbusch von Hiddensee, das Kap Arkona und der Königsstuhl, in der Mitte die Erhebungen um Bergen und weiter im Süden der Rücken der Granitz. Vor allem die geschwungenen Bögen aus feinsandigem Strand zwischen den äußeren Inselkernen fehlten noch völlig. Sie wurden erst in den letzten 5500 Jahren von der See angelagert und geformt, indem die Wellen die Inselkerne an der Luvseite annagten und das abgeknabberte Material an den leeseitigen Flanken wieder anlagerten.

Auch die Trennung Rügens vom Festland durch den Strelasund, ist eine Folge der Eiszeit. Die letzte Gletscherzunge modellierte mit ihrem Schmelzwasser das „Urstromtal“ zwischen Kubitzer und Greifswalder Bodden. Allein der strömungsbedingte Wasseraustausch sorgte hier dafür, daß bei Altefähr eine Wassertiefe von etwa 13 Meter erhalten blieb.

Alle eiszeitliche Hobelei erklärt natürlich nicht die Entstehung der berühmten Rügener Kreidefelsen. Sie entstanden während der Kreidezeit im Verlauf von etwa drei Millionen Jahren, als Schalen- und Gehäusereste von winzigen, einzelligen Lebewesen mehrere hundert Meter hoch im damals warmen Meer abgelagert wurden. Wenn man weiß, daß ein Gramm Kreide aus 50 000 Schalenresten besteht und der Ablagerungsvorgang vor etwa 70 Millionen Jahren abgeschlossen war, bekommen die stolzen Felsen noch einmal eine völlig neue Dimension. Lieferanten der Schalenreste waren die Foraminiferen, einzellige „Kammerlinge“, von denen es insgesamt über hundert verschiedene Gattungen und Arten gab. Daneben gab es in den Kreidemeeren natürlich Muscheln, Schnecken, Ammoniten und Stachelhäuter, deren Gehäuse und Skelette aus Calziumkarbonat ebenfalls die Kreideschichten wachsen ließen.

Daneben war das Kreidemeer aber auch Heimat für Kieselschwämme und Kieselalgen, deren Skelette aus Siliziumverbindungen bestanden. Sie verfestigten sich zum zwar nicht so spektakulären aber nicht weniger interessanten Feuerstein, der eben-

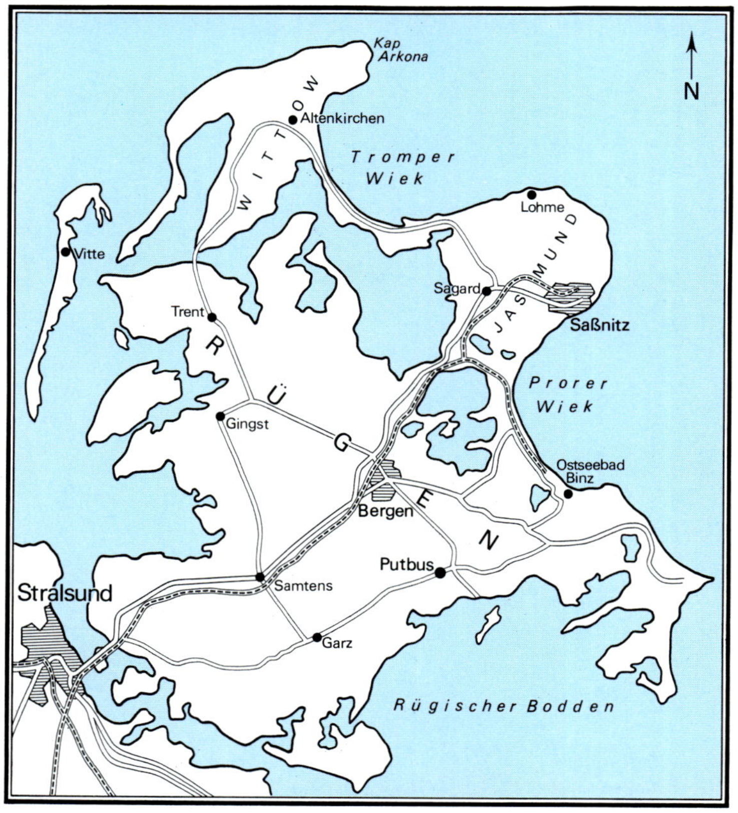

falls für Rügen und die ganze Kreidezeit typisch ist. Die Feuersteine ziehen sich wie Bänder in einzelnen Lagen durch die Kreide und liegen in Haufen zu Füßen der Kreidefelsen. Während der Steinzeit nutzten unsere Vorfahren den leicht spaltbaren Feuerstein zur Fertigung von Messern, Schabern, Pfeilspitzen und Handwerksgeräten aller Art. Heute finden sich die interessantesten Feuersteinfelder Rügens in der Nähe von Mukran.

Die eigentliche Kulturgeschichte Rügens begann dank der Eiszeit erst spät. Erst vor etwa 10 000 Jahren schmolz das letzte Eis, vor vielleicht 7–8000 Jahren dürften die ersten Jäger die rauhe Inselwelt erkundet haben. Bereits zur Jungsteinzeit jedoch muß es eine umfangreiche Besiedelung gegeben haben, hinterließ sie doch mehrere hundert Hünengräber, von denen bis heute etwa 50 erhalten geblieben sind. Sie hören auf so romantische Namen wie „Herzogsgrab", „Sieben Brüder" und „Steenbarg". Sie alle zählen zu den ältesten, in Mitteleuropa erhaltenen Großsteingräbern und sind damit mitten in die Landschaft gestellte, wertvolle Kulturzeugnisse.

Die Kunst, den aus Silizium bestehenden spröden Feuerstein zu spalten, gab nicht nur einer ganzen Epoche den Namen. In der Jüngeren Steinzeit gab es vielmehr auf Rügen eine der größten Werkstätten jener Zeit zur Verarbeitung von Feuersteinen. Sie arbeitete rund 300 Jahre lang, zwischen 3860 und 3500 v. Chr. in der Gegend des heutigen Lietzow. Prachtexemplare aus dieser Werkstatt sind heute im Kulturhistorischen Museum in Stralsund zu bewundern.

Auch die Bronzezeit hinterließ auf Rügen vor allem Grabmäler. In ihnen wurden nach und nach ganze Sippen begraben, entsprechend groß gerieten diese mit Erde überwölbten Grabstätten. Der „Dobberworth" bei Sagard und der „Dewkenberg" bei Nessenbranz-Gustow sind mit jeweils etwa zehn Meter Höhe und knapp 50 Meter Umfang die größten. Entstanden sind die über 300 bekannten Grabhügel zwischen 1600 und 1200 v. Chr. Als um 800 v. Chr. die Bronze vom Eisen abgelöst wurde, kamen die Germanen ins Spiel. Ob sie bereits die Herthaburg bauten, ist eher Spekulation denn gesicherte Tatsache. Zwar wurde bei Gustow ein germanisches Gräberfeld mit Fundstücken von der Bronzezeit bis zur römischen Kaiserzeit freigelegt, doch lieferte es keine Antwort auf die Frage nach der Lebensweise der Germanen auf Rügen. Die einzig greifbare Hinterlassenschaft ist, daß die germanischen Rugier der Inselwelt vor dem Strelasund den Namen Rügen hinterließen und bis etwa 400 n. Chr. dort hausten.

Die Kreideküste von Rügen bei den Wissower Klinken.

Der sagenumwobene Königsstuhl ist Rügens bekanntester Fels an der ganzen Kreideküste.

Ihnen folgten von Osten her slawische Ranen, die Rügen ab 844 nachweislich in Besitz hatten. Sie errichteten im 10. Jahrhundert die ersten Fürstenburgen, die zu Kriegszeiten gleichzeitig Fliehburgen waren. Ihr Gott war der viergesichtige Svantevit, dessen Heiligtum die Ranen am Kap Arkona auf der Insel Wittow errichtet hatten. Svantevit war ein Gott des Friedens und der Fruchtbarkeit, sein Orakel bestimmte jedes größere Unternehmen der Ranen. Gegenpol von Svantevit und militärische Ergänzung war Rugevit, der Gott des Krieges. Sein Heiligtum war die Feste Carenz, beim heutigen Garz.

Für rund vier Jahrhunderte waren die Ranen die unbestrittenen Herren auf Rügen, als Seeräuber waren sie in der Umgebung beinahe genauso gefürchtet wie die Wikinger. Die Küstenbereiche von Mecklenburg und Pommern suchten sie ebenso regelmäßig heim wie den der Dänen. Ähnlich wie die Wikinger starteten sie ihre Raubzüge per Schiff als Blitzfeldzüge, nahmen die Beute mit und versteckten sich wieder in den zahllosen Schlupfwinkeln der Rügener Inselwelt. Entsprechend schwierig war es für die Küstenbewohner, ihnen beizukommen. König Knut dem Großen von Dänemark gelang es zwar, sie zu unterwerfen und sie zinspflichtig zu machen, doch war auch das nur ein vorrübergehender Scheinerfolg. Unter ihrem Anführer Crito suchten die Ranen im Gegenzug im Jahre 1066 ganz Pommern, Mecklenburg und Holstein heim, zerstörten die ersten christlichen Kirchen und versuchten, ihre eigenen Götter einzusetzen. Selbst vor Lübeck machten sie nicht halt.

Folgende Doppelseite:
Die ganze grandiose Schönheit der Rügener Kreideküste wird erst aus der Vogelperspektive offenbar.

Ein Jahrhundert später, im Jahre 1168, schlug dann auch den Ranen die Stunde, als sie von den Dänen unterworfen wurden. Sie mußten ihren Tempelschatz herausgeben und ihren alten Göttern abschwören. Die hölzerne Heiligenfigur Svantevit wurde laut einem genauen Bericht von *Saxo Grammaticus* aus seinem Tempel geschleift und zerhackt, der Tempel ging in Flammen auf. Daß das „Sakrileg“ folgenlos blieb und damit die Ohnmacht des Götzen offenbar wurde, stärkte die Christen, die bis Ende des 14. Jahrhunderts die Ranen auf Rügen ablösten.
Als Zeugnisse ihrer Kultur hinterließen die slawischen Ranen über 800 Grabhügel, die meist als Gemeinschaftsfriedhöfe ganzer Siedlungen gedient hatten. Im Ralswieker Forst liegt der größte dieser Friedhöfe mit etwa 400 Einzelhügeln. Im Chor der

Im ersten Morgenlicht leuchten die Rügener Kreidefelsen in einem ganz besonders warmen Licht.

Kirche von Altenkirchen zeigt ein Bildstein eine Figur in slawischer Tracht mit einem Trinkhorn. Ob ein Priester der Ranen oder der Rügenfürst Tetzlaw dargestellt ist, konnte noch nicht geklärt werden.
Natürlich vollzog sich der Übergang von den heidnischen Ranen zu den Christen nicht von heute auf morgen. Endlose Kriege und immer neue Zerstörungen dezimierten die Bevölkerung, so daß sich der erste christliche Ranenfürst auf Rügen, Fürst Jaromar gezwungen sah, deutsche Siedler auf seine Insel zu lassen oder sie sogar zu rufen. All das geschah unter dänischer Oberaufsicht, denn nach der Zerstörung von Arkona betrachteten die Dänen die Insel als ihr Eigentum und verwalteten sie von Ralswiek aus. Allerdings erhielten die Rügenfürsten ihr Land vom dänischen König als Lehen zurück.
Die Christianisierung begann der streitbare dänische Bischof Absalon von Roeskilde mit der Weihe der ersten Kirche in Garz noch im Jahre 1168. Die danach errichteten Kirchen in Bergen, Altenkirchen, Sagard und Schaprode verraten bis heute den dänischen Einfluß. Erst die in einem zweiten Schub errichteten Kirchen in Wiek, Bobbin, Gustow und Rambin gerieten zu deutschen Bauten. Alle zusammen sind interessante Backsteinbauten mit zum Teil kostbarem Inventar.
Als die ranischen Rügenfürsten 1325 ausstarben, kam Rügen als dänisches Lehen an Pommern. Mit dem Ende des Dreißigjährigen Krieges kam die Insel zusammen mit Pommern 1648 zu Schweden. Erst auf dem Wiener Kongreß erreichte dann Fürst Malte von Putbus 1815 den Anschluß Rügens an Preußen.
Bis ins 19. Jahrhundert hinein war Rügen ein dünn besiedeltes Land. Seit dem Dreißigjährigen Krieg wurde der Großgrundbesitz systematisch erweitert, Ende des 18. Jahrhunderts waren auf Rügen von 23 000 Einwohnern etwa 15 000 leibeigene Landarbeiter, die auf rund 500 Gütern arbeiten mußten. Vorkämpfer der Bauernbefreiung wurde der auf der Insel geborene Dichter und Patriot Ernst Moritz Arndt. Sein 1803 fertiggestelltes Werk *Versuch einer Geschichte der Leibeigenschaft in Pommern und Rügen* zeigte die Abhängigkeitsverhältnisse anschaulich auf. Nicht zuletzt dank dieses Werkes hob die schwedische Regierung 1806 offiziell die Leibeigenschaft auf, doch änderte das an den Besitzverhältnissen bis zum Ende des Zweiten Weltkrieges recht wenig.
Eine radikale Änderung trat dann 1945 unmittelbar nach Ende des Zweiten Weltkrieges ein. Die sowjetische Besatzung enteignete den gesamten Großgrundbesitz entschädigungslos, insgesamt 48 000 Hektar Land wurden aufgeteilt. Ab 1952 begann vor diesem Hintergrund die Kollektivierung nach DDR-Muster mit dem Ergebnis, daß es statt der einst 500 Güter nun 135 LPGs gab, die dann auch noch zu größeren Cooperationen zusammengefaßt wurden. Insgesamt wurden die Betriebe dadurch weitaus größer als zur Zeit der ausgeprägtesten Gutswirtschaft. In welcher Form diese Art der Kollektivierung nach der Vereinigung „abgewickelt“ werden kann oder muß, wird die Zukunft zeigen.
Eine weitaus angenehmere Entwicklung als die Landwirtschaft nahm der Badebetrieb. Nach zögerlichen Anfängen im 19. Jahrhundert und nach dem Bau des ersten Bades in Lauterbach durch Fürst Malte, fuhren die ersten Gäste 1824 zum Baden an die Außenküste bei Saßnitz. Um 1900 gab es in Göhren schon 6800 Badegäste pro Saison, 1914 kamen bereits über 63 000 Urlauber auf die Insel – eine Entwicklung, die selbst zu DDR-Zeiten nicht abriß und heute erst recht einen neuen Anlauf genommen hat.

IM LAND DER RANEN – RALSWIEK UND BERGEN

Wo das flachwellige Südrügen fast unvermittelt in das kuppige Endmoränengebiet Hochrügens übergeht, erstreckt sich der weithin sichtbare, durchwegs bewaldete und bis zu 91 Meter hohe Rugard. Er ist der geographische Mittelpunkt der Insel. An seinem Südhang entstand im 12. Jahrhundert die letzte Stadt der wendischen Ranen, die Stadt am Berge, das heutige Bergen. Ihr Gründer war der gerade christianisierte Wendenfürst Jaromar I. Er begann zwei Jahre nach der Zerstörung des Svantevit-Heiligtums in der Jaromarsburg am Kap Arkona im Jahre 1168 hier am Hang des Rugard mit dem Bau der ersten Marienkirche und wenig später mit dem benachbarten Nonnenkloster.

Rügen und Raps sind beinahe Synonyme.

Die Neugründung war sichtbares Zeichen einer Zeitenwende: Die heidnischen Wenden waren von den Dänen besiegt worden, ließen sich christianisieren und begannen, sich mit den Christen des Festlandes zu vermischen. Nun waren Ackerbau und Viehzucht angesagt, Zentralrügen kam unter den Pflug, und das neue Bergen war für diese Entwicklung der richtige Mittelpunkt.

Davor waren die noch unbekehrten heidnischen Ranen dagegen Seefahrer und Seeräuber gewesen. Sie hatten ein Zentrum am Wasser benötigt, das von der offenen See aus für sie selbst gut erreichbar, für mögliche Verfolger aber schwer bis gar nicht zu finden war. Gefunden hatten das die Ranen im für ihre Zwecke idealer gar nicht denkbaren Ralswiek am Südzipfel des Großen Jasmunder Boddens. Die Zufahrt dorthin war so verzwickt, daß sie nur Ortskundige überhaupt finden konnten, und sie war zudem im Bereich der heutigen Wittower Fähre mühelos zu verteidigen bzw. ganz zu sperren.

Ein Blick auf die Karte genügt, um die Strategie der wendischen Wasserbanditen zu erkennen: Zunächst mußte ein möglicher Eindringling wissen, daß sich die Zufahrt hinter der Insel Hiddensee versteckte. Dann mußte er ahnen, daß der Weg südlich der Halbinsel Bug dem Rassowstrom bis zur Südspitze der Halbinsel Wittow folgte. Erst nach dem Passieren der Meerenge, des Bretzer und des Breger Boddens, hatte ein Eindringling überhaupt den Großen Jasmunder Bodden erreicht. Dort aber war er noch immer per Schiff leicht zu bekämpfen. Kein Wunder also, daß sich über Jahrhunderte hinweg Pommern und Dänen immer wieder vergeblich bemühten, die räuberischen Ranen unter ihre Kontrolle zu bekommen.

In der Sicherheit der Ralswieker Bucht hatten die Ranen ihr wirtschaftliches und politisches Zentrum errichtet. Die Bucht diente ihnen als natürlicher Handels- und Kriegshafen. Zwischen den Jahren 750 und 1168 hatten sie hier auf etwa neun Hektar eine frühstädtische Siedlung auf einem Strandwall errichtet, der sich vom heutigen Seglerhafen bis zur Anlegestelle der weißen Flotte erstreckte. Von hier aus stachen sie zu ihren Raubzügen in See, wenn das Orakel ihres viergesichtigen Gottes Svantevit am Kap Arkona erfolgversprechend gelautet hatte, hierher zogen sie sich mit ihrer Beute zurück, hierher flohen sie vor möglichen Verfolgern.

Natürlich gab es aber auch in Ralswiek friedliche Zeiten. Die etwa 400 bronzezeitlichen Grabhügel im Wald bei Augustenhof, wenig westlich von Ralswiek, belegen, daß es bereits vor über 3000 Jahren eine kontinuierliche Besiedlung gegeben hatte. Zahlreiche Einzelfunde in Ralswiek selbst beweisen, daß die Ranen hier durchaus auch friedlichen Seehandel getrieben hatten. Scherben von Specksteinschalen aus Norwegen und Reste von Zipfelhenkelgefäßen aus Schweden belegen Handelsverbindungen ebenso wie eine Spange mit Drachenköpfen aus Gotland. Persische Drachmen und arabische Dirhams beweisen Beziehungen bis nach Arabien und in den Orient.

Trotz der enormen Entfernungen dürften diese Beziehungen

Fast so berühmt wie die Kreidefelsen sind die Lindenalleen auf Rügen.

ziemlich konstant gewesen sein, denn ein einziger Fund unter dem Feldsteinpflaster eines Ranenhauses lieferte einen Schatz von nicht weniger als 2203 arabischen Dirhams, die zwischen 459 und 847 geprägt worden waren. Zu sehen ist dieser Schatz heute im Kulturhistorischen Museum in Stralsund. In den islamischen Südosten lieferten die Ranen Bernstein, Getreide, Leder, Pelze, Wachs und Honig sowie als einträglichste Ware Sklaven. Die Rückfracht bestand aus Seide, Silber, Edelsteinen, Elfenbein und kostbaren Gewändern.

Für ihren Handel und für ihre Raubzüge benutzten die wendischen Ranen nahezu die gleichen Schiffe wie die Wikinger. 1967, 1968 und 1980 fanden sich im verlandeten Teil des Ralswieker Hafens vier ihrer Schiffe, mit denen bewiesen werden konnte, daß sie ihre Schiffe exakt nach dem Vorbild der Wikinger gebaut hatten. Lediglich ein technisches Detail wies sie als Eigenbau der Ranen aus: Sie verwendeten zum Zusammenbau keine Eisennieten, sondern Nägel aus Nadelholz. Selbst so wichtige Elemente wie die Masthalterung waren mit Holznägeln am Rumpf befestigt. Nur wenn Verlängerungen angelascht werden mußten, benutzten auch die Ranen Eisennieten mit quadratischen Nietplatten. Sie lieferten damit immerhin den Beweis, daß sie durchaus in der Lage gewesen wären, die Niettechnik zu verwenden, doch bevorzugten sie, aus welchem Grund auch immer, die Holznägel. Alle anderen Details hatten sie den Wikingern abgeschaut.

Zwar sind die bisher auf Rügen gefundenen Schiffe der Ranen kleiner als die bekannten Wikingerschiffe, haben nur zehn Ruderplätze, sind knapp 15 Meter lang und konnten maximal drei Tonnen Last tragen, doch ist das noch kein Beweis, daß es nicht auch größere Schiffe gegeben hat. Unbestreitbar jedenfalls ist, daß die bis heute auf den Bodden verkehrenden Zeesenboote direkte Nachfolger der von den Ranen genutzten Wikingerschiffe sind.

Im heutigen Ralswiek ist von den Ranen nichts mehr zu sehen, lediglich von der früheren Propstei ist bekannt, daß dort zur Zeit der Christianisierung in der zweiten Hälfte des 12. Jahrhunderts Bischof Absalon von Roeskilde residierte. Das neue Schloß entstand als Neorenaissancebau bis 1894, die Kapelle im Stil einer nordischen Holzkirche bis 1907. Auf der Naturbühne zwischen Schloß und Boddenufer wurde viele Jahre die schaurig-schöne

Vorherige Doppelseite: Hochsommer auf Rügen heißt auch hoher Himmel und helles Licht.

Ballade von Klaus Störtebeker aufgeführt. Der Seeräuber, der mit dem Motto „Arm Lüt wat geven, rik Lüt wat nehmen" zum Volkshelden geriet, soll in Ruschvitz bei Glove auf Rügen geboren sein, auch wenn weit mehr als zehn Küstenorte um die gleiche Ehre streiten. In Ralswiek jedenfalls soll es demnächst wieder Störtebeker-Spiele auf der Naturbühne geben.

Wenig östlich von Ralswiek, an der schmalen Verbindung zwischen Großem und Kleinem Jasmunder Bodden, liegt das unscheinbare Lietzow mit der Landzunge Spitzerort. Wo heute nur ein paar Fischerhütten stehen, wurden 1939 Tausende von Feuersteinwerkzeugen gefunden – ein Beweis, daß hier eine der größten Werkstätten zur Herstellung von Feuersteinwerkzeugen in ganz Nordeuropa bestanden hatte. Die entsprechende Kultur heißt deshalb seither Lietzow-Steinzeitkultur. Die Funde sind im Kulturhistorischen Museum in Stralsund ausgestellt.

Mit der Christianisierung verlor Ralswiek seine Bedeutung, Bergen wurde das neue Zentrum. Allerdings waren seine Häuser ausschließlich aus Holz gebaut und brannten entsprechend oft ab. Das älteste Fachwerkhaus stammt deshalb nur von 1538, älter sind nur Kirche und Kloster. Die Kirche ist das älteste Bauwerk auf Rügen, ihr spätromanischer Chor mit einem wertvollen Freskenzyklus stammt noch aus der ersten Bauzeit. Unverkennbar ist der Einfluß der dänischen Backsteinromanik, zu erkennen etwa an Details wie den kelchförmigen Kapitellen. Wertvolle Ausstattungsstücke sind der Grabstein des ranischen Fürsten Jaromar I., eine gotländische Kalksteintaufe sowie eine prunkvolle Barockkanzel.

Wenig östlich von Bergen lockt der 91 Meter hohe Gipfel des Rugard zu einem Besuch. Hier hatten die Ranen ebenfalls eine Wallanlage, hier hatte ihr erster christlicher Fürst, Jaromar I., seinen Sitz, als er Rügen von den Dänen als Lehen zurückbekam. Seit 1877 ziert den Rugard der Ernst-Moritz-Arndt-Turm zu Ehren des wohl bedeutendsten Sohnes von Rügen. Der poetisch begabte Sohn eines freigelassenen Leibeigenen kämpfte gegen die Leibeigenschaft, gegen die französische Fremdherrschaft und für die deutsche Einheit.

Ganz Rügens bedeutendstem Sohn gewidmet ist das Ernst-Moritz-Arndt-Museum in Garz. Zu sehen sind Originalschriften, darunter die Erstausgabe seines Buches *Versuch einer Geschichte der Leibeigenschaft*. Nicht weniger bedeutsam sind die Lubinsche Karte von 1618, das schwedische Matrikelkataster von 1695 und die Hagenowsche Landkarte von 1829, die jeweils

Nun verkehrt sie wieder, die Fähre zwischen Stahlbrode und der Halbinsel Zudar.

An Rügens berühmtesten Sohn erinnert der Ernst-Moritz-Arndt-Turm in Bergen.

Rügen im Mai heißt Bad in Gelb.

das kartographische Inselbild der entsprechenden Zeit wiedergeben. Auch eine Urkundensammlung in plattdeutscher und lateinischer Sprache verrät viel über die Rügener Geschichte.

Garz selbst ist ein verträumtes Ackerbürgerstädtchen, das deutsche Siedler rund um die alte Wendensiedlung Charenza angelegt hatten. Bereits 1319 hatte diese Siedlung von Witzlav IV. das Stadtrecht erhalten und fungierte danach bis ins 16. Jahrhundert hinein als Hauptstadt Rügens. Die alte Slawenburg ist noch heute die größte Sehenswürdigkeit von Garz, war sie doch die größte Slawenfestung auf Rügen. Hier hatten die Götter Rugevit, Borevit und Poromuz ihren Tempel, in Kriegszeiten diente die Anlage als Fliehburg. Obschon die Burg 1168 zerstört wurde, beeindruckt sie noch heute mit den Dimensionen ihrer Befestigung: rund 200 Meter Durchmesser hat die Wallanlage, etwa zwölf Meter hoch ist der Wall.

Die Garzer Pfarrkirche gehört zu den frühesten Kirchengründungen Rügens, ihr Bau wurde 1168 begonnen. Die heutige Kirche stammt aus dem 14. Jahrhundert, der Turm wurde 1450 fertiggestellt. Zur Ausstattung gehört ein romanischer Taufstein, ein barocker Altar und eine barocke Kanzel. Das älteste Haus des Städtchens ist ein Fachwerkbau aus dem 17. Jahrhundert. Das reetgedeckte Pfarrhaus wurde um 1750 errichtet. Wenig südlich von Garz liegt der kleine Weiler Groß Schoritz, wo Ernst Moritz Arndt 1769 geboren wurde. Im ehemaligen Gutshaus ist heute eine Gedenkstätte für den Patrioten untergebracht.

PUTBUS – DORNRÖSCHENS KLASSIZISTISCHE RESIDENZ

Europas planmäßig errichtete Residenzstädte standen längst, als Fürst Malte von Putbus ab 1808 begann, sein Residenzstädtchen im Stil des Klassizismus zu entwerfen. Zwar hatten die Grafen von Putbus – ihr Name kommt vom slawischen „pod boz“ (hinter dem Fliederbusch) – bereits 1371 ein steinernes Haus als gräflichen Wohnsitz besessen, doch scheint es mit der gräflichen Herrlichkeit nicht allzuweit her gewesen zu sein. Wohl gehörte der Familie gut ein Viertel von ganz Rügen, doch war der gräfliche Haushalt im Jahre 1800 so heruntergekommen, daß für einen Besuch des Schwedenkönigs in seiner deutschen Provinz Stühle und Geschirr aus Stralsund geholt werden mußten. Der damals 17jährige Malte, dessen Vater bereits 13 Jahre vorher gestorben war, schwor sich, daß ihm dies nie wieder passieren dürfe.

Weil zu einer richtigen Residenz eigentlich auch eine Residenzstadt gehören sollte, gab Fürst Malte am 3. November 1808 in der Stralsundischen Zeitung eine Anzeige auf, in der „... alle Handwerker, Tagelöhner und andere, denen es nicht an Verdienst mangeln werde“ zur Niederlassung in Putbus eingeladen wurden. Allerdings seien nur solche Personen erwünscht, die „hinlängliche Beweise eines ordentlichen und stillen Betragens beibrächten“.

Gleichzeitig erließ der strenge Stadtherr klare Baurichtlinien: Die Häuser mußten weiß sein und alle Jahre frisch gekalkt werden. Alle Häuser sollten gleich hoch sein, gleiche Giebel und gleiche Fensteraufteilung haben. Zu jedem wollte die Hofkammer die Kosten für drei Säulen und Stuck übernehmen. Die Zäune sollten grün gestrichen und der Vorgarten mit Hochstammrosen geschmückt sein. Die fürstliche Hoffnung: „So könne dies die hübscheste Reihe Häuser von der Welt werden“, scheint dennoch nicht allzu attraktiv gewesen zu sein, denn der große Run auf das Wohnen im fürstlichen Traumland blieb aus.

Keine Residenz ohne Theater.

Fürst Malte aber wäre nicht er selbst gewesen, hätte er aufgegeben. Nachdem er 1807 seinem Landesherrn, dem Schwedenkönig Gustav IV. Adolf, die Fürstenwürde abgehandelt hatte und ihm dies 1817 auch noch bei den Preußen gelungen war, mußte seine Residenz einfach ausgebaut werden. Begonnen wurde im Park, wo ein luftiger Kursalon für einen standesgemäßen Badebetrieb errichtet wurde. Gebadet wurde in zwei aus Italien importierten Marmor- und in zwei Fayencewannen. Das Meerwasser wurde von Pferdegespannen in Tonnen herbeigekarrt und für die herrschaftlichen Glieder wohlig temperiert. Im Salon konnte man prächtig schmausen, tanzen und ein Spielchen wagen. 1892 wurde vor dieses Ballhaus ein kleiner Kampanile gebaut und das Ganze zur Kirche umfunktioniert. Putbus erhielt damit das luftigste und lichteste Gotteshaus Norddeutschlands.

Bald nach der Fertigstellung des Kursalons erkannte der flinke Fürst, daß Baden in der Wanne nicht sehr zukunftsträchtig war. Rasch ließ er deshalb drunten am Bodden bei Lauterbach das Badehaus in der Goor errichten. Es erhielt eine altgriechisch angehauchte Fassade mit 18 Säulen und Büsten. Weil man erst das Jahr 1818 schrieb, gab es für die Herren am Strand Zelte, für die Damen Badekarren.

Weil die vornehme Welt nach dem Bade unterhalten sein wollte, brauchte die fürstliche Residenz schnellstens ein Theater. Dafür holte er einen Studienfreund, den theaterbesessenen Grafen Carl Friedrich Hahn aus dem mecklenburgischen Remplin. Dem brannte zwar sein erstes Theater ab, doch hatte der Theaterbetrieb Fürst Malte so fasziniert, daß nun ein richtig schönes Hoftheater mit hellenistischem Figurenfries und Säulenportikus errichtet wurde – Rügen hatte damit sein erstes richtiges Hoftheater.

Als Kern des erträumten Residenzstädtchens entstand unmittelbar neben dem Theater, einer Puppenstube nicht unähnlich, ein

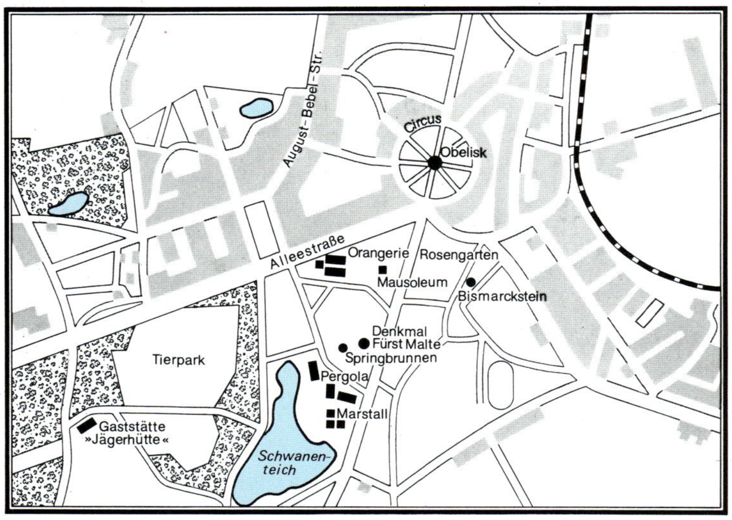

geradezu niedlicher Marktplatz. Die obere Schmalseite erhielt das Rathaus, in der Mitte des Platzes entstand das unvermeidliche Denkmal, und eingefaßt wurde das Ganze mit wohl gestutzten Bäumchen. Passend dazu verordnete Seine Hoheit, daß auf dem Marktplatz zwar ein Markt abgehalten werden dürfe, dort aber weder „Heringe, Tran, noch andere riechende Sachen“ verkauft werden dürften.

Seinen eigentlichen Traum von einer idealen weißen Stadt am Meer verwirklichte Seine Hoheit jedoch mit dem Circus, einem ungewöhnlich weiten, kreisrunden Rondell mit Kugeleichen und Rosenrabatten, das aus der Vogelschau wie eine gigantische Torte aus Stein und Stuck aussieht. Auch ist der Platz wie eine Torte aufgeteilt: acht Kreissegmente sind durch kupierte Eichen, Buchenhecken und Kieswege von einander getrennt, in der Mitte sorgt ein Obelisk mit der Fürstenkrone für das richtige Verständnis. Um den Kreis herum entstanden sechzehn schneeweiße, akkurate Minipaläste, gedacht für die höheren Hofbeamten. Als Eckbau gegen den Park hin wurde das älteste und größte Haus am Platz, das Pädagogium errichtet. Es war als Eliteschule des Fürsten für die hoffnungsvollen Söhnchen des Landes konzipiert und machte als „Pädschen“ seine eigene, heute wieder hochgehaltene Geschichte.

Über all dem vergaß Fürst Malte keineswegs seinen weitläufigen Schloßpark. Selbstverständlich wurden hier ein Mausoleum, eine Orangerie, ein Rosenhaus, ein Marstall, ein großzügiger Schwanenteich, ein Affen- und Fasanenhaus sowie ein eigener Tierpark angelegt. Während die verschiedenen Bauten die Zeiten mehr oder weniger gut überstanden haben, präsentiert sich der Park bis heute als seltenes Kleinod. Über sechzig exotische Baumarten gedeihen hier, die Spannweite reicht von riesigen Tulpenbäumen, über Stechpalmen und Mandschurischen Korkbäumen bis zu exotischen Missourisumpfzypressen oder Syrischen Goldeschen. Uralte Eiben stehen neben Japanischen Stachelfichten, Mammutbäume vertragen sich mit Ginkgos.

Seine ganze Schönheit zeigt der klassizistische Circus von Putbus nur aus der Vogelperspektive.

Nur das fürstliche Schloß sucht man in all dieser Schönheit vergeblich. Erhalten blieb von ihm nur die Terrasse oberhalb des Schwanenteiches. Den dreiflügeligen, mit dorischen Säulen verzierten Bau machten die Anhänger Ulbrichts 1962 in wahrscheinlich vorauseilendem Gehorsam platt. Als offizieller Grund wurde der Befall durch den Hausschwamm vorgeschoben – was die diensteifrigen Helfer aber nicht hinderte, das Abbruchmaterial zum Siedlungsbau direkt um die Ecke zu karren.
So schön die fürstlichen Träume auch waren, sie mußten in den Ansätzen stecken bleiben, weil der Fürst eine Entwicklung falsch eingeschätzt hatte: den Leuten genügte das Fußebaden im Bodden recht schnell nicht mehr. Nun war die Außenküste gefragt, wie von selbst entstanden die Ostseebäder Binz, Sellin, Baabe und Göhren. Sie hängen heute wie seit hundert Jahren wie Perlen an der Schnur an den Gleisen des 1895 fertiggestellten „Rasenden Rolands".
Die Fahrt mit der Schnauferlbahn von Putbus bis Göhren ist nicht nur eine romantische Fahrt durch die liebliche Landschaft Südostrügens, sie ist auch eine nostalgische Reise zu den Seebädern der Jahrhundertwende.
Hat man Glück, darf man sogar in einem Plüschabteil des historischen Theaterzuges Platz nehmen. Der verkehrte bis 1917, um die Badegäste vom Meer zum Putbuser Hoftheater zu schaukeln. Erstes großes Ziel der Bädertour mit dem Dampfroß ist die Fahrt hinüber nach Binz, dem größten Seebad auf Rügen. Seine kilometerlange Uferpromenade ist flankiert von zahllosen, phantasievollen Gründerzeitfassaden. Säulen und Kapitelle, Erker, Zinnen und Türmchen, Stuckdekor und Putten wetteifern mit filigranen Holzvorbauten und schmiedeeisernen Balkonen. Zentrum der riesigen Badebucht ist das in schönstem Jugendstil errichtete, dreiflügelige Kurhaus. Seine turmartigen Pavillons und seine weite Terrasse sind das wohl renovierte Markenzeichen von Binz, dessen Seebrücke inzwischen ebenfalls schon wieder erstanden ist.
Hinter Binz schnauft der nun gar nicht rasende Roland die Hügel des Granitz hinauf und unterhalb eines weiteren Baues des Fürsten Malte von Putbus vorbei. Hoch am Berg hatte der im lichten Buchenwald 1840 unter Mitwirkung des preußischen Stararchitekten Schinkel das neogotische Jagdschloß Granitz errichten lassen. Das ockerfarbige Märchenschlößchen versucht, mit zinnenbewehrten Ecktürmchen, einem martialischen, zentralen Rundturm und schlanken, dekorativen Rundbogenfenstern Eindruck zu schinden. Wirklich eindrucksvoll jedoch ist hauptsächlich die märchenhaft schöne Wendeltreppe im zentralen, innen ganz offenen Rundturm. Eine aus kunstvoll durchbrochenen, gußeisernen Stufen gestaltete Wendeltreppe führt zur oberen Plattform und damit zu einem Aussichtspunkt par excel-

Selbst die Orangerie folgte streng klassizistischen Vorbildern.

Auch eine klassizistische Kirche vergaß Fürst Malte von Putbus nicht.

Folgende Seite:
Die Parkidylle von Schloß Putbus verleitet zum Träumen (oben).
Am Circus von Putbus sollten die Hofbeamten wohnen (unten).

In Lauterbach hatte Fürst Malte von Putbus einst sein Seebad errichtet. Heute ist hier lebhafter Hafenbetrieb.

lence. Von hier bietet sich ein Inselpanorama, das von keinem anderen Punkt Rügens schöner genossen werden kann.

Das Innere des Schlosses wurde inzwischen teilweise rekonstruiert. Wandvertäfelungen und Kacheldekor, Mahagoniparkett und Marmorkamine geben wieder eine Vorstellung von der einst reichen Ausstattung. Die möglichst vorbildgetreue Restaurierung verschiedener Salons sowie des Fest- und Rittersaales sollen folgen.

Nach der Reverenz für Maltes Jagd- und Gästehaus zockelt der Rasende Roland aus dem Granitzer Buchenwald hinunter in die weiten Felder im Osten von Sellin, läßt den Selliner See rechts liegen und erreicht im Ostseebad Göhren seine Endstation. Auch hier herrscht die leicht angestaubte Nostalgie vor, hölzerne Jugendstilfassaden geben den Ton an. Waldeslust, Germania oder Concordia heißen die Häuser, im Heimatmuseum gibt es eine originalgetreue Bauernstube sowie Hausrat und Trachten aus dem 19. Jahrhundert.

Die eigentliche Attraktion aber ist das Hochufer. Es beginnt oberhalb des Nordstrandes beim Buskam, dem größten Findling Mecklenburg-Vorpommerns und zieht sich bis zur Spitze des Nordperdes. Zwischen Wald und Küste kann man anschließend bis hinauf nach Binz wandern. Zwischen Baabe und Sellin wird dem aufmerksamen Wanderer dann die Senke des Mönchgrabens auffallen, hier endete einst der Besitz des Klosters Eldena bei Greifswald. Der hörte auf den Namen Mönchgut und gab der Halbinsel im Süden von Göhren den Namen.

In Sellin schließlich erinnert das luxuriöse Cliff-Hotel aus der Honecker-Aera an die Gleicheren unter den Gleichen im Sozialismus. Das Hotel ist längst wieder in Betrieb, doch in Betrieb ist auch wieder so manche Pension aus der Gründerzeit, viele werden liebevoll restauriert, und so manches heute noch pockennarbige Haus wird folgen, damit Binz und Sellin, Baabe und Göhren wieder werden, was sie waren: Familienbäder an den wunderschönen Oststränden von Rügen.

SÜDOSTRÜGEN – IM BIOSPHÄRENRESERVAT

Rügens prägnantestes Kennzeichen ist die wunderbare Verwobenheit von Land, See und Bodden. Nirgends auf der großen Insel ist diese Verwobenheit auf so engem Raum so hautnah zu erleben, wie im Nebeneinander von Granitz, Mönchgut, Selliner See, Having und der Insel Vilm. Aus kleinen Inselkernen hat hier die steigende Ostsee nach der Eiszeit eine faszinierende Außenküste und auf der Boddenseite aus Sandplatten und Moorstrichen eine großartige Amphibienlandschaft geformt. Um dieses an der gesamten deutschen Ostseeküste einmalige Kleinod in seiner Natürlichkeit zu erhalten, wurde es als 235 Quadratkilometer großes Biosphärenreservat Südostrügen unter den besonderen Schutz der UNESCO gestellt.

Nördlichster Inselkern des Reservats ist der breite Höhenrücken der Granitz. Ihr höchster Punkt ist der 107 Meter hohe Tempelberg, auf dem Fürst Malte I. von Putbus 1836 das zinnenbewehrte Jagdschloß Granitz errichten ließ. Das hatte allerdings schon 1726 einen Vorgängerbau des Putbuser Fürstenhauses gehabt. 1730 war ein erster Aussichtsturm errichtet worden, sein Nachfolger ist der erst 1844 von Schinkel eingefügte, heutige zentrale Aussichtsturm von Schloß Granitz. Der Name von Schloß und Höhenrücken bedeutet Grenzwald, ein Name, der auf die am Südrand der Granitz verlaufende Grenze zum ehemaligen Mönchgut erinnert.

Rügens schönste Treppe.

Wer von der Granitz mehr erleben möchte als die Aussicht vom Turm des Schlosses, der muß den lichten Buchenwald erwandern, denn eine Straße gibt es hier nicht. Lediglich der Rasende Roland quert auf seiner Fahrt von Putbus nach Sellin den westlichen Ausläufer und fährt dabei um das Schloß herum. Von den Haltestellen Garftitz oder Jagdschloß kann man hinaufsteigen. Die andere Möglichkeit, die Granitz zu erkunden, bietet der Hochuferweg zwischen Binz und Sellin. Wird zur Rückfahrt der Rasende Roland benutzt, erlebt man die Schönheiten der Granitz umfassend und von ihren interessantesten Seiten.

Von Binz aus steigt man durch die Piratenschlucht hinauf zum Silvitzer Ort, wo sich aus 21 Meter Höhe der Rückblick auf Binz, die Schmale Heide und die bis 1939 errichteten Bauten des KdF-Bades Prora öffnet. Anschließend folgt der Weg dem Hochufer und erreicht beim Granitzer Ort den schönsten Aussichtspunkt mit Sicht über die Prorer Wiek, hinüber nach Sassnitz und bis zur Halbinsel Jasmund.

Hinter dem Granitzer Ort schwenkt der Weg nach Südosten, umgeht zwei Schluchten und klettert dann zum 72 Meter hohen Falkenberg hinauf. Hier stand einst die Gaststätte Waldhalle, die sich 1986 allerdings die See über das bröckelnde Hochufer hinunterholte. 400 Meter westlich vom Falkenberg liegt der Schwarze See, das romantische Kleinod der Granitz. Der 54 Meter über dem Meer gelegene See ist knapp vier Hektar groß und im Sommer ein einzigartiges Seerosen- und Libellenparadies. Nach weiteren zwei Kilometer ist Sellin und die Rückfahrtmöglichkeit mit dem Rasenden Roland erreicht.

Eine weitere Attraktion der Granitz findet sich an ihrem Südostzipfel bei Lancken-Granitz. Hier gibt es bei den Stresower Tannen ein Gräberfeld aus der Jungsteinzeit. Die insgesamt sechs Großsteingräber wurden vor rund 4500 Jahren während der Trichterbecherkultur errichtet. Die gewaltigen Felsbrocken für den Bau der Megalithgräber lieferte die Endmoränenlandschaft der Granitz; den Transport der tonnenschweren Brocken bewältigte steinzeitliche Technik mit bewundernswerter Bravour. Ob die bei allen Steinen vorhandene glatte Seite sich jeweils zufällig an den Findlingen fand oder ob sie Folge steinzeitlicher Bearbeitung ist, ist noch nicht endgültig geklärt. Ein Hauch 4500jähriger Kulturgeschichte jedenfalls wird hier jeden Besucher anwehen.

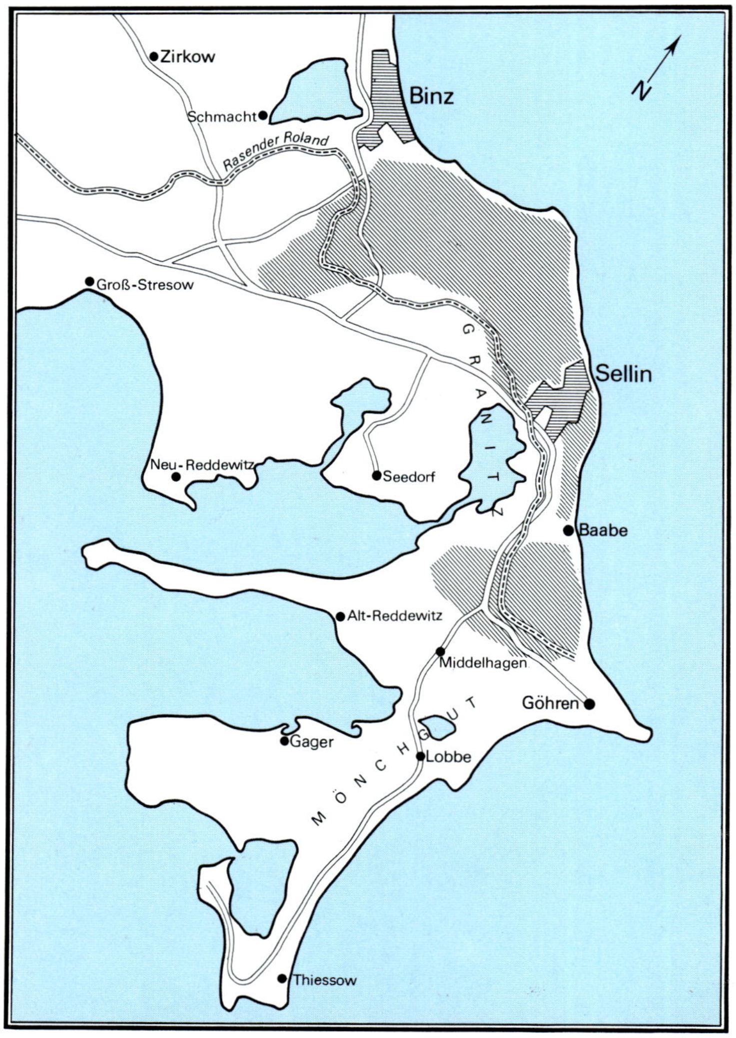

Die Grenze zwischen der Granitz und der südlich vorgelagerten Halbinsel Mönchgut wurde als künstlich angelegter Graben vor Baabe schon im hohen Mittelalter geschaffen. Sie wurde Landwehr genannt und in einer Urkunde von 1220 bereits als „alt“ bezeichnet. Da liegt die Vermutung nahe, daß hier rivalisierende Inselstämme eine verteidigungsfähige Grenze zwischen sich zu legen versuchten. Daß die Halbinsel Mönchgut von den damaligen Herren auf Rügen eher als Anhängsel angesehen wurde, verrät die Tatsache, daß 1252 das Land südlich der Landwehr an das Zisterzienserkloster Eldena bei Greifswald verkauft wurde. Danach bürgerte sich der naheliegende Name Mönchgut ein.
Das gesamte Mönchgut besteht aus mehreren einzelnen Inselkernen unterschiedlicher Höhe. Die lange, schmale Landzunge zum Reddevitzer Höft etwa ist bis zu 33 Meter hoch, der Bakenberg auf Groß Zicker bringt es auf 66 Meter, und der höchste Punkt auf Klein Zicker ist auch noch 38 Meter hoch. Nimmt man die höchsten Punkte von Thiessow (35 Meter) und Göhren (40 Meter) dazu, bietet sich gleich eine ganze Handvoll prächtiger Aussichtspunkte, von denen aus das amphibische Land des Mönchgutes aus unterschiedlichen Perspektiven betrachtet werden kann.

Vorherige Doppelseite: Hinter Strand und Promenade des Ostseebades Binz liegt direkt der Schmachter See.

Touristischer Hauptort des Mönchgutes ist heute, nicht zuletzt wegen der Endstation des Rasenden Rolands, das Ostseebad Göhren. Es bietet nach Nord wie nach Süd endlos anmutende, prächtige Sandstrände, die in der Mitte durch das rund 40 Meter hohe Nordperd als besonders schöner Aussichtspunkt unterbrochen werden.
Gegenpol des betriebsamen Göhren ist die Einsamkeit der fünf Kilometer langen, aber nur rund 300 Meter breiten Landzunge, über deren Rücken der „Lange Wech“ führt und an deren Spitze das Reddevitzer Höft liegt. Kein Weg auf ganz Rügen bietet eine so herrliche Panoramasicht über eine Boddenlandschaft wie der Lange Wech. Ringsum fällt das Ufer steil ab, den Strand zieren unterschiedliche Findlinge, und die Kliffranddüne ist mit Sanddorngestrüpp überwachsen.
Ganz besondere Möglichkeiten zum Erlebnis der Boddenlandschaft bieten die Halbinseln Groß Zicker und Klein Zicker. Auf Groß Zicker gibt es Hügelgräber, Trockenrasenhänge und am Zickerschen Höft ein besonders schön ausgeprägtes Kliff. Auf Groß Zicker gibt es zudem eine Backsteinkirche aus dem 14. Jahrhundert mit geschnitzter Kanzel und interessanten Bleiglasfenstern. Das frühere Pfarrwitwenhaus von 1723 ist das älteste Wohnhaus auf Mönchgut. Es hatte ursprünglich keinen Kamin und wurde mit offenem Rauchabzug als Rookhus beheizt.

Folgende Seite: Romantiker können am Thiessower Haken weite Spaziergänge unternehmen.

Mittelpunkt der Binzer Kupromenade ist das in reinstem Jugendstil errichtete Kurhaus.

Die äußerste Südspitze des Mönchgutes nimmt die alte Siedlung Thiessow ein. Den besten Überblick bietet hier das 35 Meter hohe Südperd, von wo aus der Blick weit über den Greifswalder Bodden hinüber nach Greifswald und zur Insel Usedom schweift. Thiessow war einst der wichtigste Lotsenort des Mönchgutes für die Schiffswege nach Stralsund und Greifswald. Auf dem Thiessower Lotsenberg betrieben die Lotsen einen Signalmast, denn der Endhaken Thiessow markiert auch die Grenze zwischen Ostsee und Greifswalder Bodden. Die daraus resultierenden unterschiedlichen Strömungen und Untiefen waren für die Schiffahrt um Rügen herum eine ständige Gefahr, auch für Schwimmer sind diese Strömungen nicht ungefährlich.

Den 107 Meter hohen Tempelberg ziert das 1836 errichtete, zinnenbewehrte Jagdschloß Granitz.

Nördlich von Thiessow, in der Bucht zwischen Lobbe und Göhren, landete im Dreißigjährigen Krieg die schwedische Flotte und sorgte dafür, daß Rügen und große Teile Pommerns für rund 200 Jahre unter schwedische Oberhoheit kamen. Die entsprechende Zollstation für den unter schwedischer Oberhoheit durchaus regen Seehandel war im wenig nordwestlich gelegenen Klein Zicker.

Westlich des Mönchgutes liegt im Nordrand des rügischen Bodden die romantische Insel Vilm. Ihr Name stammt vom slawischen iluma = Ulme. Ursprünglich war die aus zwei Kernen bestehende Insel ganz mit dieser Baumart bewachsen, doch fielen die meisten der Bäume dem letzten großen Holzeinschlag im Jahre 1527 zum Opfer. Seitdem blieb sich die Insel weitgehend selbst überlassen, so daß ein urwaldartiger Inselwald entstehen konnte. Er ist das einzige Beispiel einer so lange ungestörten Vegetation auf ganz Rügen. Allein aus diesem Grund wurde Vilm bereits 1936 offiziell als Naturschutzgebiet ausgewiesen.

Zwar nahm die DDR-Prominenz 1959 Vilm als hermetisch abgeriegelte Ferieninsel für sich in Anspruch, doch wurden lediglich einige reetgedeckte Ferienhäuser errichtet, sonst aber kein Schaden angerichtet. Heute ist darin die Internationale Naturschutzakademie der Bundesforschungsanstalt für Naturschutz und Landschaftsökologie untergebracht. Um den strengen Naturschutz für die Insel weiterhin zu gewährleisten, werden täglich nur 30 Personen zu einer Führung auf Vilm abgesetzt. Alle übrigen müssen sich mit einer Schiffsrundfahrt um die Insel begnügen.

Daß die kleine Insel keinesfalls von mehr Menschen betreten werden darf, hat seinen guten Grund. Immerhin wachsen hier gut 300 Pflanzenarten, darunter so Raritäten wie Lerchensporn, Bärenlauch und mannshoher Adlerfarn. Mindestens 65 Vogelarten brüten hier, darunter der Seeadler, der Zwergschnäpper, der Wendehals und die Nachtigall des Nordens, der Sprosser. Die Bäume bevölkern Gänsesäger und Brandgänse, und am Flutsaum tummeln sich Kormorane und Bleßrallen.

Wer das Glück hat, einen Platz in der täglichen Führungsgruppe zu ergattern, für den wird vor allem der Urwald von Vilm zum Erlebnis: efeuumschlungene, gewaltige Buchen, Erlen, Stieleichen, Birken und seltene Bergulmen sind zu bewundern. Wer all das erleben durfte, wird dem romantischen Maler Carl Gustav Carus zustimmen, der 1819 nach einem Besuch von Vilm mit seinem Malerkollegen Caspar David Friedrich in sein Tagebuch schrieb: „Ich habe kaum jemals wieder das Gefühl so ganz reinen, schönen und einsamen Naturerlebens gehabt wie damals auf dem kleinen Eilande."

KREIDEFELSEN UND MEHR – DER NATIONALPARK JASMUND

Es ist nicht möglich, einen einfacheren und erhabeneren Ausblick zu finden“, schrieb Wilhelm von Humboldt nach dem Besuch des Königsstuhls; Caspar David Friedrich ließ sich von den Jasmunder Kreidefelsen zu seinem weltberühmten Bild *Kreidefelsen am Meer* inspirieren, und Kaiser Wilhelm I. bestaunte 1865 zusammen mit seiner Gemahlin Victoria die Sicht auf den Königsstuhl von dem Felsen aus, der heute zur Erinnerung an das Ereignis Victoriasicht heißt. Sie alle waren, wie die zahllosen Besucher bis zum heutigen Tag, fasziniert von Rügens schönstem Wanderziel, der bis zu 117 Meter hoch aufragenden Kreideküste am Ostrand der Halbinsel Jasmund.

So einmalig schön die Kreideklippen sind: Jasmund hat darüber hinaus wesentlich mehr als nur Kreideküste zu bieten. Seine Buchenwälder sind die Heimat zahlreicher Orchideen, in den Schluchten der Stubbenkammer stehen die letzten, naturgewachsenen Eiben der Ostseeküste, und der Strand unterhalb der Kliffküste ist ein Eldorado für Fossiliensammler. In den alten Kreidebrüchen im Jasmunder Hinterland hat sich eine hochspezialisierte Pflanzen- und Kleintierwelt angesiedelt; an die frühe Besiedlung der Halbinsel erinnern Hünengräber und Opfersteine, Burgwälle und Backsteinkirchen.

Der sagenumwitterte Königsstuhl.

Die erste Kunde von den Schönheiten Jasmunds verbreiteten zwar die Romantiker, allen voran Caspar David Friedrich, doch kehrte auch die Vernunft früh ein. Bereits 1929 wurden 1500 Hektar von dieser einmaligen Landschaft unter Naturschutz gestellt, 1990 kamen noch einmal 1500 Hektar dazu, und das Ganze erhielt den Status eines Nationalparks.

Mit seinen 30 Quadratkilometern ist er zwar Deutschlands kleinster Nationalpark, aber mit seinen etwa 2000 Hektar Wald, 500 Hektar Ostsee und 500 Hektar Kreidebrüchen, Wiesen, Mooren und Trockenrasen ist es einer, der es auf kleinem Raum „in sich hat“. Sein höchster Punkt ist der 161 Meter hohe Piekberg, sein bekanntester Punkt ist der 117 Meter hohe, halbinselartig vorgeschobene Kreidefelsen, der auf den Namen Königsstuhl hört und nur über einen schmalen, halsartigen Zugang zu erreichen ist.

Auf den ersten Blick besteht der Nationalpark Jasmund „nur“ aus den Kreidefelsen, dem vorgelagerten Strandbereich und großen, naturnahen Rotbuchenwäldern. Erst auf den zweiten Blick wird deutlich, daß dazu auch tief zurückgreifende, feuchtschattige Bachtäler, Feuchtwiesen und Moore, Kreideplateaus und Trockenrasen gehören. Das ganze Kaleidoskop vielfältiger Landschaftsformen verdankt seine Existenz ausschließlich der vor etwa 70 Millionen Jahren gebildeten Rügener Kreide. Was in der Dynamik von Jahrmillionen aus dem ursprünglichen Sediment wurde, zeigt der etwa neun Kilometer lange Naturaufschluß zwischen Saßnitz und dem Königsstuhl.

Vor der Steilküste sorgte die natürliche Erosion und die Uferdynamik zum Aufbau eines Blockstrandes aus kristallinen und sedimentären Geschieben einerseits und den aus der Kreide stammenden Feuersteinen andererseits. Zahlreiche Großgeschiebe, wie „Klein Helgoland“ (111 Tonnen) in der Nähe von Saßnitz, der „Waschstein“ am Königsstuhl (59 Tonnen) oder der „Schwanenstein“ bei Lohme (162 Tonnen) gehören zu den auffälligen Zeugen dieser Entwicklung. Sedimentgeschiebe unterschiedlichster Herkunft bergen eine Vielzahl von Versteinerungen aus paläozoischen, mesozoischen und jüngeren Erdepochen. Hinzukommen die von der See ausgewaschenen und wieder an Land gespülten tierischen Reste aus der Kreide selbst. Die bekanntesten Fossilien sind die Seeigel (Steinkerne) oder die braunen zylindrischen „Donnerkeile“ (Reste von ausgestorbenen Tintenfischen).

Die Wissower Klinken dienten Caspar David Friedrich als Vorbild für sein berühmtestes Bild.

Daß die Dynamik der Küstenbildung keineswegs beendet ist, beweist am besten eine Wanderung über den Hochuferweg von Sassnitz nach Stubbenkammer. Bereits der Bewuchs der Kliffkante mit seinen mehr oder weniger frei in der Luft hängenden Wurzelteilen sowie den halb oder dreiviertel abgestürzten Bäumen gibt eine Vorstellung von dieser Dynamik. Über Nacht können Tausende von Kubikmeter Mergel oder Kreide abstürzen. Allein im Frühjahr 1981 stürzten gleich hinter der Arndt-Sicht etwa 150000 Kubikmeter Kreidegestein in die Tiefe. Große Reste von diesem gewaltigen Felssturz sind bis heute unten am Ufer zu sehen. An vielen Stellen des Weges endet deshalb der ehemalige Weg im Nichts, schlängelt sich der neue Weg ein ganzes Stück weiter landeinwärts.

Der Kreidestock der Halbinsel Jasmund war ursprünglich mit einem Eichenmischwald bewachsen, den zwischen 1150 und 1300 n. Chr. die Rotbuche verdrängte. Sie dominiert heute auf allen nicht vom Grundwasser beeinflußten Böden. An hellen Küstenhängen finden sich Ahorn, Eibe und Elsbeere, in den feuchtschattigen Uferschluchten Bergulmen und Eschen. Bisher wurden die Wälder im Bereich des Nationalparks über Naturverjüngung bewirtschaftet, nur auf rund 160 Hektar entlang der Küstenhänge erfolgte seit Jahrzehnten keine wirtschaftliche Nutzung des Waldes mehr. In Zukunft soll sich die Natur auf dem gesamten Parkgebiet nach ihren eigenen Gesetzen entwickeln. Das natürlicherweise anfallende Alt- und Totholz soll dabei zur biologischen Vielfalt beitragen und neue, vom Menschen unbeeinflußte Gleichgewichte herstellen.

Ganz besonders artenreich ist die Bodenflora im Jasmunder Nationalpark. Im zeitigen Frühjahr, bevor sich das dichte Dach der Buchen schließt, nutzen hier vor allem Frühblüher ihre Chance. Für kurze Zeit ist der Waldboden ein einziges Blütenmeer. Neben den weißen Blüten von Sauerklee und Weißer Anemone leuchtet das Gelb von Scharbockskraut und Gelber Anemone. Dazwischen stehen in kräftigem Violett das Veilchen und der Lerchensporn. Im Frühsommer hält sich unter dem dunklen Dach noch die Zwiebeltragende Zahnwurz, danach beginnt die Zeit der Gräser.

In den eingestreuten Feuchtwiesen, Sümpfen und Mooren wächst darüber hinaus eine Vielzahl botanischer Kostbarkeiten, wie etwa Fieberklee, Rundblättriger Sonnentau, Moosbeeren und verschiedene Knabenkräuter. Insgesamt gibt es im Nationalpark Jasmund nicht weniger als zwanzig verschiedene, teils sehr seltene Orchideenarten.

Folgende Seite:
Ganz mit den Augen des Romantikers sah Caspar David Friedrich die Wissower Klinken, als er seine „Kreidefelsen auf Rügen" 1818 malte.

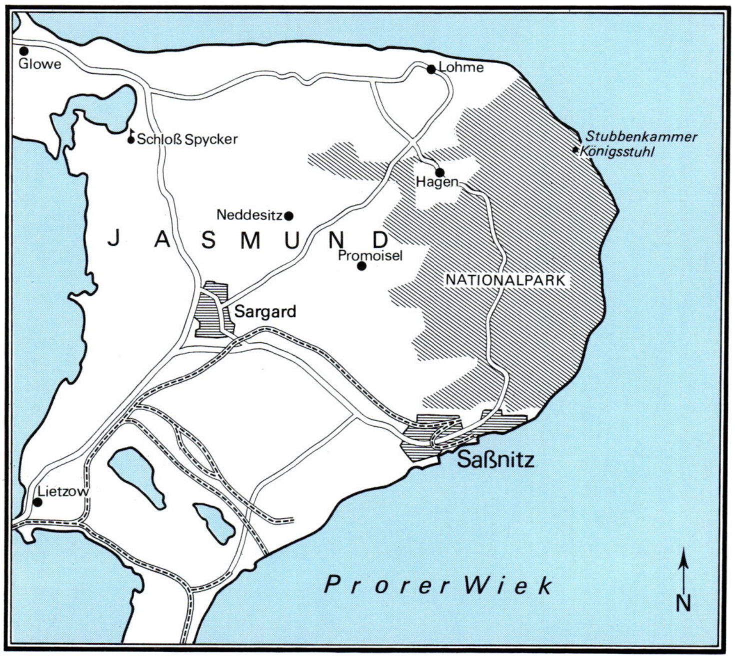

Auch die Fauna bietet eine kaum geringere Fülle verschiedener Arten. Interessant sind Eiszeitrelikte wie der Strudelwurm oder so Raritäten wie der Springfrosch, die Schlingnatter oder viele spezielle Arten von Schmetterlingen, Käfern und Schnecken. Im Winterhalbjahr bevölkern zahlreiche Wasservogelarten den Uferbereich vor der Steilküste; in den Wäldern auf der Hochfläche kommt alles jagbare Wild inclusive der künstlich eingebrachten Damhirsche und Mufflons vor. An den Kliffrändern zeigt sich hie und da der Seeadler.

Selbst an archäologischen Denkmälern ist im Nationalpark Jasmund kein Mangel. Jungsteinzeitliche Gräber aus der Zeit um 3000 v. Chr. bezeugen den Aufenthalt von Steinzeitmenschen, Hügelgräber aus der Bronze- (1800 bis 500 v. Chr.), Eisen- (500 v. bis 500 n. Chr.) und Slawenzeit (500 bis 1200 n. Chr.) belegen eine gewisse Siedlungskontinuität. Aus der Zeit um 1000 n. Chr. stammen die beiden, der slawischen Bevölkerung als Fluchtburgen dienenden Wallanlagen. Die eine ist etwa 800 Meter nördlich von Sassnitz, direkt am Hochuferweg, die andere am Hertha-See zu finden.

Der Nationalpark Jasmund dient zwar auch dem Schutz der einmaligen Kreideküste von Rügen, nicht weniger schützenswert aber sind Fauna und Flora der alten Wälder hinter der Küste. Was hier an Schätzen verborgen ist, zeigt die vorherige Doppelseite. Beispiele der Pflanzenvielfalt sind auf Seite 148 die Sumpfsitter (links oben), das Langblättrige Waldvögelein (oben Mitte), das Knabenkraut (oben rechts), die Steinbeere (unten links) und der Rundblättrige Sonnentau (unten rechts).

Die Seite 149 zeigt Beispiele aus der einmalig schönen Fauna. Vertreten sind die Pechlibelle (oben links), die Plattbauch-Libelle (oben rechts), die Schilfrad-Spinne (Mitte links), das Damenbrett (Mitte rechts), der Moorfrosch (unten links) und der Wasserfrosch (unten rechts).

Besonders interessant ist der Opferstein in Quoltitz, ein Großgeschiebe, das mehrere Beweise menschlicher Tätigkeit aufweist. Die ältesten sind sicherlich die auf der Oberfläche befindlichen Näpfchen aus der Bronzezeit, die vermutlich rituelle Funktionen hatten. Weitere Merkmale könnten auf die Gewinnung von Mahlsteinen und eine beabsichtigte Zerteilung des Steins hindeuten. Wie auch immer ist dieser Findling mit 73 Tonnen Gesamtgewicht der siebtgrößte auf Rügen.

Ein Kleinod besonderer Art ist der romantische und sagenumwobene Hertha-See. Der elf Meter tiefe und 114 Meter hoch gelegene See verdankt seine Entstehung wohl einem liegengebliebenen Eisblock, der erst viel später auftaute und so zum Einsturz der ihn bedeckenden Erde führte. Man spricht deshalb von einem Erdfallsee.

Das in seiner Nähe gelegene Großsteingrab hört auf den Namen Pfenniggrab oder Pfennigkasten. Hier soll der Priester der Göttin Hertha die Opfergaben der Gläubigen verwahrt haben. Glaubt man der Legende, dann war die Grabkammer bei Öffnung des Grabes bis an den Rand mit Gold und Geld gefüllt. Zu einem Geschiebeblock östlich des Burgwalls am Hertha-See gibt es die Legende vom Opferstein für Menschenopfer. An den Stellen, wo das Blut abfloß, soll sich niemals Moos ansetzen können.

Hauptort der Halbinsel Jasmund ist heute das betriebsame Saßnitz mit Fähr- und Fischereihafen. Von hier fahren die Fährschiffe nach Trelleborg und Bornholm – und das seit demnächst 100 Jahren. Am 1. Mai 1897 nämlich dampften bereits die ersten Postschiffe von hier aus über die Ostsee. Schon 1909 wurden die ersten Trajektfähren eingesetzt, die mit gut 107 Kilometer Länge die damals längste Eisenbahnfährstrecke der Welt bewältigten. Ursprünglich hieß sie „Königslinie“, die Schweden nennen sie heute eher zutreffend „Schnapslinie“. Weniger königlich war die Funktion der Linie im Jahre 1917, als Lenin in einem Salonwagen aus seinem Schweizer Exil, durch das kaiserliche Deutschland von Saßnitz aus über Schweden und Finnland bis nach Rußland fuhr. Am Nordostrand von Saßnitz beginnt der knapp zehn Kilometer lange Hochuferweg über die Kreideküste bis hinüber zum majestätischen Königsstuhl.

Gegen den Großen Jasmunder Bodden hin liegt schließlich (zwar außerhalb des Nationalparks, aber ebenfalls interessant) das alte Dorf Bobbin mit seinem Tempelberg und dem markanten Schloß Spyker. Der Tempelberg bietet eine prächtige Aussicht, Schloß Spyker war einst der Hauptsitz des schwedischen Feldherrn Carl Gustav Graf Wrangel. Der dunkelrote Renaissancebau ist mit vier schlanken Ecktürmchen verziert. Die Bobbiner Kirche geht mindestens auf das Jahr 1250 zurück, ihr heutiger spätgotischer Bau entstand um 1400. Sie ist die einzige, nahezu ganz aus Feldsteinen gebaute Kirche Rügens, besitzt eine interessante Kanzel von 1622, einen Sakramentsschrein aus dem 15. Jahrhundert und ein Taufbecken aus dem 13. Jahrhundert. Die Kanzel ist eine Stiftung des schwedischen Grafen Wrangel.

NORDWESTRÜGEN – HERINGSWEG UND KRANICHLAND

Versteckter, erst auf den zweiten Blick erkennbarer Charme ist das gemeinsame Kennzeichen der beiden Halbinseln Wittow und Ummanz sowie des Westzipfels des Muttlandes. Wer von Bergen aus nach Nordwesten fährt, glaubt sich in eine niederdeutsche Ackerlandschaft mit eingestreuten, kleinen Dörfern versetzt: landschaftliche Höhepunkte scheinen Mangelware zu sein. Schon ein Blick auf die Karte aber verrät, daß es die Schönheiten weiter Außenküsten und die Beschaulichkeit endloser Boddenküsten geben muß, daß die Dörfer an uralten Wegen liegen dürften, und daß auf Nehrungshaken und Sandplatten Natur pur erhalten sein müßte.

Großsteingrab bei Nobbin.

Alle diese Vermutungen werden auf den zweiten Blick mehr als bestätigt. Am Kap Arkona begann die Christianisierung Rügens, in Altenkirchen entstand die erste christliche Kirche, und im kleinen Fischerdorf Vitt war zur Zeit der Hanse Rügens wichtigster Heringsumschlagplatz. Von dort wurden die Heringe auf dem Landweg über Altenkirchen, Trent, Gingst und Samtens nach Stralsund befördert. Die Kirchen von Altenkirchen und Waase sind kleine Schatzkästchen, die Halbinseln Bug und Ummanz sind riesige Vogelparadiese. Vor allem Ummanz ist berühmt für den herbstlichen Einfall der Kraniche.

Der schönste Weg zur Eroberung von Nordwestrügen beginnt denn auch am besten am Westzipfel von Jasmund in Glowe. Hinter dem bereits 1314 belegten Dorf beginnt die Schaabe, ein langgezogener Nehrungsrücken zwischen Tromper Wiek im Osten und Großem Jasmunder Bodden im Westen. Der rund zehn Kilometer lange Rücken verbindet als junge Nehrung die beiden Inselkerne von Wittow und Jasmund. Entlang des Außenstrandes der Schaabe kann man endlose Strandwanderungen machen, an den Waldrändern, den Salzwiesen und Schilfgürteln auf der Boddenseite ist eine vielfältige Fauna und Flora zu entdecken. Das Nordende der Schaabe markieren Juliusruh und Breege. Nach Juliusruh kamen die Badegäste schon 1880 mit dem Dampfer von Stralsund, das boddenseitige Breege war noch im vorigen Jahrhundert Heimathafen für mehr als 40 Frachtensegler. Breege galt deshalb als das reichste Dorf Rügens.

Nur ein Katzensprung landeinwärts liegt Altenkirchen, wo in der zweiten Hälfte des 12. Jahrhunderts mit dem Bau der ältesten Pfarrkirche Rügens begonnen wurde. Gebaut wurde sie unter der Anleitung der dänischen Eroberer als dreischiffige, romanische Basilika. Noch aus dieser Zeit stammen Chor und Apsis, das heutige Schiff mit seinem Kreuzrippengewölbe entstand in der Gotik.

Wichtigste Ausstattungsstücke sind der um 1250 aus gotländischem Kalkstein gearbeitete Taufstein, das Triumphkreuz aus dem 14. Jahrhundert und der Altaraufsatz von 1724. Eine besondere Kostbarkeit verbirgt sich im südlichen Choranbau, der ehemaligen Waffenkammer. Dort ist in der alten Außenmauer ein slawischer Grabstein eingelassen, der einen liegenden Mann mit Bart und Füllhorn zeigt. Dieser Stein könnte einen Priester des Svantevit zeigen.

Der bedeutendste Pfarrer in Altenkirchen war Gotthart Ludwig Kosegarten, ein zu seiner Zeit viel gelesener und beliebter Schriftsteller. Bei ihm gingen Wilhelm von Humboldt, Jakob Philipp Hackert und Carl Gustav Carus ein und aus, Ernst Moritz Arndt wirkte hier als Hauslehrer. Kosegarten beschrieb in seinen Dichtungen als einer der ersten die Schönheiten Rügens, als aufgeklärter Romantiker übernahm er die Sitte, den Fischern in der Heringssaison am Ufer der Ostsee zu predigen. Zu diesem Zweck entstand 1806 am Hochufer oberhalb von Vitt das „Uferbethaus", eine schlichte achteckige Kapelle, zu deren Ausstattung Philipp Otto Runge ein (unvollendetes) Gemälde beisteuerte.

Unterhalb der Kapelle für die Heringsfischer schmiegt sich das

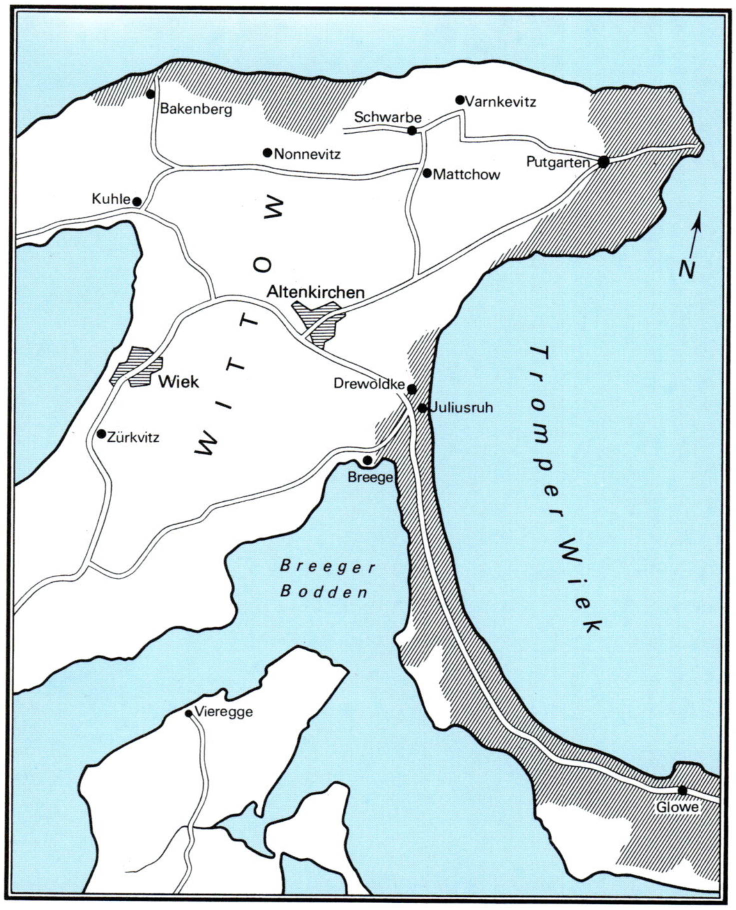

Dörfchen Vitt in eine Schlucht des Steilufers. Wo einst große Mengen Hering umgeschlagen wurden, scheint die Zeit von einem Zauberer angehalten worden zu sein. Unter dicken Kapuzendächern aus Reet ducken sich uralte weiße Katen. Die Bucht mit dem kleinen Hafen diente einst als „Groote Vitte“, also als Fischhandels- und Fischumschlagplatz.

Wenig nördlich von Vitt lag am Hochufer die slawische Wallanlage mit der Jaromarsburg und dem Tempel für den Slawengott Svantevit. Die Wallanlage war die größte Rügens, ihre Reste sind noch heute eindrucksvoll, wenn man bedenkt, daß rund zwei Drittel inzwischen in die See gestürzt sind. Im Jahre 1168 eroberten die Dänen die Slawenfestung, zerstörten das aus Holz geschnitzte, vierköpfige Götzenbild des Svantevit und brachten Rügen das Christentum.

Der Jaromarsburg gegenüber stehen heute die beiden malerischen Leuchttürme von Kap Arkona. Der kleinere, gut 19 Meter hohe, viereckige Backsteinturm entstand im Auftrag der preußischen Regierung nach Plänen von Karl Friedrich Schinkel und wurde 1827 fertiggestellt. Mit seinen gußeisernen Treppen im Innern ist er ein bedeutendes Zeugnis klassizistischer preußi-

Folgende Seite:
Die beiden Leuchttürme sind das Wahrzeichen vom Kap Arcona. Den kleineren errichtete Karl Friedrich Schinkel bis 1827.

Die Luftaufnahme von Kap Arcona zeigt gut die Reste des riesigen Ringwalles der alten Jaromarsburg.

Die spätgotische Westfassade ziert die Dorfkirche von Wiek.

Der Chor der Altenkircher Dorfkirche entstand bereits in der Romanik.

scher Baukunst. Seine Aussichtsplattform bietet dem Besucher einen großartigen Rundblick über die Nordspitze Rügens. Im Jahre 1902 übernahm der 36 Meter hohe Neue Leuchtturm die Funktion des Schinkel-Turmes. Seine Lichtblitze sind bereits aus 41 Kilometer Entfernung auszumachen. Der wenig nördlich der Leuchttürme gelegene Gellort ist das „Nordkap" Rügens. Zu seinen Füßen liegt am Strand der Söbensniedersteen. Auf dem 61 Kubikmeter großen und 165 Tonnen schweren Findling finden angeblich sieben tapfere Schneider Platz zum Arbeiten.

Der südwestlichste Ausläufer der Halbinsel Wittow ist der lange Nehrungshaken Bug zwischen dem Rassow Strom auf der Bodden- und dem Libben auf der Ostseeseite. Der gut zehn Kilometer lange und 525 Hektar große Sandfinger trug von 1682 bis 1897 eine Poststation, die von den Segelschiffen auf der Fahrt von Stralsund zum schwedischen Ystad angelaufen wurde. 1865 kam eine Telegraphen- und 1895 eine Lotsenstation dazu. Bereits im Ersten Weltkrieg gab es einen kleinen Flugplatz, der ab 1935 stark ausgebaut wurde. Zwar wurde die gesamte Anlage nach dem Zweiten Weltkrieg gesprengt, doch entdeckte dann die DDR-Marine die Halbinsel als „hauseigenen Übungsplatz". Dadurch war der gesamte Nehrungsfinger hermetisch abgeriegelt, so daß eine Wildnis aus Wiesen und Schilfsümpfen, Dünen und Holunder entstehen konnte.

Diese „neue" Wildnis wiederum zog viele Wat- und Wasservögel zu Rast und Brut an. Sogar ein Seeadlerpaar brütete hier. Deshalb wurde die gesamte Halbinsel dem Nationalpark Vorpommersche Boddenlandschaft eingegliedert und mit Entsorgungs- und Rückbauarbeiten begonnen. Inzwischen gibt es bereits zwei Wanderwege sowie je einen Beobachtungsturm an der See- und an der Boddenseite. Zweimal wöchentlich führen Mitarbeiter des Nationalparks Wandergruppen über die Insel. Erklärtes Fernziel ist es, daß sich auf der Nehrungsinsel Bug die Natur weiterhin möglichst ohne menschliche Eingriffe entwickeln kann.

Den schmalen Boddenarm zwischen der Halbinsel Wittow im Norden und dem Westzipfel des Rügener „Festlandes" bewältigt seit dem Mittelalter die Wittower Fähre. Die zwei Schiffchen erinnern heute zwar eher an Legoland, doch bewältigte diese Fäh-

Folgende Seite:
Nordrügen ist Kranichland. Ob die stolzen Vögel nur vorbei fliegen (oben) oder ihren Hochzeitstanz vorführen (unten) – stets begeistern sie den Zuschauer.

re immerhin von 1896 bis 1971 sogar die nach Altenkirchen fahrenden Kleinbahnzüge. Der Westzipfel des Rügener Festlandes entpuppt sich wieder als Bauernland, in das eigentlich nur die Dörfer Trent und Schaprode etwas Abwechslung bringen. In beiden gibt es alte Kirchen, in Schaprode startet die Fähre nach Hiddensee. Der heutige Fährhafen war den Dänen längst vor der Eroberung von Kap Arkona als Skaparödd bekannt. Seine Kirche wurde in der ersten Hälfte des 13. Jahrhunderts begonnen und in der Gotik in die heutige Form gebracht. Sie besitzt eine ausdrucksstarke, spätgotische Triumphkreuzgruppe, eine reiche barocke Innenausstattung mit einer prächtig geschnitzten und bemalten Kanzel sowie bemalte Fensterscheiben, die Namen und Schiffe der ältesten Kapitäne zeigen.

Für Naturfreunde bietet sich eine Wanderung zu den Salzwiesen beim Seehof an. Sie beginnt beim Weiler Charlottendorf und führt zum Ufer des Schaproder Boddens. Südlich vom Seehof erreicht man die alte Schwedenschanze, wo es ausgedehnte Salzwiesen mit entsprechender Flora zu entdecken gibt. Die Schwedenschanze selbst entstand im Nordischen Krieg zwischen 1700 und 1721 und war zu Beginn der Dampfschiffahrt die Anlegestelle für die Überfahrt nach Hiddensee. Am Seehof vorbei nach Norden erreicht man den Steinort, wo die Nationalparkverwaltung eine Aussichtsplattform zur Beobachtung des regen Vogellebens auf den gegenüberliegenden Sandbänken eingerichtet hat.

Auf der Weiterfahrt Richtung Ummanz dokumentiert das alte Bauerndorf Gingst frühen Reichtum. Der Chor seiner Jakobikirche entstand um 1300, das Langhaus um 1400, der imposante Turm wurde bis 1450 fertiggestellt. Ihre aufwendige Barockausstattung verdankt die spätgotische Backsteinkirche einem Großbrand, der in der Barockzeit zu kompletter Erneuerung zwang. Das Unglück sorgte so für zierliche Stuckdecken, eine reichverzierte Orgelempore und den mit einem Himmelfahrtsgemälde und Schnitzfiguren ausgestatteten Altaraufsatz. Alles zusammen wurde bis 1776 fertiggestellt. Die Wandleuchter der Schneider- und Weberzunft stammen ebenfalls aus dieser Zeit. Wie es einst in Altrügener Handwerksstuben ausgesehen hat, davon kann man sich in einem alten, efeuumwucherten Reetdachhaus ein Bild machen. Zu 33 verschiedenen Handwerksberufen sind Gerätschaften und Originalwerkzeuge aus mehr als zwei Jahrhunderten zusammengetragen.

Kleinod der Halbinsel Ummanz ist die unmittelbar hinter der Brücke über den Pahler Hafen in Waase gelegene Kirche. Der dicht am Wasser liegende Bau besitzt einen frühgotischen Backsteinchor und ein Fachwerkschiff aus dem 17. Jahrhundert. Seine Fenster sind mit wappenverzierten Glasmalereien geschmückt, die intarsiengeschmückte Kanzel stammt aus der Renaissance. Besonderes Prunkstück aber ist der vielfigurige Flügelaltar aus Eichenholz, der bis 1528 in Antwerpen geschnitzt und bemalt wurde. Er zeigt Szenen aus der Passionsgeschichte und Episoden aus dem Leben des englischen Kanzlers und Erzbischofs Thomas Becket von Canterbury. Hinter dem Parkplatz bei der Kirche gibt es übrigens eine Salzwiese, auf der im Sommer Tausende von Strandastern blühen.

Die Südspitze von Ummanz ist Naturschutzgebiet und gehört zusammen mit dem Naturschutzgebiet Heuwiese zum Nationalpark Vorpommersche Boddenlandschaft. Vom Deich an der Südspitze der Insel bieten sich gute Möglichkeiten zur Beobachtung des regen Vogeltreibens im Flachwasser zwischen Ummanz und der Heuwiese. Das Nordende von Ummanz grenzt an die Udarser Wiek, wo die Kraniche im knapp knietiefen Wasser ihre Schlafplätze haben. Um Naturfreunden hier eine die Tiere nicht störende Beobachtungsmöglichkeit zu geben, wurde von der Nationalparkverwaltung bei Tankow eine überdachte Beobachtungsstation errichtet. Damit ist gleich zwei Zielen gedient: Zum einen werden die Tiere nicht belästigt, zum anderen wird bei den Besuchern die Naturverbundenheit durch die bessere Beobachtungsmöglichkeit gefördert.

Die Fähre von Wittow könnte auch im Legoland verkehren.

Der uralte Taufstein findet sich in der Dorfkirche von Altenkirchen.

HIDDENSEE – RÜGENS KLEINE SCHWESTER

Dat söte Länneken" nennen die Einheimischen liebevoll ihre gerade mal 18 Kilometer lange, seepferdchenförmige Insel. Die Liebe gilt zum einen einem Mosaik aus Inselkernen und Schwemmland, breiten Sandstränden und freundlicher Dünenheide, schroffen Steilufern und blühenden Ginsterhängen, zum anderen aber auch einer Eigenständigkeit, die man durchaus auch Eigenwilligkeit nennen könnte. Immerhin sind die Hiddenseer im Winterhalbjahr weitgehend unter sich – eine Vorstellung, die dem nicht so ganz leichtfällt, der Hiddensee nur im Trubel eines schönen Sommertages erlebt.

Das Wechselspiel zwischen der winterlichen Einsamkeit in Nebel, Sturm, Frost und Dunkelkeit auf der einen und dem Trubel mit mehr oder weniger erträglichen Sommergästen auf der anderen Seite begann früh, blieb aber lange in eher beschaulichem Rahmen. Hotelsilos und Kurpromenade, Diskotheken und Zeltplätze gibt es auf Hiddensee bis heute nicht – getreu dem Motto von Gerhart Hauptmann: „Nur stille, stille, daß es kein Weltbad werde…"

Dabei war Hiddensee zu Zeiten des berühmten Dichters längst „entdeckt". Dichter, Musiker und Schauspieler waren die ersten, die von einfachen Bauern- und Fischerhütten aus das „Capri des Nordens" genossen. Von Ernst Barlach oder Albert Einstein über Thomas Mann oder Rainer Maria Rilke bis zu Stefan Zweig oder Carl Zuckmayer reicht die Liste prominenter Besucher aus Kunst und Wissenschaft, Musik und Schauspiel. Die Puppenmutter Käthe Kruse residierte in der Lietzenburg in Kloster, der Schauspielerin Asta Nielsen gehörte das „Karusel" im Nachbarort Vitte, und Gerhart Hauptmanns Villa Seedorn ist als reich mit Bildern, Büchern, Schriften und Briefen ausgestattete Gedenkstätte bis heute Ziel zahlloser Verehrer des großen Dramatikers.

Lange vor den Ästheten aber hatten zähe Siedler die Insel erobert. Hügelgräber aus der Steinzeit belegen die frühe Besiedelung, der Hiddenseer Goldschatz beweist die Kontakte zu den Wikingern. Hiddensees Name taucht zum ersten Mal in den Götter- und Heldengesängen der Edda auf. Danach war die Insel Schauplatz des Kampfes des norwegischen Königs Hithin um Hilda, seine Geliebte. Der dänische Chronist Saxo Grammaticus nennt sie dann Insula Hithinsö, eine Zusammensetzung aus den schwedischen Wörtern Hidda = Hütte und Öe = Insel.

Bewohnt war die Hütteninsel im Mittelalter von slawischen Wikingern, die Beziehungen zu den Wikingern auf Jütland gehabt haben mußten. Zumindest belegt dies der Hiddenseer Goldschatz, der nach Sturmfluten 1872 und 1874 in der Nähe des Gellenfeuers am Südende der Insel gefunden wurde. Der aus Halsring, Buckelscheibenfibel und vierzehn Anhängern einer Kette bestehende Schatz entstand im 10. Jahrhundert wahrscheinlich in Haithabu und zeigt in der faszinierenden Mischung aus christlichem Kreuz und germanischem Thorshammer die ganze Problematik des frühen Christentums.

Der gute Geist von Hiddensee.

„Offiziell" zog das Christentum auf Hiddensee 1296 mit der Gründung des Zisterzienserklosters durch den Rügenfürsten Witzlav III. ein. Der Abtei St. Nikolaus gehörte die gesamte Insel sowie einiger Besitz auf Rügen. Nach dem Rückzug des letzten Abtes im Jahre 1536 verfiel das Kloster, übrig blieben nur die Kirche, ein Gutshaus und ganze fünf Häuser. Erst mit dem Fremdenverkehr wurde aus den Klosterresten das heutige Dorf Kloster.

Seine weißgetünchte, gut 600 Jahre alte Backsteinkirche ist das einzige Überbleibsel aus Hiddensees Klosterzeit. Der spätgotische Bau wurde Ende des 14. Jahrhunderts errichtet und hat ein blauweiß bemaltes Tonnengewölbe. Der schwebende Taufengel wurde bei Taufen zum Täufling heruntergelassen. Vor der Kirche stehen interessante Grabsteine aus dem 18. und 19. Jahr-

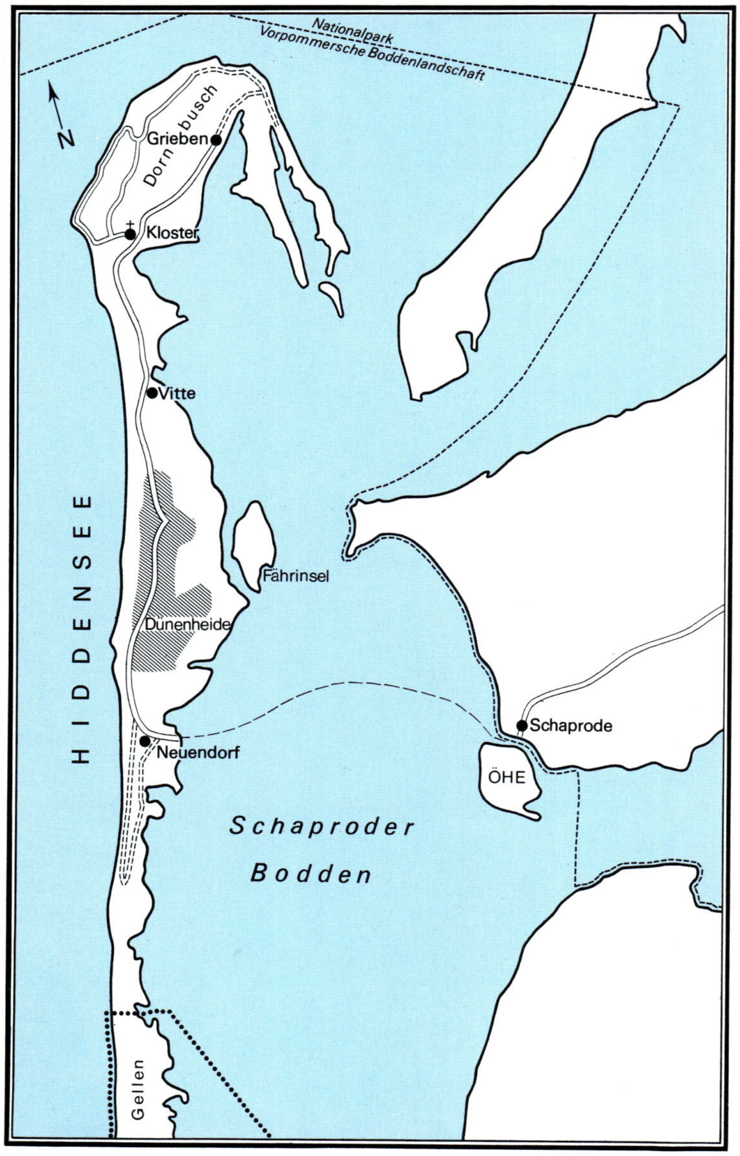

hundert, die häufig neben der Jahreszahl nur die Hausmarke des Hofes tragen. Auch Gerhart Hauptmann hat hier seine letzte Ruhestätte gefunden, sein Grab ziert ein schlichter Findlingsblock. Hauptanziehungspunkt in Kloster ist natürlich das Haus Seedorn, die heutige Gerhart-Hauptmann-Gedenkstätte. Hier hat der Dichter ab 1930 jeweils die Sommermonate verbracht, nachdem er bereits ab 1885 die Insel regelmäßig besucht hatte. Arbeitszimmer, Bibliothek und Schlafzimmer sind im Haus original erhalten. Mindestens so interessant wie die Dichterklause ist das Heimatmuseum von Kloster. Hier erfährt der Besucher alles über das Zisterzienserkloster und die gesamte Inselgeschichte. Vom Hiddenseer Goldschatz gibt es eine verkleinerte Nachbildung, die prächtigen alten Fayencen dagegen sind alle echt. Exponate zur Vegetation, zur Fischerei und zum Brauchtum schlagen den Bogen zur Gegenwart.

Die ältesten Häuser von Hiddensee entstanden 1769 und 1771 und sind im knapp zwei Kilometer östlich von Kloster gelegenen Grieben zu finden. Die beliebteste Wanderung von Kloster aus aber führt hinauf zum Dornbusch, einem weiten Hügelland im Norden des Dorfes. Über Magerwiesen, lichten Wald und sattgelb blühenden Ginster erreicht man die Anhöhen Inselblick und Swantiberg, von denen aus man bereits die ganze Insel überblicken kann. Auf dem 72 Meter hohen Schluckwieksberg schließlich wurde 1888 der 23 Meter hohe Leuchtturm, das rotköpfige Wahrzeichen Hiddensees, errichtet. Bisher kann der Turm leider nicht bestiegen werden, doch ist das Panorama auch von seinem Fuß aus überwältigend. Ein weiterer, wunderschöner Aussichtspunkt ist die Hucke im Westen von Kloster. Der Balkon in der westlichen Steilküste ist über den Hochuferweg zugänglich und ist zumindest bei Sonnenuntergang die schönste Stelle der Insel.

Der Hauptort Hiddensees ist mit einem in Jahrzehnten gewachsenen Sammelsurium unterschiedlichster Häuser die Gemeinde Vitte. Interessant sind die 1776 errichtete Räucherkate, die Blaue Scheune, die vor einem Jahrhundert zwei offensichtlich blausüchtigen Malerinnen gehört hatte sowie das „Karusel" der Stummfilmdiva Asta Nielsen. Das kreisrunde Haus errichtete der Bauhausarchitekt Max Taut. Prominentester Dauergast war hier der Schriftsteller Joachim Ringelnatz, der Vater des *Kuddel Daddeldu*.

Die ruhigste Siedlung auf Hiddensee ist das unter Denkmalschutz stehende, alte Fischerdorf Neuendorf. Seine reetgedeckten weißen Häuser sind von West nach Ost aufgereiht und tragen noch an Türen und Eingängen die alten, runenartigen Hausmar-

Den Nordwesten von Hiddensee ziert eine malerische Steilküste.

ken. Mit diesen Symbolen wurde früher das bewegliche und unbewegliche Eigentum eines Hofes vom Schaf bis zum Grabstein gekennzeichnet. Weil Neuendorf buchstäblich auf der grünen Wiese steht (der einzige befestigte Weg zum Hafen entstand erst nach 1945), gibt es in Neuendorf ein Netz von Trampelpfaden, die kreuz und quer in alle Himmelsrichtungen durch die Wiesen gehen. Besonders malerisch wird das Ganze durch die überall herumstehenden Reethutzen, auf denen die Schilfbündel auf ihre Weiterverarbeitung durch den Dachdecker warten.

Der eigentliche Schatz Hiddensees aber ist seine Natur. Die Sandfinger Alter Bessin und Neuer Bessin sowie der Nehrungshaken Gellen zählen als Neulandbildungen zu den wenigen, weiträumig naturbelassenen Regionen Deutschlands. Dünenheide, Salzwiesen und die Magerrasen des Hügellandes repräsentieren alte Kulturfolgelandschaften. Beide Komponenten zusammen bilden auf engstem Raum eine einmalige Vielfalt aus hoch aufragender Steilküste, Haken und Windwatten, Strandwällen und Dünen, Hutungen und Überflutungsmooren. Seit 1990 gehört Hiddensee deshalb mit Ausnahme der Ortslagen zum Nationalpark Vorpommersche Boddenlandschaft.

Grundlage für die Ausbildung der heutigen Form Hiddensees waren und sind die Moränenhügel am Dornbusch. Ihre komplizierte geologische Struktur zeigt sich an der nord- und westseitigen Steilküste, wo tonhaltige Geschiebemergel und lockere Sandschichten nebeneinander zutage treten. Berühmtheit erlangte im 18. Jahrhundert der ebenfalls hier zutage tretende, blaue Cyprinenton. Er wurde zur Herstellung der Stralsunder Fayencen verwendet. Sein Name stammt von der lateinischen Bezeichnung der Porzellanmuschel, die fossil in den Ton eingelagert ist. Weil die Steilküste relativ weich ist, wird sie von Regen, Wind und der See beständig angenagt, das herabgestürzte Material wird von den Wellen abtransportiert und als Strandhaken an der Insel angelagert.

Die vom Wind gekämmte Kiefer beschützt den Hiddenseer Leuchtturm.

Gerhart Hauptmanns Haus ist samt Einrichtung original erhalten.

Die küstenverändernden Prozesse setzen sich auf Hiddensee bis in die jüngste Zeit unaufhaltsam fort. So war noch vor 700 Jahren das Ende der Insel dort, wo heute auf dem Gellen die Nationalparkkernzone beginnt. Besonders markanter Landzuwachs ist beim Neuen Bessin zu verzeichnen. Der bereits heute mehr als drei Kilometer lange Haken ist weniger als 100 Jahre alt und wächst in manchen Jahren bis zu 40 Meter in die See hinein. Im Gegenzug verliert die Kliffkante des Dornbusches Jahr für Jahr durchschnittlich 30 Zentimeter.

Die Neulandbildung ist am schönsten am Neuen Bessin zu beobachten. Hier erobern erste Pflanzen mühsam das nährstoffarme und zunächst noch salzhaltige Neuland. Queller, Salzmiere und

Zu den ältesten Häusern Hiddensees zählt diese Kate.

Alte Katen und moderne Nutzung sind keine Gegensätze.

Spießmelde gehören zu diesen Pionierpflanzen. Später kommen Strandhafer und Sandsegge dazu, bald folgt der Sanddorn nach. Die mit Kies und Sand bedeckten Neulandflächen sind bekannte Küstenvogelbrutgebiete. Hier brütet die vom Aussterben bedrohte Zwergseeschwalbe ebenso wie der Sandregenpfeifer, die Brandgans oder der Austernfischer. Das dem Bessin vorgelagerte Windwatt ist Rast- und Nahrungsplatz für Tausende von Gänsen, Watvögeln und Kranichen. Bessin und Windwatt gehören deshalb zu den absolut geschützten Kernzonen des Nationalparks.

Zwischen Vitte im Norden und Neuendorf im Süden erstreckt sich Hiddensees Dünenheide, eine in Jahrhunderten durch Beweidung entstandene „Kulturlandschaft“. Sie ist charakterisiert durch ein starkes Dünenrelief, Zwergsträucher wie Besenheide, Krähenbeere und Kriechweide bedecken den kargen Sandboden. In feuchten Senken wächst die Glockenheide, deren glockenförmige, zartrosa Blüten bereits im Juni der Heide Farbe geben. Wo die Zwergsträucher vom Land überweht werden, bedecken Sandsegge, Silbergras und große Flechten und Moospolster den Boden. Waldeidechse, Ringelnatter und Kreuzotter haben in der Heide ihre Heimat. Um dem Besucher die Schönheiten dieser in Jahrhunderten gewachsenen Landschaft näher zu bringen, hat die Nationalparkverwaltung bei der Gaststätte Heiderose einen Lehrpfad „Dünenheide“ eingerichtet. Auf ihm werden an zwölf Stationen die wichtigsten Komponenten einer Dünenheidelandschaft vorgestellt. Dazu gibt es ein Faltblatt als Führer.

Das der Dünenheide zum Bodden hin vorgelagerte Wiesengelände liegt weniger als ein Meter über dem Meeresspiegel. Im Winter werden die Wiesen deshalb immer wieder vom Salzwasser überflutet, im Sommer reduziert der Regen den Salzgehalt. Weil diese Wiesen seit Jahrhunderten durch Beweidung und Mähen schilffrei gehalten wurden, haben sich hier speziell an den salzhaltigen Boden angepaßte Pflanzenarten wie Salzbinse, Strandwegerich und Strandmilchkraut angesiedelt. Auf den vom Süßwasser beherrschten Wiesenflächen findet sich das Breitblättrige Knabenkraut, der Wiesenalant und die Kuckuckslichtnelke.

All das zu schützen, ist das Ziel des jungen Nationalparks, der sich auf Hiddensee vor allem dem enorm gewachsenen Strom von Tagesgästen nahezu hilflos gegenüber sieht. Deshalb auch hier der Appell an jeden einzelnen Besucher, auf der empfindlichen Insel nichts zu hinterlassen außer Fußabdrücken – und auch diese nur auf den Wegen.

Folgende Seite:
Wenn der Ginster blüht, strahlt der Hiddenseer Leuchtturm besonders schön.

GREIFSWALD – DIE PERLE VORPOMMERNS

Glaubt man der Volksweisheit, dann kann ein dreibeiniger Stuhl nie wackeln. Betrachtet man die Hintergründe des mittelalterlichen Grypeswold an der Mündung des kleinen Flüßchens Ryck, dann findet man genau drei Quellen wachsenden Wohlstandes: eine Salzsiedepfanne, einen Hafen für die Hansekaufleute und ab 1456 auch noch eine Universität. Materieller und geistiger Reichtum schufen zusammen bis zum Ausbruch des Dreißigjährigen Krieges eine respektable Stadt, zu deren ganzem Stolz ihre drei Kirchen gerieten: „Nikolaus ist lang, Marie dick und Jakob klein – alle drei aber sind wohl geraten“, sagen die Greifswalder deshalb bis heute.

Begonnen hatte das alles keineswegs mit einer Stadt, sondern mit einer Klostergründung. Die erfolgte zudem nicht am Ufer der Ryck, sondern 1172 in Dargun bei Demmin durch dänische Zisterziensermönche. Sie erhielten 1193 am nördlichen Ryckufer eine Salzsiedepfanne geschenkt. Als fünf Jahre später ihr Kloster zerstört wurde, zogen sie 1199 zu dieser Salzpfanne und gründeten das Kloster Hilda oder Eldena. Noch einmal zehn Jahre später erlaubte Fürst Jaromar I. von Rügen dem Kloster, deutsche, dänische und slawische Kolonisten auf seinem Landbesitz anzusiedeln. Als Fürst Wizlav I. von Rügen dem Kloster schließlich 1241 die Marktgerechtigkeit verlieh, war das auch die Geburtsstunde des heutigen Greifswald. Nur neun Jahre später verlieh Herzog Wartislaw III. von Pommern der Siedlung das Lübische Recht und erhob sie damit am 14. Mai 1250 zur Stadt.

Zu diesem Zeitpunkt waren alle drei Pfarrkirchen der Stadt bereits im Bau. Dank der Ergiebigkeit, der im Rosental reichlich aus dem Zechstein sprudelnden Salzquellen, konnten außer den Kirchen gleichzeitig auch noch Stadtmauern, Tore, Wälle und Gräben gebaut werden. Als Mitglied der Hanse wurde Greifswald ein wichtiger Umschlagplatz im „wendischen Quartier“.

Greifswalder Backsteingotik.

Vom Bodden her liefen die schweren Koggen flußaufwärts in den Hafen und brachten Wein, Waffen und Schmuck. Bei der Rückfahrt nahmen sie Bier, Getreide und Salz mit.

Die reichen Patrizier errichteten sich nach und nach große Häuser mit schönen Schaufassaden, von denen wenige bis heute erhalten sind. Die meisten aber gingen bereits im Dreißigjährigen Krieg unter, denn im Gegensatz zu Stralsund gelang es Wallenstein in Greifswald mühelos, die Stadt einzunehmen, zu plündern und weitgehend zu zerstören.

Während der materielle Reichtum mit einem Schlag vernichtet war, sorgte der geistige Reichtum mit der 1456 gegründeten Universität für eine über die Jahrhunderte fortwirkende Kontinuität. Nach Rostock war sie die zweitälteste in Nordeuropa, gegründet hat sie der legendäre Bürgermeister Heinrich Rubenow. An der einzigen „Hohen Schule“ Pommerns wirkten so bedeutende Professoren wie der Reformationsjurist Johann Oldendorp oder der deutsche Patriot Ernst Moritz Arndt. Die Mediziner Theodor Billroth und Ferdinand Sauerbruch sorgten dafür, daß die Medizinische Fakultät zu den berühmtesten ganz Deutschlands gezählt wurde.

Heute birgt der spätbarocke Bau der Universität respektable Kunstschätze wie den mit neun pommerschen Wappen bestickten Rektorenmantel oder den großartigen Croyteppich des Herzogs Ernst Bogislaw von Croy. Auf dem riesigen Gobelin aus dem Jahre 1555 ist Luther im Kreis der pommerschen und sächsischen Herzogsfamilien dargestellt. In der Galerie des Konzilsaales hängen zahlreiche Portraits Greifswalder Professoren, und im historischen Karzer – er wurde bis 1914 genutzt – haben sich die Delinquenten verewigt. Besonders eindrucksvoll ist die mit Putten und Vasen reich verzierte und ganz in Weiß-, Rot- und Goldtönen gehaltene Aula. Ihre umlaufende Galerie wird von 24 marmorierten Säulen getragen. Auch die Universitäts-

Die „Dicke Marie", die Greifswalder Marienkirche, scheint für die Ewigkeit gebaut.

Der von Geschoß zu Geschoß gestufte Westturm des Nikolaidoms bestimmt die Silhouette von Greifswald.

bibliothek birgt so manchen Schatz, darunter eine äußerst seltene, 36zeilige Gutenberg-Bibel in zwei Bänden.

Wie schön Greifswald einmal war, demonstriert der Marktplatz. Ihn schmückten die Prachtgiebel der Kaufmannshäuser. Wie sie ausgesehen haben, verrät das spätgotische Giebelhaus am Markt 11 mit seinen gefühlvoll aufeinander abgestimmten, schwarzgrün glasierten und rotbraunen Ziegeln. Zu den schönsten Renaissancefassaden zählen die Häuser am Markt 25 und 27, das backsteinrote Postgebäude stammt aus wilhelminischer Zeit.

Das Glanzstück des alten Greifswald ist der Nikolaidom, eine dreischiffige Basilika mit spätromanischen Anklängen und gotischer Vollendung. Seine steil aufragende östliche Giebelwand und der schlanke, von Geschoß zu Geschoß zurückgestufte Westturm mit seiner barocken Zwiebelhaube von 1652 bestimmen von weitem die Silhouette der Stadt.

Der Innenraum der noch vor 1300 als dreischiffige Halle errichteten und 1380 zur Basilika veränderten Kirche wurde von 1823 bis 1833 vom Schinkel-Schüler Gottlieb Giese neogotisch umgestaltet. Das prächtig geschnitzte Gestühl dazu lieferte der Kunsttischler Joachim Christian Friedrich, ein Bruder des berühmten Caspar David Friedrich. Bei der vor kurzem erfolgten Restaurierung wurden in den südöstlichen Seitenschiffkapellen mittelalterliche Wandmalereien freigelegt. Eindrucksvoll sind auch das schöne Sterngewölbe und die schwedischen Prunksärge in den Seitenkapellen.

Für die Ewigkeit gebaut scheint die massige Marienkirche, von den Greifswaldern liebevoll die „dicke Marie" genannt. Mit ihrem gedrungenen Turm, dem hohen Satteldach und dem von straffem Blenddekor überzogenen Ostgiebel dominiert sie den Ostteil der Greifswalder Altstadt. Vor allem ihr Ostgiebel ist mit einem einzigartigen Formenreichtum ein Juwel norddeutscher Backsteinkunst. Im Inneren der im wesentlichen in der ersten Hälfte des 14. Jahrhunderts errichteten Hallenkirche teilen feingliedrige Pfeiler den Raum in drei gleichhohe Schiffe. Weil der damals dem Klerus vorbehaltene Chor fehlt, ähnelt die Kirche eher einer bürgerlichen Festhalle und drückt damit auch das Selbstbewußtsein der damaligen Bürger aus.

Von der Innenausstattung haben sich in der Turmseitenkapelle mittelalterliche Wandmalereien erhalten. Die reich verzierte Renaissancekanzel ist ein Werk des Rostocker Tischlers Joachim Mekelenborg, fertiggestellt wurde sie 1587. In jüngster Zeit wurde die mittelalterliche Architekturfarbigkeit freigelegt und

Die hölzerne Zugbrücke von Wieck entstand nach holländischem Vorbild als Tor zur Hafeneinfahrt.

rekonstruiert. Gewollt war wohl der Eindruck eines Waldes: die Pfeiler als Stämme, die Gewölberippen als Äste und stark abstrahiertes Blattwerk in den Gewölben. Die zierliche Annenkapelle mit spätgotischen Sterngewölben und schmalen Spitzbogenfenstern war einst die Kirche der Bergen- und Schonenfahrer. Errichtet wurde die Kapelle zu Beginn des 15. Jahrhunderts durch Baumeister Hinrich Brunsberg.

Greifswalds kleinste mittelalterliche Kirche ist St. Jakobi im Westen der Altstadt. Sie besitzt ein sehenswertes Kreuzrippengewölbe, einen spätromanischen Granittaufstein und eine barocke Orgelempore. Auch St. Jakobi erhielt zur Wiederherstellung des mittelalterlichen Raumeindrucks die ehemalige Farbigkeit zurück. Das Fresko von Christus als Weltenrichter im Gewölbe stammt noch aus gotischer Zeit.

Im ehemaligen Franziskanerkloster ist heute das Stadtmuseum untergebracht. Seine Schätze zur Geschichte der Stadt und der Universität stammen aus vielen Jahrhunderten. Genauso finden sich aber auch gotische Plastiken, Funde aus dem Kloster Eldena oder Zeugnisse aus dem Leben von Ernst Moritz Arndt. Ein ganzer Raum ist dem berühmtesten Sohn der Stadt, dem romantischen Maler Caspar David Friedrich gewidmet. Zu sehen sind zahlreiche Skizzen sowie einige Ölgemälde wie etwa *Die Ruine Eldena im Riesengebirge* sowie eine umfangreiche Graphiksammlung. Historisch interessant ist sein Aquarell *Der Marktplatz von Greifswald*, zeigt dieses Bild doch auch seine gesamte Familie.

Entlang der Ryck sind es nur wenige Minuten hinüber zu den Ruinen des Klosters Eldena. Von seiner Kirche sind noch Wandteile des Chores und des Querhauses, einige Pfeiler des Langhausmittelschiffes sowie die Westwand mit dem für Zisterzienserkirchen typischen, großen Spitzbogenfenster erhalten geblieben. Der um 1300 entstandene und in seinen Umfassungswänden weitgehend erhaltene östliche Flügel der Klosteranlage dient heute als Kulisse für sommerliche Serenaden und Konzerte. Die von Caspar David Friedrich mehrfach in romantischer Überhöhung dargestellte Ruine vermittelt dem Besucher auch heute noch mühelos die Besinnlichkeit einer mittelalterlichen Klosteranlage.

Das alte Tor zum Bodden ist im Dörfchen Wieck nach wie vor die nach holländischem Vorbild errichtete hölzerne Zugbrücke. Hier liegen bunte Fischkutter vor Anker, und hinter grün gestrichenen Gartenzäunen gibt es alte Kapitänshäuschen und Fischerkaten mit weiß gekalkten Wänden unter gemütlichen Reetdächern. Am Fischerhafen kann man sich seinen frisch geräucherten Fisch holen und bei Sonnenuntergang von alten Zeiten träumen.

Vorherige Seite:
Die Ruine des frühgotischen Klosters Eldena war für Caspar David Friedrich ein beliebtes Motiv.

Folgende Seite:
Blick vom Turm der Petrikirche auf das Rathaus von Wolgast und die Boddenlandschaft.

USEDOM –
DIE BADEWANNE DER BERLINER

Gerade drei Stunden dauerte die Bahnfahrt von Berlin zu den Stränden auf Usedom. Zu Ferienzeiten war deshalb ganz Berlin zu Gast in Bansin, Heringsdorf oder Ahlbeck. Seit Kaisers Zeiten verbindet eine zehn Kilometer lange Strandpromenade diese drei Seebäder, gerne auch „die drei Schwestern“ genannt. Insgesamt ist der Usedomer Küstenbogen gut 38 Kilometer lang, der Strand meist bis zu 50 Meter breit. Die dem pommerschen Festland zugewandte Seite ist von Buchten zerklüftet, die zahllosen Winkel des Achterwassers, zwischen Insel und Festland, haben nichts von ihrer romantischen Verträumtheit verloren.

In den Küstenorten von Deutschlands zweitgrößter Insel ist dagegen die zweite Gründerzeit ausgebrochen. An allen Ecken und Enden wird zur Aufpolierung alten Glanzes renoviert und restauriert, damit das endlos anmutende Band von Villen, Hotels und Pensionhäusern mit ihren klassizistischen Fassaden und Schnörkelgiebeln, mit ihren verspielten Türmchen und Erkern, ihren Veranden und Loggien möglichst schnell wieder aussehen, wie zu Kaisers Zeiten.

Immerhin hatten Majestät selbst hier entscheidende Anstöße gegeben. Als der Rittergutsbesitzer von Bülow in Heringsdorf die ersten Logierhäuser errichtet hatte, kam Friedrich Wilhelm III. samt Königin Luise und Kronprinz Wilhelm zu Besuch. Ergebenst bat der vornehme Herr von Bülow den Kronprinzen um einen Namen für den gerade entstehenden Ort. Angeblich standen gerade eine Menge Heringstonnen herum, so daß sich die Jungmajestät mit einem gestammelten „Heringsdorf“ aus der Affäre ziehen konnte. Seither kann sich Heringsdorf auf einen „kaiserlichen“ Namen berufen, sein Wappen präsentiert stolz drei silberne Heringe auf blauem Grund.

Die kaiserlichen Besuche in Heringsdorf jedenfalls blieben nicht ohne Folgen. Nun verkehrte hier der preußische Adel, es gab Nobelhotels mit luxuriösen Restaurants, man promenierte auf der Seebrücke, und der mit Jugendstilmalereien und filigran durchbrochenen Holzfronten prunkende Kaiserpavillon zog die vornehmste Welt an. Thomas und Heinrich Mann genossen hier ebenso den Sommer wie Maxim Gorki. Nach dem Krieg ging es dann prosaischer zu, die Rote Armee nistete sich ein, und der berühmt-berüchtigte DDR-Geheimdienstchef Erich Mielke wurde Dauergast. In weiten Bereichen galt das Motto „Ruinen schaffen ohne Waffen“ – Verfall war angesagt. Inzwischen jedoch gibt es bereits wieder die Seebrücke, am Ausbau der Promenade wird eifrigst gebaut, und so manche Gründerzeitvilla strahlt wieder in alt-neuem Glanz.

Usedom – Ein Ferientraum.

Von Anfang an legerer ging es in Bansin zu. Das gemütliche, am Rande eines Mischwaldes und nicht weit von stillen Binnenseen gelegene Familienbad wurde 1897 als Erholungsort eigens gegründet und bekam 1923 als erstes deutsches Seebad die „Freibadeerlaubnis“. Danach durften sich die Gäste erstmals am Strand frei in Badekleidung bewegen, die Badeanstalt konnte abgebaut werden. In Bansin lebte und arbeitete bis zu seinem Tod im Jahre 1989 für 40 Jahre der Maler Rolf Werner. Von ihm stammen zahlreiche Usedomer Landschaftsbilder, sein Atelier in der Seestraße 36 ist heute als Gedenkstätte zugänglich.

Eine kleine Oase für sich ist das Bansiner Tropenhaus, wo sich zwischen exotischen Pflanzen, Kakteen und Bananenstauden Riesenschlangen, Leguane und Wasserschildkröten tummeln. Beliebtes Ausflugsziel im Hinterland ist der Mümmelken See, wo im Sommer die gelben, von den Usedomern Mummeln genannten Teichrosen blühen.

Die letzte der drei attraktiven Schwestern liegt heute kurz vor der polnischen Grenze und stellte sich 1911 im Seebadeprospekt selbst als „deutsches Volksbad an der Ostsee“ vor, wo sich alle

„von fürstlichen Persönlichkeiten bis zur armen Näherin gleichermaßen erholen können". Aus dieser Zeit stammt noch Ahlbecks schneeweiße, malerisch ins Meer hinausgebaute, viertürmige Seebrücke und die vergoldete Jugendstiluhr auf der Promenade davor. Die Seebrücke ist das einzig erhaltene, historische Bauwerk dieser Art an der gesamten deutschen Ostseeküste. Der dazugehörige, weit in die See hinausreichende Anleger, der vor knapp 50 Jahren zerstört worden war, ist inzwischen bereits wieder in Betrieb. Am Ausbau der Promenade wird mit Hochdruck gearbeitet und große Pläne gibt es auch: zwischen Ahlbeck und Swinemünde soll ein eigener „Park der Begegnung" entstehen.
Im Norden der drei Schwestern wird das Gelände waldig und das Ufer zunehmend steiler. Der Rücken gipfelt im 56 Meter hohen, sagenumwobenen Streckelsberg im Süden von Koserow. Die ursprünglich kahle Kliffranddüne wurde Ende des vorigen Jahrhunderts mit Buchen aufgeforstet, so daß man heute die prachtvolle Aussicht über die See mit einem schattigen Waldspaziergang verbinden kann. In Koserow selbst steht Usedoms älteste, über 700 Jahre alte Kirche. Ihr kostbarster Schatz ist ein Schnitzaltar aus dem 15. Jahrhundert. Nahe dem Achterwasser liegt das ehemalige Wohnhaus und Atelier des Landschafts-

Folgende Seite: Das Seebad Ahlbeck ist berühmt für seine im 19. Jahrhundert entstandenen Bäderhotels.

Die malerisch ins Meer hinausgebaute, viertürmige Seebrücke von Ahlbeck ist eines der Wahrzeichen von Usedom.

AHLBECKER HOF
HOTELEINGANG
HOTEL
AHLBECKER
HOF
PIZZERIA

Der Anklamer Pulverturm war einst Teil der Stadtbefestigung.

Das von Staffelgiebeln gekrönte spätgotische Steintor ist der ganze Stolz der Anklamer.

malers Otto Niemeyer-Holstein, den seine Verehrer gerne den „Picasso des Nordens" nannten. Wohnung und Atelier dienen heute als Gedenkstätte.

Am Nordzipfel des Achterwassers liegt das Städtchen Zinnowitz, das größte Seebad auf der nordwestlichen Hälfte von Usedom. Bis zur Mitte des vorigen Jahrhunderts war es ein kleines Fischerdorf am Achterwasser, erst 1851 begann die Entwicklung zum Seebad und die Ausdehnung in Richtung Ostseestrand.

Der äußerste Norden von Usedom ist der Geburtsort der modernen Raumfahrt. In Peenemünde stand Hitlers Heeresversuchsanlage, in der Wernher von Braun seine ersten Raketen baute und zu starten versuchte. Daß Hitler daraus die V2 (V steht für Vernichtungswaffe) bauen ließ, machte Peenemünde auch zum Symbol für den militärischen Mißbrauch moderner Technik. Dieser Zwiespalt ist auch der rote Faden im Historisch-Technischen Informationszentrum Peenemündes, in dem die Geschichte dieses abgeschiedenen Teils Usedoms nachgezeichnet ist. Bei aller Gänsehaut angesichts der geisterhaften Ruinenreste bleibt aber trotz allem die Tatsache, daß hier in Peenemünde die Voraussetzungen auch für die Eroberung des Mondes und die Erforschung des Weltraumes geschaffen wurden.

Nördlich von Peenemünde erstreckt sich das Naturschutzgebiet Peenemünder Haken, Struck und Ruden. Mit 1870 Hektar (1564 Hektar davon sind Wasserfläche) ist es das größte Naturschutzgebiet im Bereich der Insel Usedom. Das Gebiet umfaßt ausgedehnte Flachwasserbereiche sowie die Halbinsel Struck, die Insel Ruden sowie Sand- und Schilfinseln. Auch die große Strandwiese des Peenemünder Hakens gehört dazu. Das Reservat ist ein bedeutendes Brut-, Rast- und Nahrungsgebiet für viele seltene und vom Aussterben bedrohte Wasservogelarten und Limicolen.

Auch die Insel Greifswalder Oie noch ein Stück weiter im Norden steht unter strengem Naturschutz. Ihre Südküste mit der vorgelagerten Scherre und dem südwestlich anschließenden Steilriff gehören zu den eindrucksvollsten geologischen Bildungen ihrer Art an der Ostseeküste. Anzahl, Größe und geologische Mannigfaltigkeit der hier verstreuten erratischen Blöcke sind im Bereich der Ostsee einmalig. Die von menschlichen Bauwerken unbeeinflußte acht bis zehn Meter hohe Steilküste weist interes-

Folgende Seite:
Die alte Zugbrücke von Ueckermünde passieren heute nur noch Segelboote.

sante Brandungshöhlen und verschiedenformige Hohlkehlen auf. Der Südteil der Insel besitzt zudem einen alten, ursprünglich durch Waldweide und Niederwaldwirtschaft beeinflußten und heute wieder naturnahen Eichen-Hainbuchenwald auf.

Den nördlichen Zugang zur Insel Usedom bildete früh die Brücke über den Peenestrom beim heutigen Wolgast. Ab 1295 residierten hier in einer ehemaligen slawischen Burg die Herzöge von Pommern-Wolgast. Damals hatte die Stadt schon seit 1257 das Lübische Stadtrecht, Reichtum für die Hafenstadt brachte der Getreideexport. So konnten die Herzöge ein prunkvolles Renaissanceschloß errichten und es mit kostbaren Schätzen ausstatten. Allein zehn Gemälde von Lukas Cranach d.Ä. und über 50 Gobelins gehörten zur Ausstattung. Einer von ihnen ist der bis heute in der Universität Greifswald erhaltene Croyteppich. All diese Herrlichkeit ging jedoch im Dreißigjährigen Krieg unter, die letzten Ruinen wurden im vorigen Jahrhundert abgetragen.

Heute ist aus der alten Herzog- längst eine kleine Provinzstadt geworden mit einem heimeligen Marktplatz und der backsteinernen Petrikirche auf dem höchsten Punkt der Altstadt. In ihrer Fürstengruft erinnern noch die reich geschmückten Prunksarkophage der Herzöge von Pommern an die glanzvolle Vergangenheit. Dazu gibt es Reste mittelalterlicher Wandmalereien, slawische Bildsteine aus dem 12. Jahrhundert sowie einen aus 24 Bildern bestehenden Totentanzzyklus, eine Nachbildung des berühmten Holzschnitts von Hans Holbein d.J. durch den Wolgaster Maler Caspar Sigmund Köppe. Vom 56 Meter hohen Kirchturm hat man die ganze Kleinstadtidylle zu Füßen. Dazu schweift der Blick weit über den buchtenreichen Peenestrom hinüber zur Insel Usedom. Bei klarem Wetter blitzt dahinter sogar die Ostsee auf.

Auch das Hinterland im Süden der drei Schwestern ist nicht wenig interessant. Nicht umsonst wird das Dreieck zwischen Pudagla, Mellenthin und Kamminke gerne die Usedomer Schweiz genannt. Gleich fünf der elf Naturschutzgebiete Usedoms sind hier zu finden. Zwischen schattigen Buchenwäldern verstecken sich Orchideenwiesen, der Gothensee und das Verlandungsgebiet des Thurbruchs, wo einst die Herzöge von Pommern Bären und Wölfe jagten, sind heute Schlupfwinkel für Kraniche, Seeadler und den Roten Milan.

Fischeridylle am Bodden bei Altwarp.

In Mellenthin träumt das Renaissanceschloß, das die schwedische Königin Christine ihrem Kanzler, Graf Johann von Oxenstierna schenkte, von besseren Zeiten. Noch wuchern verwilderte Rosenstöcke an zerfallenen Mauern, noch dämmert der farbige Stuckkamin mit Szenen aus der griechischen Sagenwelt in eher trostloser Umgebung vor sich hin. Schon aber wird der Wassergraben um die Zweiflügelanlage erneuert, neues Leben scheint wiederzukehren.

Im eindrucksvollen Kontrast dazu verkündet die nahegelegene spätgotische Mellenthiner Dorfkirche von ihrem von riesigen Eichen beschützten Hügel, daß Zeit ihr nichts anhaben kann. Der behäbige Backsteinbau gilt als schönste Kirche Usedoms und wird in ihrem Inneren mit einem prachtvoll geschnitzten Abendmahlsbild, mit Resten frühmittelalterlicher Fresken und einer Orgelempore in schönstem Bauernbarock durchaus diesem Ruf gerecht.

Wenig östlich von Mellenthin bietet der Dachsberg einen umfassenden Blick auf einen der schönsten Teile Usedoms. Im Vordergrund blickt man über die schilfbewachsenen Buchten und flachen Inseln des Nepperminer und des Balmer Sees, dahinter blinkt das Achterwasser. Die beiden Vogelschutzinseln Böhmke und Werder bieten Brandgänsen, Löffelenten, Flußseeschwalben, Rotschenkeln und Kampfläufern eine inzwischen wohlbehütete Heimat.

Im Westen der Usedomer Schweiz scheint die Zeit Mittagsschlaf zu halten. Eine Welt für sich ist immer noch der Lieper Winkel, eine wie eine Faust in das Achterwasser hinausragende Halbinsel mit moorigen Wiesen, weiten Schilfwäldern und alten Alleen. In den Bauerndörfern Rankwitz, Liepe und Warthe gibt es reetgedeckte Fischer- und Bauernkaten, Storchennester und in Liepe eine uralte Kirche aus dem 12. Jahrhundert. Im verschlafenen Kleinstädtchen Usedom schließlich, das einst der ganzen Insel den Namen gab, erinnert ein Riesenkreuz aus Granit auf dem Schloßberg an die Predigt von Bischof Otto von Bamberg zu Beginn der Christianisierung Usedoms im Jahre 1128. Wahrzeichen des Städtchens ist das spätgotische Anklamer Tor mit seiner spitzbogigen Durchfahrt, seinen schlanken Blendarkaden und dem Heimatmuseum in den über 500 Jahre alten Mauern.

Der schönste Fleck von ganz Usedom versteckt sich abseits von allen größeren Straßen im Südosten der Usedomer Schweiz, an der Haffküste unmittelbar an der polnischen Grenze. Hinter einem knapp 60 Meter hohen Rücken bricht das Gelände steil nach Süden zum Stettiner Haff ab. An dem Fuß dieses Abhangs schmiegt sich das winzige Fischerdörfchen Kamminke wie ein Überbleibsel aus längst vergangenen Zeiten an. Hier trocknen noch Aalreusen und Stellnetze im Wind, schaukeln malerisch die Fischerboote, zieht majestätisch der Seeadler vorbei. Nirgends ist Usedom so melancholisch schön, nirgends kann man besser in die untergehende Sonne und nirgends intensiver vom Wiederkommen träumen, als in diesem vielleicht stillsten Winkel der großen Insel Usedom.

Folgende Seite:
Hoher Ostseehimmel über Usedomer Fischerbooten.

BAN 003

Ortsregister

Ahlbeck **169**, 168
Ahrenshoop 106
Alt Gaarz 92
Altenkirchen 126, 151, 156, **156**
Altenkrempe **65**
Alter Bessin 159
Althagen 105
Altwarp **172**
Ancylus-See **12**, 14
Anklam 86, **124**, **170**
Arendsee 92
Arhus 35
Arkona 126
Arnis 42
Arpshagen 84
Asch-Berg 53
Augustenhof 127

Baabe 136, 138
Bad Doberan 24, **25**, 92, 94
Bad Kühlungsborn 92
Baltischer Eisstausee **12**, 14
Bansin 167
Barth 105, **107**, 108
Beltsee 59
Bergen 15, 79, 80, 97, 121, 126, 127
Binz 136, 138, 139, **140**, **141**
Birka 35
Bobbin 126, 150
Bock 110
Bodstedter Bodden 107
Böhmke 172
Boltenhagen 84
Börentwedt 44
Born am Darß 114
Bornholm 9, 150
Bottensee 9
Bottnischer Meerbusen 9, 12, 14
Breege 151
Bremen 20, 70, 79
Bremerhaven 20
Brodten 66
Brügge 78, 80, 97, 102
Brunsbüttel 46
Brunshaupten 92
Bug 151, 154
Burg 60, 61
Burgsee 36
Burgstaaken 61

Charenza 132
Charlottendorf 156
Cimbrische Halbinsel 46
Cismar 64, **65**
Coventer See 96

Dahme 64
Damgarten 108
Damp 43, **44**, 44
Damshagen 84
Dänische Wohld 44, **45**, 46
Danzig 79, 80, 102
Dargun 162
Darß 9, 105, 107, 108, 110, 111
Darß-Zingst 110
Darßer Ort 105, 106, 107, 111, 112
Darßwald 106
Dassow 82
Demmin 86, 162
Diedrichshagen 96
Dierhagen 105
Dierkow 98

Eckernförde 43, 44, 46
Eckernförder Bucht 43, 44
Egernsund 15
Eiderkanal 46
Evershagen 98

Falster 9
Fastensee 62
Faulen See 91
Fehmarn 58, 59, 60, 61, 62
Fehmarn Belt 14
Fehmarn-Sund 54, 64
Fierdsberg 84
Finnischer Meerbusen 9, 12
Fischland 108
Flensburg 26, 28, 29, **30**
Flensburger Förde 15, 26, **27**, 30
Friedrichsruhe 102
Fulgen 92
Fünen 9

Gahlendorf 62
Garz 115, 123, 126, 131, 132
Gettorf **45**
Gingst 151, 156
Glove 131
Glowe 151
Glücksburg 30, **30**
Göhren 126, 136, 138, 142, 144
Gollendorfer Wiek 62
Gömnitzberg 65
Gotland 9, 14, 35, 78
Gotlandbecken 9
Granitz 139, 142
Granitzer Ort 130
Greifswald 21, 79, 86, 97, 105, 138, 142, 144, 162, **162**, 163, **163**, 165, 172
Greifswalder Oie 170
Grevesmühlen 82, 84, 102
Grieben 158
Grömitz 64
Groß Klein 98
Groß Schoritz 132
Groß Zicker 142
Große Breite 40
Großenbrode 64
Großer Belt 9, 14
Großer Gotlandsee 9
Grube 53, 64, **65**
Grüner Brink 60, 62
Gunnebyer Noor 42
Gustow 126

Haddebyer Noor 32
Haithabu **16**, 20, 32, **33**, 34, 35, 36, 157
Hamburg 48, 64, 70, 72, 78
Hansaland 65
Harving 139
Hasselburg 65
Heiden 110
Heiligendamm 67, 92, **92**, 94, 96
Heiligenhafen 57, **57**
Hemmelsdorfer See 66
Heringsdorf 167
Hertha-See 150
Hiddensee 34, 105, 108, 110, 111, 112, **112**, 121, 156, 157, 158, **158**, 159, **159**, 160, **160**, **161**
Hinrichsberg 60
Hohwacht 58
Hohwachter Bucht 57, **58**
Holm **39**, 40
Holstenhafen 74

Jasmund 139, 145, 146, **148**, **149**, 150, 151
Jellenbek 44
Juliusruh 151
Jütland 9, 14, 32, 157

Kaiser-Wilhelm-Kanal 46, **47**, 49
Kaliningrad 104
Kalkhorst 82
Kaltenhofer Moor 44
Kamminke 172
Kap Arkona 121, 151, 152, **153**, 156
Kappeln 40, 42, 43, 44
Karby 44
Karlsminde 44
Katharinenhof 62
Kattegat 9
Kaupang 15, 35
Kickelberg 91
Kiel 12, 28, 30, 46, 48, 49, **49**, 53, 57
Kiel-Holtenau 46, 48
Kieler Förde 43, 44, 48, 53, 54
Kirchdorf 91, **96**
Kirr 108, 112
Klein Zicker 142
Kleiner Belt 9
Klütz 82, 84
Köln 32, 76, 78
Königsberg 79, 102, 103
Königsstuhl 121
Kopendorfer See 62
Kopenhagen 28, 38
Kosel 44
Koserow 168
Kremper Au 64
Krusendorf 44
Kurisches Haff 102

Laboe 48, 54
Lancken-Granitz 139
Langenwerder 91
Lauterbach 126, 133, 138
Lemkenhafen 60
Lemkenhafener Wiek 61
Leonorenwald 82
Lichtenhagen 96, 98
Liepe 172
Lieper Winkel 172
Lietzow 122, 131
Limnea-Meer 14
Lindaunis 40
Litorina Meer **12**, 14
Lobbe 144
London 78, 80
Louisenlund 43
Löwenstadt 70
Lübeck 21, 22, 24, 25, 26, 36, 48, 57, 64, 65, 70, 72, **72**, **73**, 73, 74, **74**, 75, 76, 78, **78**, 79, **79**, 80, **81**, 86, 90, 97, 102, 115, 119, 123
Lübecker Bucht 12, 64, 66, 67, **67**, 84
Ludwigsburg 43
Lüneburg 36, 76
Lütjenburg **56**, 57, 58
Lütten Klein 98

Maasholm 42
Magdeburg 79
Mälarsee 35
Markelsdorfer Huk 62
Mecklenburg 82, **84**
Mecklenburger Bucht 82, 92
Mellenthin 172
Meschendorf 92
Missunde 40
Molfsee 53
Mölln **27**
Mönchgut 139, 142
Müggenburg 108, 112
Muttland 151

Naschendorf 84
Nessenbranz-Gustow 122
Neubukow 92
Neuendorf 158, 159, 160
Neuer Bessin 159
Neuhagen **94**
Neustadt 64, 65, 66
Neustädter Bucht 65
Niehagen 96, 105
Nobbin **151**
Nord-Ostsee-Kanal 48, 49, 53
Norderney 67
Nowgorod 36, 78, 79, 80
Nürnberg 80

Öland 14
Oldenburg 57, 70,
Oldesloe 70
Olpenitzer Noor 42
Orth 62
Orther Bucht 62
Oslo 15
Oslofjord 35
Ostenglands 78

Peenemünde 170
Poel 84, 88, 91 **91**, 92, **94**, **96**
Pramort 111, 114
Preetz 54
Prerow 105, **106**, 107, **108**
Priwall 82
Prora 139
Pudagla 172
Putbus 133, **134**, 136, **136**
Puttgarden 59

Quoltitz 150

Ralswiek 127, 130, 131
Ralswieker Bucht 127
Ralswieker Forst 126
Rambin 126
Rankwitz 172
Ratzeburg 70
Remplin 133
Rerik 92
Reutershagen 98
Reval 78
Ribnitz 108
Ribnitz-Damgarten 107, 108
Ribnitzer See 108
Rieseby 44
Riga 79, 97
Rodungsdorf 84
Roggenstorf 82
Roloffshagen 84
Rom 102
Roskilde 15
Rostock 21, 24, **24**, 79, 86, 97, 98, **98**, **99**, 100, **100**, 115, 162
Ruden 170
Rügen 9, 12, 49, 86, 91, 114, 121, **121**, 122, **122**, 123, **123**, **124**, **125**, 126, **126**, **127**, **128**, **129**, 130, **130**, 131, 132, **132**, 133, 138, 139, **139**, 142, 144, 145, **147**, **148**, **149**, 150, 151, 152, 154, 156, 157
Rurup 53
Ruschvitz 131

Sagard 122, 126
Salzau 56
Samland 104
Samtens 151
Saßnitz 126, 145, 146, 150
Schaprode 114, 126, 156
Scheels-Berg 53
Schilksee 46, 49, 53
Schlei 30, 32, 36, **37**, **39**, 40, **40**, 42, 43
Schleimünde 44
Schleswig **16**, 20, 29, **30**, 32, **35**, 36, **37**, 40
Schmachter See **142**
Schmarl 98
Schmoel 56
Schöneberg **52**
Schonen 14
Schönhagen 44
Schwansen 43, 44
Schwarze Busch 91
Schwedeneck 44
Schwerin 24
Seeland 9
Selenter See 54, 56
Sellin 136, 138, 139
Selliner See 138, 139
Sierksdorf 63
Sieseby 42, 44
Silvitzer Ort 139
Skagerrak 9, 32
Skanör 86
Skuldelev 15
Sliaswich 36
Spitzenorth 61
St. Petri 59
Staberdorf 62
Staberhuk 62
Stargard 57
Stettin 49, 86, 97
Stockholm 14, 20, 48
Stove 92
Stralsund 21, 24, 79, 86, 97, 105, 108, 115, **115**, **116**, **117**, **118**, 119, **119**, 120, **120**, 122, 130, 133, 144, 151, 154, 159, 162,
Strande 46
Struck 170
Stubbenkammer 146
Südstadt 98
Sulsdorfer Wiek 62
Sund 9
Swinemünde 168

Tankow 114, 156
Tertiärmeer 12
Thiessow 144
Thorn 79
Thumby 44
Timmendorf 64, 65, 66, 84
Travemünde 64, 66, 67, **67**, 82, 84
Trelleborg 150
Trent 151, 156
Tromper Wiek 151

Udarser Wieck **112**
Ueckermünde **171**
Ulsnisland 42
Ummanz 112, 114, 151, 156
Usedom **25**, 91, 144, 167, 168, **168**, 170, 172, **172**

Vilm 49, 139, 144,
Visby 35
Vitt 151, 152
Vitte 157, 158, 160
Voldewraa 53

Waabs 44
Waase 156
Wagriens 54, 57
Wakenitz 70
Walfisch 91
Wallnau 62
Warnemünde 96, 98, 100, **101**
Warthe 172
Werder 110, 172
Westensee 53
Wieck 126, **154**, 165
Windebyer Noor 43
Wismar 21, 24, 79, 82, 86, 88, **88**, **89**, 90, **90**, 91, 97, 115
Wittensee 53
Wittow 127, 151, 154, **156**
Wolgast **165**
Worpswede 106
Wustrow 92, 105, 106

Ykaernaeburgh 43
Yolida-Meer **12**, 14
Ystad 154

Zingst 105, 107, 108, **108**, 110, 111, 114
Zinnowitz 170
Zudar 131

Die **halbfetten** Zahlen verweisen auf Abbildungen.

Namenregister

Achten, Marten von 40
Adolf, Graf 78
Adolf II, Graf 70
Adolf III, Graf 65
Adolf IV, Graf 48, 64
Ahlefeld, Johann von 48
Ahlefeldt, Benedix von 43
Albrecht, Herzog 90
Andersch, Alfred 119
Anna Sophia, Prinzessin 90
Apengeter, Hans 74
Apengeter, Johann 48
Arndt, Ernst Moritz 16, 126, 131, 132, **132**, 151, 165
Axen, Hermann 106

Bantzkow, Johann 88
Barbarossa, Kaiser 82
Barca, Johann Georg 90
Barlach, Ernst 49, 157
Becher, Johannes R. 106
Becket, Thomas 156
Billroth, Theodor 162
Blücher, Gebhard L., Marschall 100
Bornemann, Hans 49
Borwin, Heinrich, Fürst 86
Bothmer, Johann Caspar von, Graf 84, **85**
Brandin, Philipp 88, **88**, 90
Braun, Wernher von 170
Brüggemann, Hans 36, **38**
Brunsberg, Hinrich 165

Carus, Carl Gustav 144, 151
Christian I., König 29
Christian VII, König 40, 43
Christina, Königin 88
Christine, Königin 172
Claudius, Matthias **52**
Corinth, Lovis 96
Cranach d.Ä., Lukas 172
Crito 123
Croy, Ernst Bogislaw von, Herzog 162

Dallin, Rudolph Matthias 54, 57
Dernath, Graf Gerhard 65
Dostojewski, Fjodor M. 67
Douzette, Louis 49
Düringer, Franz 100

Einstein, Albert 157
Elisabeth, Zarin 103
Erik, König 40

Fleminck, Hans 75
Franz II, Friedrich, Großherzog 82
Frenzel, Oskar 106
Friedrich Franz I, Herzog 94
Friedrich Franz II, Großherzog von Mecklenburg 105
Friedrich I, Herzog 91
Friedrich II, Kaiser 70
Friedrich III, Herzog 40
Friedrich Wilhelm III, König 167
Friedrich Wilhelm, Kurfürst von Brandenburg 115
Friedrich, Caspar David 49, 121, 144, 145, **146**, 163, **164**, 165
Friedrich, Joachim Christian 163
Friedrich, Kronprinz 49

Gabriel, Claus 30
Georg I, König 88
Gerold, Bischof 57
Giese, Gottlieb 163
Godric, Hl. 76
Gogol, Nicolaj W. 67
Göring, Hermann 107
Gorki, Maxim 167
Greggenhofer, Georg 65
Grove, Lorenz 73
Gudewerdt, Hans 43
Gustaf II, König 115
Gustav I, Adolf von Schweden, König 133

Hackert, Jakob Philipp 151
Hahn, Carl Friedrich, Graf 56, 133
Hansen, Christian Friedrich 56
Harald der Harte 32
Hartwich, magister operis 73
Hauptmann, Gerhart 49, 157, 158, **159**
Hauptmann, Ivo 49
Heckel, Erich 106
Heinrich der Löwe 70, 72, 76, 78, 108
Heinrich III, König 78
Heinrich, Herzog 98
Heinrich, Prinz 43, 49
Helmstede, Heinrich 72
Hithin, König 157
Hitler, Adolf 70, 170
Holbein d.J., Hans 172
Höpcke, Klaus 106
Humboldt, Wilhelm von 145, 151

Jaromar I, Fürst 127, 131, 162
Jaromar II, Fürst 108
Jaromar, Fürst 126
Jawlensky, Alexej von 106
Johann, König 88
Johnson, Uwe 84

Karl der Große 92
Karl, Landgraf von Hessen-Kassel 43
Knut der Große, König 123
Köppe, Caspar Sigmund 172
Kosegarten, Gotthart Ludwig 151
Kremberg, Hans 40
Krummendieck, Albert, Bischof 73
Kruse, Käthe 157

Laward, Knud 40
Lenin, W.J. 150
Liebermann, Max 49
Luther, Martin 162

Malte I, Fürst von Putbus 126, 133, 134, 136, **136**, **138**, 139
Mann, Heinrich 167
Mann, Thomas 67, 75, 157, 167
Mecklenburg, Johann von, Fürst 86
Mekelenborg, Joachim 163
Meyer, Karl Otto 30
Meyer-Scharffenberg, Fritz 91
Midow, Herkules 75
Mielke, Erich 167
Mozellenburch, Lüdecke 84
Müller-Grählert, Martha 108
Müller-Kaempff, Paul 106

Nelson, Horatio, Lord 96
Nielsen, Asta 157, 158
Niemeyer-Holstein, Otto 170
Notke, Bernt 73

Oldendorp, Johann 162
Otto von Bamberg, Bischof 172
Oxenstierna, Johann von, Graf 172

Pechstein, Max 49, 106
Peck, Nikolaus 72, 75
Peter der Große 88, 103
Piloot, Ghert Evert 91
Plinius 102
Preller, Friedrich 49
Pytheas von Massalia 102

Rantzau, Wulf 64
Reuter, Fritz 82, 84
Reventlow, Ernst Graf 56
Rilke, Rainer Maria 96, 157
Ringelnatz, Joachim 158
Rode, Christian Bernhard 56
Roeskilde, Bischof Absalon von 126, 130
Rubenow, Heinrich 162
Runge, Philipp Otto 49, 151

Sauerbruch, Ferdinand 162
Schabbel, Hinrich 90
Schadow, Gottfried 100
Schalck-Golodkowski, Alexander 106
Schill, Ferdinand von 118
Schinkel, Karl Friedrich 136, 139, 152, **153**
Schliemann, Heinrich 102
Severin, Carl Theodor 94
Siggen, Familie von 64
Simola, J. G. 65
Sonderburg, Johannes von, Herzog 30
Stellwagen, Friedrich 120
Störtebecker, Klaus 48, 131
Svend Grathe, König 36
Svend I., König 34

Tartuschi, Al 32
Taut, Max 158
Tetzlaw, Fürst 126
Thienen, Heinrich von 57
Thienen, Lucia von 43
Tischbein, Johann Heinrich 120
Turgenjew, Iwan S. 67

van Gogh, Vincent 49
van Haren, Hinrik 88

Waldemar I, König 97
Wallenstein, Albrecht von, 115
Wallenstein, Albrecht 162
Wallenstein, Albrecht 88
Wartislaw III, Herzog 162
Werner, Rolf 167
Wilhelm I, Kaiser 145
Wilhelm II, Kaiser 43, 48, 67
Wilhelm V. von Oranien 96
Witzlav I, Fürst 115, 162
Witzlav III, Fürst 108, 157
Witzlav IV, Fürst 132
Wrangel, Graf Gustav 150

Zuckmayer, Carl 157
Zweig, Stefan 157

Die **halbfetten** Zahlen verweisen auf Abbildungen.

Bildquellennachweis

Archäologisches Landesmuseum, Schleswig (S. 16, 35)
Bernsteinmuseum, Ribnitz-Damgarten (S. 102, 103, 104)
Deutsche Luftbild, Hamburg (S. 2/3, 60/61, 62, 63, 109, 124/125, 134/135, 140/141, 152)
Fremdenverkehrsverband Schleswig-Holstein (S. 67, 83,167)
Hansaland, Sierksdorf (S. 66)
Kutscher, Sassnitz (S. 110, 114, 148, 149)
Meeresmuseum, Stralsund (S. 10, 11, 115)
Nationalpark Vorpommersche Boddenlandschaft (S. 111, 112, 161)
Ostseebäderverband Schleswig-Holstein (S. 84)
RWE-DEA, Hamburg (S. 53)
Städtisches Presseamt, Kiel (S. 50/51)
Wernicke, Dagebüll (S. 113, 155)
Alle übrigen Abbildungen von Dieter Maier, Weßling

Alle Kartenskizzen von Christel Aumann

© Dieter Maier, Weßling
Genehmigte Lizenzausgabe für Edition DÖRFLER
im NEBEL VERLAG GmbH, Eggolsheim

Alle Rechte vorbehalten.
Kein Teil des Werkes darf in irgendeiner Form (durch Fotokopie, Mikrofilm oder ein ähnliches Verfahren) ohne die schriftliche Genehmigung des Verlages reproduziert oder unter Verwendung elektronischer Systeme verarbeitet, vervielfältigt oder verbreitet werden.

Umschlaggestaltung: Andreas Dorn
Umschlagbilder: Silvestris

1 2 3 4 5 9 8 7 6 5